京津冀协同发展背景下的功能疏解与产业协同：基于首都核心区的视角

郑新业　魏　楚　著

中国特色社会主义经济建设协同创新中心
教育部"新世纪优秀人才支持计划资助项目（NCET-13-0583）"　　资助
中央在京高校重大成果转化项目"京津冀协同一体化发展研究"
北京市社科规划项目"调整疏解非首都功能研究"（15JGB083）

科学出版社
北　京

内 容 简 介

本书基于京津冀一体化的前提，旨在对北京调整疏解非首都功能与实现产业协同发展的思路与路径进行研究。首先从国际都市圈的发展历程入手，总结归纳主要首都城市的功能分布与产业发展的一般特征，提炼其对北京首都功能定位与产业协同发展的借鉴意义。其次在此基础上，厘清功能、产业与人口三者的关系，并提出完整的城市功能评价体系与产业协同分工评价体系。最后，对可能的政策工具箱面临的约束、实施绩效和成本进行评价，从而形成完备的政策工具评价矩阵，并结合北京的现状，提出北京非首都功能疏解与产业协同发展的重要领域、途径、方式和保障措施。

本书提出的分析方法与政策建议可供相关政府部门决策和相关领域研究人员参考，也可供教师学生、普通读者参阅。

图书在版编目（CIP）数据

京津冀协同发展背景下的功能疏解与产业协同：基于首都核心区的视角 / 郑新业，魏楚著. —北京：科学出版社，2015
ISBN 978-7-03-046985-4

Ⅰ.京… Ⅱ.①郑…②魏… Ⅲ.①产业结构优化—研究—北京市②产业结构调整—研究—北京市Ⅳ.①F127.1

中国版本图书馆 CIP 数据核字（2015）第 311344 号

责任编辑：马 跃 王丹妮 / 责任校对：张海燕
责任印制：霍 兵 / 封面设计：无极书装

科 学 出 版 社 出版
北京东黄城根北街 16 号
邮政编码：100717
http://www.sciencep.com

北京通州皇家印刷厂 印刷
科学出版社发行 各地新华书店经销

*

2016 年 1 月第 一 版 开本：720×1000 1/16
2016 年 1 月第一次印刷 印张：15 3/4
字数：317 000

定价：96.00 元
（如有印装质量问题，我社负责调换）

作者简介

郑新业：中国人民大学经济学院教授，兼任中国人民大学经济学院副院长、中国人民大学国家发展与战略研究院能源与资源战略研究中心主任，美国布鲁金斯学会非驻会研究员。郑新业的研究方向为公共经济学和能源经济学，出版英文专著一部，中文著作两部，在 *China Economic Review*、*Energy Policy*、*Annals of Regional Science*，以及《管理世界》和《世界经济》等刊物上发表文章近 40 篇；为国家发展和改革委员会、国家能源局以及地方政府和亚洲开发银行（Asian Development Bank，ADB）等国际机构多次提供决策咨询服务。郑新业还为《中国能源报》、《南方能源观察》、《第一财经》和《南方都市报》等新闻媒体撰写专栏，也时常参与中央电视台英文频道讨论。

魏楚：中国人民大学经济学院副教授，研究方向为能源经济学、中国经济、生产率研究。在 *Energy Economics*、*Environment and Resource Economics*、*China Economic Review*，以及《管理世界》和《世界经济》等期刊发表论文 40 余篇，出版著作 8 部。

前　言

在经济全球化的后金融危机时代，经济发展正从"全球城市"向"全球区域"的新观念变革。2014 年 2 月 26 日，习近平总书记提出京津冀协同发展这一重大国家战略。京津冀战略的提出对打造世界级城市群、创新区域协同发展模式、创造新的增长极具有极其重要的意义。

北京在成长为现代化国际大都市的过程中，承担了过多的功能，其人口、资源和环境压力不堪重负，疏解非首都功能已迫在眉睫。习近平总书记在中央财经领导小组第九次会议上提出，疏解北京非首都功能、推进京津冀协同发展，是一个巨大的系统工程。有序疏解北京非首都功能，调整经济结构和空间结构，走出一条内涵集约发展的新路子，是京津冀协同发展战略的核心。

新时期下，北京确定为政治中心、文化中心、国际交往中心和科技创新中心。西城区作为首都功能核心区，将在服务首都政治中心、提升首都国际影响力、强化首都文化中心和打造金融名片方面发挥重要作用。然而，在西城区当前的发展过程中，"城市病"问题突出，城市功能膨胀。在疏解北京非首都功能中，西城区扮演着"排头兵""尖刀连"的重要角色。

本书以西城区这一典型首都功能核心区为对象，研究两个重大现实问题：如何及疏解哪些非首都功能？产业如何实现协同？对这些问题的初步探索将有助于理解功能疏解和产业协同背后的逻辑、摸清相互影响的机制、识别可能的影响因素和路径，并在此基础上提出有针对性、激励兼容的对策措施。

本书是团队通力合作的结果，各章节都凝结了许多老师和同学的心血和贡献：黄滢老师参与第六章的部分功能评价；郭琏同学参与第二、五、六、七章的写作；傅佳莎博士参与第五、六章的写作；陈登坤同学承担第三、六、八章的写作；徐雪娇同学承担第六章的写作；段明金同学参与第三、四章的写作；吴施美同学承担第一章的写作和最终的统稿校对工作。在此对这些老师、同学付出的努力表示感谢。

本书也是高校研究团队与政府实践部门合作的成果。在项目研究中，得到西城区政府、西城区发展和改革委员会、西城区统计局、西城区规划局等多家单位的支持，对西城区卫生局、西城区教育局、河北保定市政府、北京大红门市场等单位进行调研访谈，获取了大量素材和一手数据，得到政府职能部门的指教，在此表示衷心感谢。

本书的出版得到了中国特色社会主义经济建设协同创新中心资助，教育部"新世纪优秀人才支持计划资助项目（NCET-13-0583）"、中央在京高校重大成果转化项目"京津冀协同一体化发展研究"、北京市社科规划项目"调整疏解非首都功能研究"（15JGB083）也为研究提供了相应支持，在此一并表示感谢。

由于研究时间有限，加之作者缺乏经验，本书难免存在不足，恳请专家和读者批评指正。

目　录

第一章 研究背景与意义

北京经过几十年的快速发展，已成为一个常住人口超过 2 000 万人的国际大都市。与此同时，国际大都市的形成伴随着城市功能的过度聚集，交通拥堵、噪声污染、大气污染等一系列"城市病"日益凸显，北京城市定位和功能亟待调整与疏解。为适应中国在全球崛起、创新驱动发展和从生产贸易大国向投资金融大国转型的全局性、根本性变化的要求，京津冀协同发展战略应运而生，这为北京非首都功能疏解与产业转移提供了方向与机遇。

本章首先从京津冀协同发展大背景入手，分析京津冀协同发展战略提出的国内外形势，同时考察京津冀协同发展战略与非首都功能疏解两者的关系。其次以西城区为例，对北京的发展定位、现状及困境进行梳理，深入了解西城区乃至北京进行功能疏解与产业调整的原因所在。在此基础上，归纳本书的研究思路、内容与意义，并就本书的创新之处进行介绍。

第一节 京津冀协同发展大背景

在经济全球化的大背景下，区域一体化发展已成为国家与地区间全面发展的新趋势。加强京津冀协同发展不仅是区域空间格局演变的必然规律，也是当前国内外经济、政治等多方面发展的客观要求。

一、国外形势变化

1. 地缘政治矛盾激化，全球治理多元复杂

2014 年是地缘政治的逆袭之年。地缘政治矛盾，逐渐演变为各国发展竞争的重要工具。各地区均发生了重要的地缘政治事件，推动了国际形势的演变。全球形成了亚太、中东和欧洲三大地缘政治对抗。欧洲地区，美欧"双东扩"战略导致乌克兰危机爆发，在加剧俄西矛盾的同时，也推动了中美全面战略协作关系的提升。亚太地区，中美、中日博弈持续发酵，南海问题、东海问题频发，美国尝试构建亚太安全机制，强化亚太"再平衡"战略。中东地区与非洲地区仍处于持续对抗之中，战略资源争夺危机仍在持续。"伊斯兰国"成为全球实力最强、影响最大的恐怖组织，打破了西亚北非政治格局，导致中东进入"后阿拉伯之春"时代。

拉美地区，巴西深化大陆集团合作，企图从地缘战略与政治上控制南大西洋地区。而在古巴与美国外交关系解冻同时，中俄加强与拉美地区的战略合作，进一步削弱了美国的势力范围。总的来说，跨界问题与地缘政治叠加出现，导致当前全球治理面临新的危机。

2. 大国战略博弈加剧，中国国际处境改善

纵观当前国际关系，地区冲突不断，领土、海洋争端频发，埃博拉病毒肆虐，传统安全与非传统安全威胁相互交织。发展网络空间与太空军事化成为战略博弈的新举措，现实空间与虚拟空间争夺相互交错。大国之间的"安全困境"，开始呈现螺旋上升的严峻局面。就中美来看，两国"安全困境"日益恶化，但"战略与经济对话"仍正常举行。可见，以合作为基础的国际政治框架仍是当前国际关系发展的主旋律。

2014 年，中国国际处境由相对紧张转向相对缓和，区域合作成为国际关系新走向。中国大力推进全方位对外交往实践，在亚洲相互协作与信任措施会议第四次峰会(简称亚信第四次峰会)上，提出亚洲新安全观，推动亚洲安全难题的破解。在国际战略环境恶化背景下，中国推动大国关系健康发展。针对南海问题，"双轨思路"的提出促成了中日关系的四点原则共识的达成。APEC(Asia-Pacific Economic Cooperation，即亚太经济合作组织)会议上，中国鲜明地提出亚太梦理念，引领区域合作方向，实现了政治安全与经贸合作"双轮驱动"。同时，中欧在和平、增长、改革、文明四大领域携手合作，将中欧关系提升到新高度。此外，中国与非洲、中东、拉美分别构筑了新兴战略伙伴关系。区域战略合作成为中国外交活动的主要表现。

3. 全球经济发展放缓，产业结构调整助力

国际形势中最为重要的变化，就是国际金融危机后国际秩序的重构。随着 2008 年金融危机的蔓延，改革、调整、转型与创新成为世界潮流。新兴市场国家与发展中国家整体实力继续增长，各方更重视国际合作对经济增长的推动作用。同时众多国家都试图通过进行产业结构调整来恢复经济增长。例如，以科学技术创新为核心，对传统制造业进行全产业链的重构，将服务业与工业相结合；发展先进制造业、新材料、低碳环保、生物医药等，通过改变未来人类生产生活的关键技术来改变未来全球的竞争秩序，以占据制高点的核心竞争力；采取加大政府引导、引入市场力量、增加科研投入、鼓励研发创新等方式，推动产业升级，从而促进经济发展。

二、国内形势变化

1. 经济发展步伐减慢，经济增长进入新常态

国内经济方面的变化最主要体现为新常态下进入提速换档期。以习近平为总书记的党中央对经济形势做出了"经济增长速度换挡期、结构调整阵痛期、前期刺激政策消化期三期叠加的重要判断"（戚义明，2014）。基于此判断，"新常态"一词被提出，将"中高速、优结构、新动力、多挑战"视作新常态下的主要特征，认为中国经济必然从高速增长转向中高速增长，从结构不合理转向结构优化，从要素投入驱动转向创新驱动，从隐含风险转向面临多种挑战①。我国目前正处于三期叠加的重要阶段，产业结构失衡问题凸显，转型升级将对经济可持续增长产生重要的促进作用。出口需求受金融危机冲击、环境污染倒逼过剩产能化解、传统实体产业利润连续多年下降、科技研发水平仍然较低，这些因素都使得优化产业结构、推动产业转型升级迫在眉睫。

2."一带一路"建设，区域合作新尝试

金融危机爆发至今，尽管部分国家出现阶段性复苏迹象，但总体仍未摆脱发展困境。与此同时，国际间与大国间的地缘政治矛盾与经济竞争日趋激烈，欧美日话语权不断强化。在区域发展方面，尽管中国东部沿海地区经济发展迅速，但在与东亚及东南亚各国关系上，海上之路的合作仍面临诸多挑战。为提高中国应对国际市场的周旋能力，促进中国与欧亚大陆的互利共赢与共同繁荣，中国对外合作提出"一带一路"建设新构想。就中国而言，当前经济调整期意味着中国经济发展的战略机遇期。上海自贸区建设为"一带一路"建设提供了对外开放的高标准借鉴经验。"一带一路"新构想的提出既是中国新一轮"走出去"战略的重要内容，同时也为中国中西部地区开发、解决区域发展不平衡问题注入了新的动力。在区域协同方面，"一带一路"打破了原有点状、块状的发展模式，开始强调省区间的互联互通，是区域优化发展的新模式。

3."亚投行"②筹建，多边开发机构新倡议

近年来，亚洲经济发展总体较快，区域合作步伐不断加速，但在发展中仍面临许多挑战。由于亚洲地区融资机制的缺乏，资金无法实现有效配置。当前亚洲国家主要以新兴市场和发展中国家为主，其基础设施还不发达，资金供给面临困境，现有世界银行等国际多边机构难以满足其融资需求。为给亚洲国家提供充足的资金支持，加强区域互联互通建设，促进区域合作与伙伴关系及经济一体化进程，亚投行筹建工作正在如火如荼进行，旨在为包括东盟国家在内的亚洲地区发展中国家基础设施与"一带一路"建设提供资金支持，促进人民币国际化，使其成为国际金融体系的一个补充。

---

① 经济发展迈入新阶段——新常态下的中国经济（下）[EB/OL]. http://finance.people.com.cn/n/2014/0807/c1004-25422620.html, 2014-08-07.

② 亚投行即亚洲基础设施投资银行。

4. 长珠三角瓶颈期，经济发展急需新引擎

我国自改革开放以来，先后批准了长江三角洲经济区、珠江三角洲经济区、环渤海经济区、广西北部湾经济区与海峡西岸经济区五个大型经济区的建设。经过多年发展，长三角与珠三角领跑我国区域一体化合作。长三角与珠三角地区作为我国打破地区分割，形成以利益为纽带，区域共同发展的创新实践，对促进我国区域一体化合作起到重要的示范作用。但近年来，长三角与珠三角地区经济增速普遍下降。两地区产业层次总体偏低，产品附加值不高；土地开发强度过高，资源环境约束突显，环境污染问题突出。在经济发展缺乏"发动机"的背景下，打造新型区域一体化、探索区域发展新模式成为当前发展的必然趋势。

三、京津冀国家战略的提出

1. 京津冀战略是解决国际矛盾与应对国际挑战的重要举措

在当今经济全球化的后金融危机时代，经济发展正从"全球城市"向"全球区域"的新观念变革，突破行业、区域、国别界限，最大限度地整合各类资源，构建其"共同体"已成为各国发展的必然趋势。区域协同发展竞争力大小关系着一国能否真正参与国际竞争，一个中心城市竞争力的高低取决于该中心城市所在区域城市群的竞争力大小。

中国作为世界第二大经济体，必须要有世界级的城市群作为支撑。北京作为中国首都，其周边区域是国家经济发展的关键地域，也是推动世界经济增长的重要一环，其重要性显而易见。而在全球三大地缘政治对抗的背景下，中国城市群在东亚经济走廊中尚未拥有明确定位。从国际交往的角度来看，京津冀地区连接东北亚，背靠亚欧大陆桥，其发展能有效带动周边国家与地区的经济发展，进而应对国外地缘冲突带来的发展压力，促进世界经济的复苏。同时，在一定程度上减弱"海上之路"对中国发展的牵制。因此，京津冀战略的提出对打造与中国大国地位相匹配的世界级城市群，赢得在更高层次参与全球合作和竞争新优势具有重大且深远的意义。

2. 京津冀战略是适应我国经济新常态的必然之举

经济新常态下，我国经济增长速度放缓已成事实。从表面来看，新常态是经济速度换挡，但从其本质来看，随着传统产业产能过剩与高新技术产业的迅猛发展，新常态也意味着经济增长动力将会出现转换，产业结构将会出现新格局。创新驱动将替代要素与投资驱动成为经济发展新动力。

京津冀一体化作为一种体制上的创新，通过环境保护一体化、交通一体化、产业一体化战略，有效推动地区合作、优化产业结构升级、促进要素流动、全面落实创新驱动发展战略。另外，京津冀作为我国重要经济增长极，已成为我国科技创新资源最聚集、创新成果最丰富、创新活力和综合实力最强的区域之一。同时可以积极发挥自主创新资源优势，以区域一体化发展为契机，通过技术创新，推动京津冀协同创新发展，助推经济发展向创新驱动转变。因此，京津冀协同创新作为一种跨地区、跨组织的复杂的合作创新活动，是涉及技术创新、管理创新、制度创新等多方面、多层次相互支持、联动创新的有机整体，是我国经济新常态下的必然之举。

3. 京津冀战略是应对区域合作疲态的关键一环

党的十八大以来，"京津冀一体化"受到决策层的高度重视，已从地域规划上升为国家战略，被快速推进。众多社会经济数据显示，京津冀地区已经成为继长三角、珠三角之后，我国第三个最具活力的区域（表1-1）。京津冀土地面积21.8万平方千米，占全国总国土面积的2.3%；人口10 770万人，占全国总人口的7.9%。相比之下，京津冀以仅占全国2.3%的土地面积和全国7.9%的人口数创造了全国11%的地区生产总值，全国9.9%的社会消费品零售总额，以及全国15%的进出口总额。虽然较长三角和珠三角地区而言，京津冀的经济活力仍稍逊一筹，但也已成为我国经济增长的重要区域。而且随着当前长三角和珠三角地区土地、劳动力等投资成本的逐步提高，外资北移与地区间产业转移势头迅猛，京津冀战略的提出符合我国经济发展与产业转移的客观规律。同时，这也表明京津冀仍然可以通过区域内部协调、资源整合等方式获得跨越式的发展。京津冀协同发展借助于国家顶层设计，除了可以解决北京、天津、河北三地的区域发展问题，还为我国促进人口经济资源环境相协调、推动区域协调发展体制机制创新、探索世界级城市群发展道路，以及带动我国南北东中西区域协调发展铺就一条道路。

表1-1　2012年京津冀、长三角与珠三角主要经济数据对比

区域	土地面积/万平方千米（占比/%）	人口/万人（占比/%）	地区生产总值/亿元（占比/%）	社会消费品零售总额/亿元（占比/%）	进出口总额/亿美元（占比/%）
京津冀	21.8 (2.3)	10 770 (7.9)	57 348.3 (11)	20 878.2 (9.9)	5 743 (15)
长三角	21.1 (2.2)	15 777.4 (11.7)	108 905.3 (21)	39 332 (18.7)	12 969 (33.5)
珠三角	5.5 (0.6)	5 690 (4.2)	47 779.6 (9.2)	16 553 (7.9)	9 434 (24.4)

资料来源：京津冀以北京、天津和河北数据加总得来，数据参照《中国统计年鉴2013》；长三角、珠三角地区资料来源于《中国区域经济统计年鉴2013》

4. 京津冀战略是推动我国城镇化问题解决的发动机

在我国区域经济板块中，京津冀协作的概念虽然提出较早，但发展滞后。对

于京津冀协作，一直以来以河北的积极性最高，北京和天津的积极性相对于较低。其原因在于，"一个首都、两个直辖市、三个行政区"的行政藩篱长期存在，三地之间的经济合作水平低下，合作关系不平等，且竞争大于合作。北京和河北之间的合作主要是在农副产品、能源、水供应等方面，且二者关系在根本上是不平等的；天津和北京则一直在争夺"北方经济中心"；而天津和河北近似于两条平行线——合作需求很少。多年以来，由于产业结构失调与公共服务过度聚集等问题的存在，京津并未辐射带动周边地区发展，而更多的是吸附资源，导致各类资源都不同限度地向京津集中。

但是，伴随着人口激增，京津两地土地紧张、环境污染、交通拥堵、房价高涨等"城市病"日益突出，在人口、环境、资源等综合承载力上，北京已进入危机状态，天津则已达警戒线。问题倒逼改革，京津愈发迫切需要加强区域协作，疏解城市非首都功能。京津与周边省份的关系正从集聚、吸收，转向疏导、互动，给自己寻找出路，也给周边提供机会。

与此同时，京津冀的发展矛盾确乎已是中国城镇化进程的问题缩影，其协调发展不仅是突破地域间行政分离的协作过程，也是有效解决资源环境与经济发展两者关系的绿色发展过程。若京津冀一体化顺利展开，必对中国新型城镇化的构建起到全国性的示范作用。

四、京津冀协同发展战略与功能疏解及产业协同

2014 年 2 月，习近平总书记提出京津冀协同发展战略，以疏解非首都核心功能为出发点，努力形成京津冀协同发展新格局。习近平总书记就推进京津冀协同发展提出七点要求。其核心内容是明确三地功能定位。而从整体定位来看，在三地协同发展中，北京主要是加快疏解非首都功能，加快产业转移和人口分流，而天津和河北则是做好被疏解的功能及产业转移的承接与合作（孟力等，2015）。中央财经领导小组第九次会议上，习近平总书记再次提出，"疏解北京非首都功能、推进京津冀协同发展，是一个巨大的系统工程，必须做到目标明确、思路明确与方法明确"[①]。根据京津冀发展顶层设计方案《京津冀协同发展规划》的要求，"到 2017 年，非首都功能疏解要取得明显进展。到 2020 年，北京常住人口要力争控制在 2 300 万人左右，首都存在的突出问题要得到缓解；区域交通网络要基本形成，生态环境质量要有效改善，产业联动发展和公共服务共建共享更是要有重大进展，协同发展机制有效运转，同时还要求明显缩小区域内的发展差距"（翟烜和赵鹏，2015）。可见，在区域行政藩篱难以破解的背景之下，京津冀协同发

---

① 习近平：疏解北京非首都功能 推进京津冀协同发展[EB/OL]. http://politics.people.com.cn/n/2015/0210/c1024-26541987.html, 2015-02-10.

展战略应运而生，为非首都功能疏解与产业转移提供了方向与机遇。实现非首都功能疏解与产业转移，既要着眼于自身"城市病"的解决，更要着眼于国家战略，着眼于京津冀城市群整体实力的提升。

京津冀一体化的目标是区域协同发展，实现要素自由流动，其中主要问题包括解决北京"城市病"、瞄准天津功能定位及推动河北产业升级，而非首都功能疏解与产业一体化将是实现上述目标的关键环节。从人口膨胀、交通拥堵到环境恶化，"城市病"已成为限制北京经济社会发展的主要障碍，只有进行功能疏解，首都核心功能才能得到有效发挥，城市各项职能才能有序运行。从表面上看，调整疏解非首都功能，可以将北京非首都功能和冗余功能转移至北京周边乃至津冀地区，以解决北京的环境资源拥堵问题，为核心功能发展腾出空间，使北京成为更宜居的首都城市，最大限度地发挥首都功能，进而提高城市发展质量。但从京津冀的战略空间考量，非首都功能疏解是把北京功能定位融入京津冀一体化发展战略之中，有效解决京津冀城市群发展的不包容、不协调、不可持续问题，使非首都功能腾退后形成的高端引领、创新驱动、绿色低碳的产业模式反哺津冀，辐射区域发展。

区域协同发展不等于资源的简单疏散。一方面，非首都功能疏解要借力于区域协同发展战略，利用区域协同发展的战略大背景为功能疏解提供平台与机遇。另一方面，京津冀协同发展已经上升为国家战略，为疏解北京非首都功能明确了战略方向。首都功能疏解又可看做实现区域协同发展的重要手段。疏解非首都功能，既是一个目标终点，也是其他多个战略目标的起点（徐立凡，2015）。因此，京津冀三地既要从各自定位出发，综合自身优势、区域长项及产业基础，做好非首都功能疏解的产业疏解与承接工作，又要从全局的立场出发，实现强强对接、差异互补、协同改造。

北京在成长为现代化国际大都市的过程中已经积累形成了比较明显的"城市病"，如环境污染、资源紧张、交通拥挤，这使城市可持续发展面临挑战。"城市病"的病根是人口过快增长，而人口过快增长的来源则是由高到低各类产业聚集、城市功能定位不清晰、多重功能叠加，这导致城市运行不畅。因此，北京"城市病"的解决之道就在于重新规划首都功能定位，疏解非首都功能，通过功能疏解带动人口转移。如果仅从北京自身着手进行功能瘦身，发展空间十分有限，只有把北京放到京津冀一体化的大背景下，才能为北京提供更大的发展空间，进而从根本上解决北京当前存在的一系列问题。

长期以来，无论是针对经济中心还是金融中心，天津和北京都长期处于竞争地位，竞争大于合作。在京津冀一体化过程中，北京的非首都功能疏解和产业转移对于天津将是一大发展机遇。天津可以立足于自身海港、空港、陆路港的优势，依据物流和信息、商贸的共生关系，在北京非首都功能的疏解过程中抢占北方地区的物流信息服务、交易结算、国际采购中心等战略地位，与北京形成互补，服务北京，辐射河北，推动京津冀区域协同发展。

河北虽毗邻北京、天津两个直辖市，但一直以来受到京津的辐射作用微乎其微，其东部沿海的区位优势也并未得到发挥。2014 年，河北人均公共财政收入是 3 351 元，大致相当于北京的 1/6。不仅如此，"环京津贫困带"的出现也印证了京津对河北各类资源的强大吸收作用。就目前来看，河北已形成经济发展全面落后、产业结构低下、经济结构笨重、开发水平低的局面。北京的非首都功能疏解、产业转移、辐射要素将为河北从过去传统被动的"服务京津"向主动的"接轨京津"转换提供巨大机遇，助推经济发展。在非首都功能的疏解过程中，河北将有机会借助北京产业转移推动本地产业升级，摆脱过去地区发展模式的历史路径依赖。

就现在看来，京津冀三地为保证非首都功能疏解的有序运行，已做出了大量努力。为保障北京产业迁出工作的顺利进行，2014 年北京制定实施了《北京市新增产业的禁止和限制目录》。2015 年 3 月底，《北京市人民政府关于进一步优化企业兼并重组市场环境的实施意见》发布，明确提出将注重实施产业政策引导功能，对不符合首都城市战略定位的功能和产业，实施水、电、气等差别定价，形成倒逼机制，引导产业资源整合，稳妥有序，调整疏解非首都功能（温蕾，2015）。为做好产业承接工作，天津在产业领域，正积极编制指导目录和承接产业转移指导意见，完善功能承接平台建设，还将出台实施承接非首都功能工作意见。河北已出台了《关于新型城镇化建设的意见》，提出以保定、廊坊为首都功能疏解的集中承载地和京津产业转移的重要承载地。其中，明确保定将承接北京部分行政、科教、医疗等功能（孟力等，2015）。

第二节　北京市发展定位、现状及困境——以西城区为例

2014 年 1 月，"城市病"首次被写进北京市政府工作报告。北京现已成为现代化国际大都市，在长期快速发展中，积累形成了比较明显的"大城市病"，其中一个表现就是人口过快增长。2000~2010 年，平均每年全市增长 70 万人口，虽然 2012 年和 2013 年有所回落，但每年人口增长也都在 40 万人以上。在严峻的资源短缺情况下，目前北京的产业从低端到中高端都有所涉及，对人口的控制力度不足，"大城市病"也越来越严重。正确的人口调控政策恰恰是对北京以往经济发展方式所带来的负外部性的一种纠正，是针对拼投资、拼土地、拼规模的粗放型经济发展方式的一种对策。恰当的人口调控政策能够实现城市劳动力供给和城市劳动力发展的更高层次的匹配，从而为通过科技进步和创新实现经济的战略转

型提供必需的劳动力条件。

具体来说，京津冀城市群发展还存在"不包容、不协调、不可持续"问题，为了有效发挥这一区域辐射带动效应与促进全国产业转型，缓解和治理北京"城市病"，缓解人口、资源、环境和发展的矛盾，促进社会包容稳定，解决北京人口二元分割问题，强化首都核心功能，为发展具有世界影响力和竞争力的首都核心功能腾出发展空间，北京必须对自身的发展重新进行全面的功能定位。2014 年 5月 10 日，北京市市委书记郭金龙主持召开深入贯彻落实习近平总书记考察北京重要讲话精神调研座谈会，要求"下决心调整疏解非首都核心功能，始终坚持首都战略定位，走'高精尖'的路子，下大力气推动产业优化升级，提高发展的质量效益。同时，必须处理好'舍'与'得'的关系，走内涵发展、集约发展之路；要制定调整产业和疏解功能的负面清单，解决产业功能过度聚集的问题；下决心清理不符合核心区战略定位的产业，提高生活性服务业发展水平；下决心打造好环境，更加集约地发挥优质资源作用，实现可持续发展"（鲍冀馨，2014）。

在北京全面推进疏解非首都核心功能的前提之下，西城区作为北京的首都功能核心区，必须肩负起"领头羊"的责任，按照北京的总体要求，重新规划西城区的功能定位，厘清功能疏解方向和策略。郭金龙要求，"东、西城必须把讲政治放在首要位置，必须带头服从服务于首都城市战略定位，必须把做好'四个服务'（即为中央党、政、军领导机关的工作服务，为国家的国际交往服务，为科技和教育发展服务，为改善人民群众生活服务）体现在工作各个环节，要以总书记重要讲话精神为统领，努力把核心区率先建成国际一流的和谐宜居之区"（鲍冀馨，2014）。具体来说，郭金龙要求，"核心区的城市建设要向国际一流标准看齐，要努力保护好古都风貌，统筹考虑传承历史文化、保护利用文物古迹，要精细化管理好城市，积极探索特大型首都城市治理的体制机制和新模式，提升网格化管理水平，切实把改善群众生活条件和区域可持续发展作为出发点和落脚点"（鲍冀馨，2014）。

一、西城区的发展定位

1. 西城区在首都的地位与重要性

在北京行政区划中，全市被分为首都功能核心区、城市功能拓展区、城市发展新区，以及生态涵养发展区，其中首都功能核心区由西城区和东城区共同构成。仅从四类区域的名称便可看出西城区和东城区对于北京首都功能实现和发展的重要性。西城区土地面积 50.33 平方千米，东城区土地面积 41.82 平方千米[①]，西城区和东城区的土地类型均为建设用地（即城镇村及工矿用地），不包含

---

① 资料来源：《2014 年度北京市土地利用现状汇总表》。

农用地，也没有未利用地，这一特征是北京其他区县所不具备的。2013 年，西城区户籍人口数 140.8 万人、户籍人口户数 47.5 万户、常住人口 130.3 万人（其中常住外来人口 34.4 万人）；东城区户籍人口数 97.4 万人、户籍人口户数 34.6 万户、常住人口 90.9 万人（其中常住外来人口 21.0 万人），西城区和东城区的常住人口均为城镇人口。西城区常住人口密度为 25 787 人/平方千米，东城区常住人口密度为 21 715 人/平方千米，而北京城市功能拓展区中各区的常住人口密度都在每平方千米万人以下，城市发展新区中各区的常住人口密度基本在 100 人/平方千米左右，而生态涵养区中各区县常住人口密度则低至每平方千米 100～400 人①。因而仅就西城区在北京首都核心区中覆盖的面积及其承载的人口数量来看，其在首都具有十分重要的地位。

若就北京党政机关所在地及其从业人员分布情况来看，西城区无疑拥有极其重要的政治地位。西城区是中国的权力核心区域，是中共中央书记处、中共中央办公厅、中共中央纪律检查委员会、中共中央组织部、中共中央宣传部等中共中央机关和国务院、国家发展和改革委员会（简称国家发改委）、工业和信息化部（简称工信部）、国家民族事务委员会（简称国家民委）等中央国家机关所在地。从北京各区县党政机关从业人员分布来看，西城区的中国共产党机关从业人员占全市的近 40%，国家机构从业人员占全市的 9%，并且两项指标均高于东城区，中国共产党机关从业人员数量也是北京各区县中最多的。由此可见，西城区是承载北京政治功能的重要区域。

此外，在金融业发展方面，西城区也在北京处于绝对重要的地位。2013 年，西城区共有金融业法人单位 601 家，从业人员 207 555 人，共取得主营业务收入 5 565.9 亿元，资产总额 651 365 亿元②。2012 年，西城区金融业所纳税额占到西城区三级税收的 77.4%。另外，2012 年西城区银行、保险系统机构有 514 个，其中 34 个机构为总行、总公司，总部机构数量为北京各区县之最；从业人员 95 512 人，其中总行、总公司的从业人员为 52 120 人，两项指标都位列北京各区县之首③。

因而，无论从北京行政区划的功能分类、土地面积、承载的人口数量，还是从国家党政机关及其从业人员分布，抑或是在北京金融行业发展中的地位，都不难看出西城区在北京的重要地位。

2. 西城区在首都功能发挥中的地位与重要性

2014 年 2 月 26 日，习近平总书记在北京市规划展览馆、平安大街东不压

---

① 资料来源：《北京区域统计年鉴 2014》。
② 资料来源：《西城区第三次全国经济普查主要数据公报》。
③ 资料来源：《北京区域统计年鉴 2013》。

桥、雨儿胡同大杂院区、北京市自来水集团第九水厂、北京市轨道交通指挥中心和首都博物馆进行考察，并就推进北京发展和管理工作提出要求，"要明确城市战略定位，坚持和强化首都全国政治中心、文化中心、国际交往中心、科技创新中心的核心功能，深入实施人文北京、科技北京、绿色北京战略，努力把北京建设成为国际一流的和谐宜居之都"①。由此，新时期下，北京首都功能确定为政治中心功能、国际交往中心功能、文化中心功能和科技创新中心功能。西城区作为首都功能核心区，将在服务首都政治中心、提升首都国际影响力、强化首都文化中心和打造金融名片方面发挥重要作用。

首先，西城区聚集了全国最重要的权力核心机构，因而在发挥北京政治中心功能中有着绝对至关重要的作用，西城区应当为党政机关日常工作和行使职责提供一个良好的环境，保证中共机关和国家机构的运行效率。

其次，西城区的政治中心特点和独特的地理位置，使其汇集了众多党政机关和社会团体，大量政治交流、经济交流和文化交流发生于此，因此西城区成为承载首都国际交往的重要地区。

再次，西城区拥有丰富的历史文化遗址，2006 年全区拥有全国和市级保护单位 49 处，占北京全市文物保护单位的 25%，文物古迹共 214 项，其中全国文物保护单位 11 项，市文物保护单位 53 项，这令西城区在北京开发历史文化资源、保护和传承历史文化方面承担了重要职责。

最后，西城区内中关村科技园区西城园从建成至今也发展迅速，尤其在近三四年更是发展迅猛，企业数量和从业人数均有大幅增长，企业总收入增长了 113 倍有余，因此在发展北京科技创新功能中也开始发挥作用。另外，金融功能虽然不在北京的首都四大核心功能之中，但西城区的金融业发展为北京发展"高精尖"产业、提高首都经济活力，以及推进我国金融市场化改革等做出了重大贡献。

3. 西城区在疏解非首都功能中的地位与重要性

北京经过几十年的快速发展，如今已成长为一个常住人口超过 2 000 万人的国际大都市，而与此同时，交通拥堵、环境污染、资源紧张等一系列"城市病"也日益凸显出来，成为阻碍首都进一步发展的重要因素。在北京各区县中，西城区作为首都核心区，"城市病"尤为突出，在疏解北京非首都功能中扮演着"排头兵""尖刀连"的重要角色。

首先，西城区非首都功能疏解直接关系到北京首都功能的有效实现，同时对于缓解北京"城市病"问题具有重要作用。为有效解决北京"城市病"问题，必须要抓住问题最为尖锐的地区的主要矛盾集中突破。只有这样，非首都功能才能真正得到疏解。当前，北京"城市病"的成因集中表现为人口的过快增长，2000～2010

① 立足优势深化改革勇于开拓在建设首善之区上不断取得新成绩[N]. 人民日报，2014-02-27.

年，北京平均每年新增人口 70 万人，在 2012 年和 2013 年人口增长幅度虽然有所回落，但年新增人口也都在 40 万人以上。从人口密度来看，西城区在北京各区县中人口密度居于首位、资源利用紧张、市区环境较差，见图 1-1。因此，做好西城区人口控制工作将是解决首都人口问题的首要步骤。

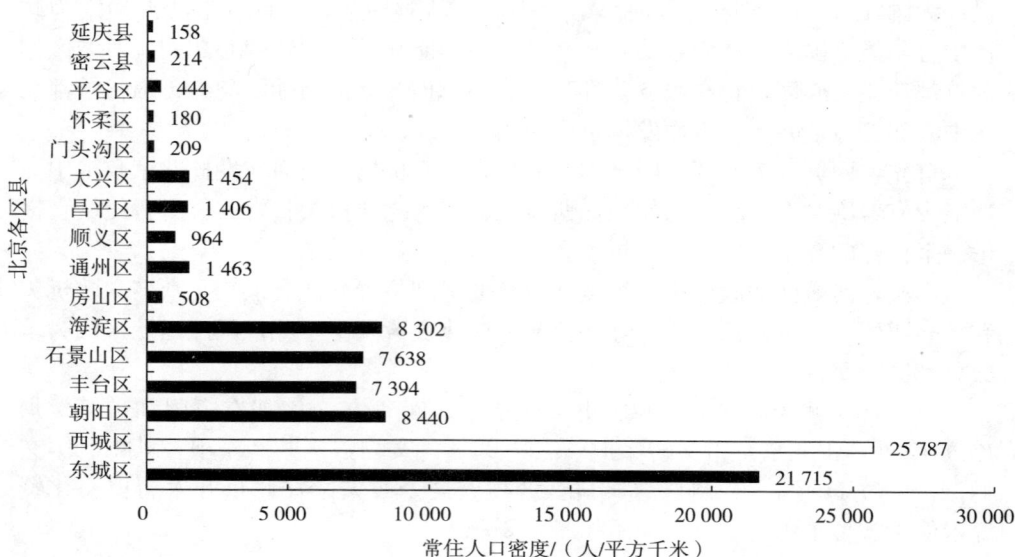

图 1-1　2013 年北京各区县常住人口密度
资料来源：《北京区域统计年鉴 2014》

从交通情况来看，发达的医疗和教育资源除了带来大量外来人口和流动人口外，也给交通运输带来压力。加之西城区作为北京重要的交通枢纽，交通混乱和拥堵情况极为严峻，交通拥堵系数远高于其他区县。对西城区交通混乱情况进行有效治理，既有助于缓解西城区交通压力，又有利于全市交通规划的统一、合理制定。2011 年北京主要市辖区的交通拥堵系数见图 1-2。

从产业发展来看，西城区仍存在大量与首都核心功能发展不符的功能和相应产业。例如，遗留的部分印刷、汽修等工业制造企业，对资源环境产生需求和不利影响；北展、马连道地区存在大量批发市场，引来大批外来流动人口和仓储物流集聚；什刹海、阜景、大栅栏、琉璃厂等地区集中了大量小规模生活服务业门店，包括无照经营、"七小"、小型广告喷绘、电子元器批发零售等业态。北京市市委书记郭金龙在深入贯彻落实习近平总书记考察北京重要讲话精神调研座谈会上指出，"要调控好人口规模和结构，要坚持'以业控人'思路，从源头上减少容纳流动人口无序增长的空间"（徐飞鹏和范俊生，2014）。针对非首都功能疏解目标，梳理好西城区产业发展存在的突出问题很有必要。

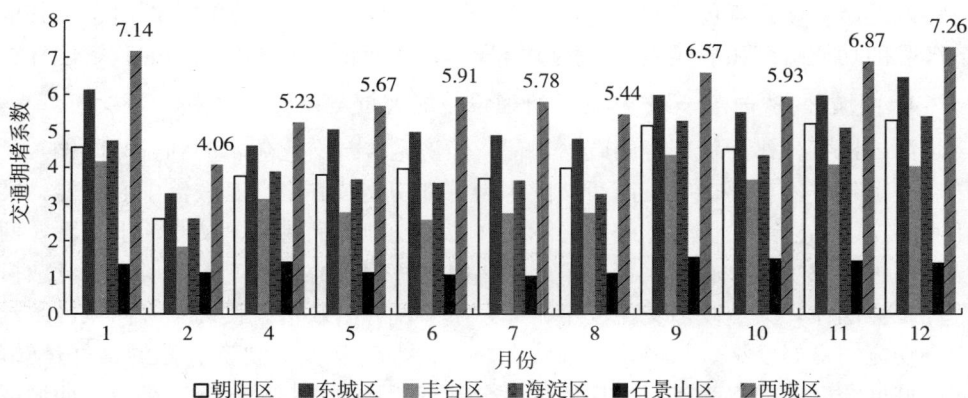

图 1-2　2011 年北京主要辖区的交通拥堵系数
资料来源：《北京市第四次交通综合调查》

从环境基本情况来看，北京各区县空气污染情况普遍较为严重，但就林木绿化率来看，西城区远低于其他各区县，仅为 14.6%，见图 1-3。绿化比重小，不仅反映了西城区严峻的环境形势，也从侧面反映了西城区用地紧张、土地资源极为稀缺。优先进行非首都功能疏解，增加土地利用面积，进而提高绿化范围，是打造世界一流宜居城市的重要手段。

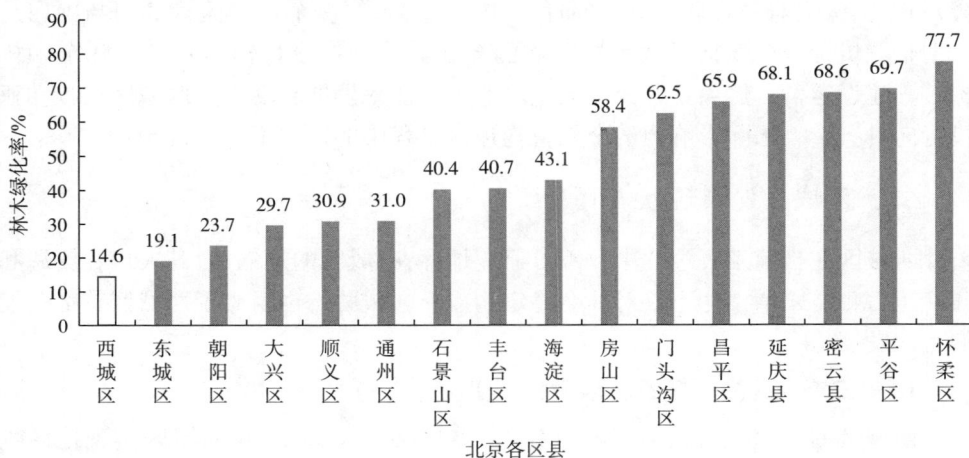

图 1-3　2013 年北京各区县林木绿化率
资料来源：《北京区域统计年鉴 2014》

其次，西城区非首都功能的发展问题复杂且典型，其所带来的负面影响也具有代表性，对其他区域疏解非首都功能具有示范作用。在疏解非首都功能的过程中，要先对西城区人口、交通、环境与产业等环节进行疏解，探索出一条人口经济协调发展新模式不仅是有效解决北京"城市病"问题的根本所在，同时也为其他各区县的功能疏解积累经验，提供学习样本，从而推动非首都功能的疏解进程。

4. 西城区在"一带一路"和亚投行建设中的地位与重要性

"一带一路"作为打造各国政治互信、经济融合与文化包容的利益共同体，是拓展我国外交的重要途径。而西城区作为首都功能核心区，其政治中心功能、文化中心功能和以金融业为基础的国际交往中心功能显而易见。从政治上来看，西城区作为首都功能核心区，凝聚了全国重要的权力核心机构，汇集了众多党政机关和社会团体，大量政治交流发生于此，"一带一路"政治建设离不开西城区政治中心功能的良好发挥。从经济上来看，"一带一路"建设需要资金池的良好运转，而西城区金融功能将为其提供良好的资金基础。从文化与国际交往来看，西城区独特的地理位置与文化特点，使其成为承载首都国际交往中心与文化中心的重要地区。而"一带一路"建设除了政治交往与经济交流之外，其文化互通有无与国际友好交往也需要西城区为其提供纽带。

亚投行作为中国首倡的区域性的多边开发机构，总部将设在北京。这是继金砖银行之后，由中国主导筹建的又一国际金融机构。西城区金融街作为北京第一个大规模整体定向开发的金融产业功能区，不仅聚集了中国人民银行、中国银行业监督管理委员会(简称中国银监会)、中国证券监督管理委员会(简称中国证监会)与中国保险监督管理委员会(简称中国保监会)等多个金融监管部门与国内外大型金融机构，也囊括了大批高素质的金融人才。亚投行作为新型国际金融机构，其建设运营必然离不开西城区金融业为其注入发展新动力。西城区在推动亚投行向具有重大国际影响力的金融机构迈进进程中的地位不容忽视。

二、西城区发展现状与困境

西城区在当前发展过程中，不可避免地存在"成长的烦恼"，其人口、资源和环境压力日益剧增。这不仅对社会稳定构成潜在威胁，也阻碍了西城区首都功能的有效发挥。

1. 第三产业为主、首都功能发挥受阻

西城区的产业结构以第三产业为主。初步统计，2014 年西城区实现地区生产总值 3 052.3 亿元，比上年增长 7.6%。其中，第二产业实现增加值 297.8 亿元，比上年增长 8.1%；第三产业实现增加值 2 754.5 亿元，比上年增长 7.6%，占地区生产总值的比重达到 90.2%。其中，金融业、租赁和商务服务业的经济贡献较高。虽然批发和零售业、仓储和邮政业、住宿和餐饮业等的经济贡献较低，但单位数量多，吸纳了较多的从业人员，批发和零售业的个体经营户也最多。服装、小商品零售和批发等市场的聚集，使得仓储和邮政业得以发展。《西城区第三次全国经济普查主要数据公报》显示，批发和零售业的个体经营户达到34 632户，占西城区个体经营户的83.2％；住宿和餐饮业的个体经营户达到2 207户，占西城区个体经营户总量的5.3％，仅次于批发和零售业[①]。

西城区的功能现状集中体现为核心功能受阻、非核心功能泛滥、产业发展参差不齐。从第二产业看，西城区的工业部分以总部企业为主，但遗留了部分低端的制造业企业。零售和批发业、仓储和邮政业、医疗服务业促生的"七小"业态都在一定程度上阻碍了西城区核心功能的良好运转。此外，尽管金融业、文化创意产业及高新技术产业服务于西城区的核心功能，但其中的一些服务机构，如金融电子化后台服务、软件与程序设计、呼叫中心等，占用了城市较多的土地和人力资源。

一方面，西城区打造了金融街、广安产业园、什刹海历史文化保护区等金融、高新技术、文化创意街区，集聚了优质企业；另一方面，西城区也充斥了大量批发和零售业、租赁和商务服务业，部分街区存在无照经营、"七小"、小型广告喷绘和电子元器批零等业态。非核心功能泛滥使城市主要功能被削弱、挤占，不利于首都功能的发挥。

2. 流动人口密集、城市核心功能混乱

西城区的非首都功能和低端产业的发展，吸引了众多就业人口和流动人口，使得区域内人口过度集中和高密度流动，并且聚集了大量低收入群体，不利于首都功能的发挥。2010年，西城区外来人口集中分布在19～32岁，且受教育程度明显偏低，初中学历人口占40.6％，高中学历人口占22.9％。其中，批发和零售业、住宿和餐饮业吸纳了较多的从业人员，尤其是外来从业人员。2013年，西城区批发和零售业法人单位从业人员在全区的占比达到11.6％，而个体经营户从业人员占比达到75.5％，租赁和商务服务业法人单位从业人员占比达到12.6％。服装、小商品市场等的聚集，也带来大量的流动人口。

西城区过度聚集的人口加重了城市管理负担，分散了政府管理的注意力，降低了政府工作效率，并在一定程度上分散和阻碍了西城区承载首都政治中心功能；高密度的流动人口造成西城区交通运输压力较重，易形成交通混乱和拥堵，同时也加大了西城区文物保护难度，削弱了其承载首都文化中心功能的任务；大量低收入群体聚集使得西城区内众多人口依赖于市政服务设施网络、布点密集的医疗设施和教育资源，以及丰富的低端行业就业机会，加剧了西城区人口、产业及功能疏解的矛盾和难度，阻滞首都功能的优化提升。

3. 交通流量过大、道路拥堵情况严重

2010年，西城区运营公交车1 858辆，公交车密度达到58.75辆/平方千米，

---

① 资料来源：《西城区第三次全国经济普查主要数据公报》。

居北京各区县首位；2014 年，拥有公交站点 305 个，公交站点密度达到 9.64 个/平方千米，居北京各区县首位。2010 年，西城区机动车保有量 386 077 辆，机动车密度 7 599.9 辆/平方千米；其中，私有小汽车 242 844 辆，私有小汽车密度 4 780 辆/平方千米，明显高于北京其他区县。从车流的车型构成来看，西城区以小客车和公交车流量为主。同时，西城区交通枢纽作用突出，北京最大的公共汽车枢纽站——动物园交通枢纽就位于西城区内，西直门综合交通枢纽则是北京北站和地铁、城铁、公交、社会车辆等交通方式的连接处。

西城区日常交通运输密集，道路时常出现混乱和拥堵，以及早晚高峰的拥挤现象已成为市民对西城区发展现状的最直接体验。私人交通，尤其是上下班、上下学的车流，以及公共交通的集聚是造成西城区交通拥堵的主要原因。2011 年，西城区全年平均拥堵系数为 5.99，其次为东城区的 5.23，而拥堵系数最低的石景山区为 1.29，并且西城区的拥堵系数在全年各月都是北京各区县中的最高值，可见西城区的拥堵现象非常严重。

交通枢纽庞大的客运量及其造成的人口频繁流动，使西城区交通疏导面临巨大困难。另外，西城区处于北京的中心位置，这使其承担了大量过境交通，在高峰时间易形成交通拥堵，而北京曾试图通过建设高架或进行地下处理来解决这一问题，但都未取得有效成果。

4. 功能过度聚集、环境容量不堪重负

西城区的非首都功能过度叠加已使人口突破了城市环境承载阈值，造成了资源短缺和环境污染。西城区良好的商贸环境吸引了大量写字楼和就业人员，使得区内绿化面积日渐缩小，人员流动量日益增大，突破了城市环境承载力；西城区集中了大量优质的教育资源，吸引了部分外来务工人员子女，使其在区内长期居住成为可能，同时也使区内居民迁出意愿减弱，造成人口集聚；西城区内大小医疗机构星罗棋布，优质的医疗资源吸引了全市各处乃至全国各地的病患来区就医，较高的人流量使得医院周边交通拥挤不堪，住房价格大幅上升。

高人口密度使得资源供应紧张、公共基础设施不堪重负，而西城区已无未利用土地，旧城的历史环境又使得西城区向上的空间发展受阻，因而在未来发展中，如何实现人口疏导、提高现有资源和空间的利用效率也成为西城区功能发挥以及建造宜居性城市的难题。

5. 老龄化趋势显著、财政压力倍增

西城区人口老龄化趋势日益显著，2013 年年底 65 岁以上人口比重已到达 14.1%，是北京各区县中比重最高的地区。人口老龄化将导致西城区政府的社会保障支出增加，而京津冀一体化背景下的产业迁移将导致西城区政府税源减少，在财政收入和支出的双重压力下，西城区政府将面临巨大挑战。

6. 农副市场与生活服务网点问题突出

西城区内充斥了大量农副市场和生活服务业网点，对周边环境造成了严重影响。失去原有功能的农副市场内常常有业态复杂、违规违法建筑众多、存在安全影响、环境脏乱差等特点；生活服务网点虽然满足了居民的基本需求，但是资源空间利用不够均衡，总体布局不够合理，难以适应周围人口多层次的需求，并且市场摊位往往几经转包，使得监管难度大，不利于行政部门的有效管理。农副市场和生活服务网点还吸引了大量外来低端人口就业，并且导致了市场周边流动人口众多，给环境、交通和秩序带来了压力。因而，发展不合理的农副市场和生活服务网点改造和腾退也是西城区促进核心功能发展的重点和难点之一。

第三节　研究思路、内容与意义

一、研究思路与内容

本书旨在以北京为对象，基于京津冀一体化的前提，对北京调整疏解非首都功能与实现产业协同发展的思路与路径进行研究。其目的在于，站在区域统筹与协调发展的高度，厘清和明确北京核心功能与非核心功能，构建城市功能、产业发展和人口的理论框架。本书将从国际都市圈的发展历程入手，总结归纳出主要首都城市的功能分布与产业发展的一般特征，提炼出其对北京首都功能定位与产业协同发展的借鉴意义。在此基础上，首先通过理论分析提出城市功能评价体系，建立功能评价矩阵，进而对北京各个子功能进行科学评价并提出行动战略。其次，设计各个城市的区域产业竞争力评价体系，构建产业发展的战略象限图，识别出各城市的优势产业和不适宜发展的产业。同时，考虑与产业协同发展相伴的就业人员与人口的重新布局。最后，为北京非首都功能疏解和推进京津冀产业协同发展提供科学的决策依据和政策建议。本书的研究内容将包括以下几点。

第一，总结国际都市圈发展的历程。随着经济、社会的不断发展，世界上一些著名的大都市先后出现了人口规模剧增、交通拥堵、居住环境恶化等"大城市病"。为了解决这些问题，这些城市在城市规划方面进行了不断的探索与完善。在实施过程中，既有有益的经验又有发人深省的教训。基于规模与发展历程，选取巴黎、伦敦、东京、首尔作为研究对象；基于城市定位经验，选取华盛顿、堪培拉、巴西利亚与纽约等城市作为研究对象，对它们在解决功能疏解方面所做的工作进行梳理，以期对北京的城市功能疏解提供参考。

第二，理顺城市功能、产业发展与人口之间的关系，构建功能的人口乘数。城市的功能决定其产业类型、产业分布和空间布局，而产业则决定着与此伴生的就业与人口，而人口在空间上的集聚及生产、生活活动则消耗着自然资源和环境容量，"城市病"则是这一影响机制的最终结果，其具体表现为各类环境污染、交通拥堵等。重新厘清和明确各城市的功能定位和产业发展方向，估计城市功能的人口吸引效应大小，从而引导人口转移，以形成不同城市之间功能定位有别、产业分工合作、人口合理布局的区域城市群为目标。

第三，梳理北京待疏解的非首都功能。我们界定，北京以全国政治中心、国际交往中心、文化中心、科技创新中心为首都功能，此外的其他城市功能均属于非首都功能。但是，需明确并非所有的非首都功能都要疏解。通过拆分非首都功能的环节、流程或子类，从经济或服务绩效、社会服务贡献、资源环境和人口压力三个维度进行评价，梳理出待疏解功能是非首都功能中不支撑城市功能运转、不符合首都发展战略定位，或与强化首都功能矛盾突出的部分。

第四，评价京津冀城市群的功能和产业，明确城市发展定位。综合考虑各城市功能和产业的经济绩效、提供的社会服务水平和带来的资源环境压力，评价每个城市功能下的具体环节，以及每个产业的竞争力水平，给出对应的评价矩阵。据此，从城市功能定位和产业发展战略两方面共同确定非首都功能疏解、产业转移和承接的方向。

本书的研究思路见图 1-4。

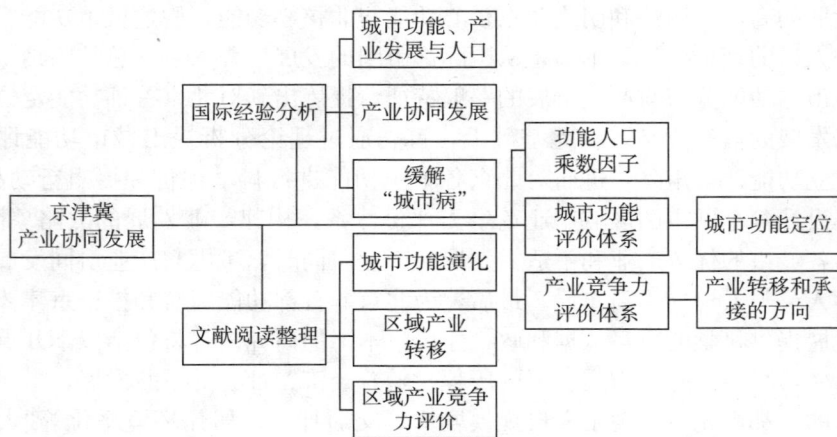

图 1-4　本书研究思路

二、研究意义

本书以现实问题为出发点，坚持逻辑分析可信可靠，政策建议可得可用。有以下较为新颖之处。

首先在理论上，一是提出了完整的城市功能评价体系与产业协同分工评价体系，不仅理顺了首都各个功能、产业之间的相互关系、层次，还厘清了城市功能、产业发展和人口三者之间的内在关联。在此基础上，明确了城市功能的内涵，界定了首都功能、非首都功能和待疏解的非首都功能等概念。二是实现了疏解北京非首都功能与首都功能的强化和发挥、首都产业的转型和升级，以及京津冀城市群绿色发展的辩证统一。疏解非首都功能的直接目的是突出和发展首都功能，为首都功能更好地发挥提供资源，因此在做好非首都功能疏解工作的同时，强化首都功能应同步完成。从更广泛的视角看，将新功能或新产业引进作为非首都功能疏解的延伸，是完成首都产业转型和升级的好时机。疏解非首都功能是北京"腾笼换鸟"、助力京津冀区域欠发达地区与发达地区"双升级"的过程，有利于推进京津冀城市群的绿色发展。

其次在框架上，对诸多功能进行了"庖丁解牛"式的分解，我们依据各功能（产业）的特征，划分出相应的环节、流程或子类，对不同类型的功能部门和环节进行评价，估计各功能（子功能）的人口乘数因子，从而为定量评估和比较功能提供了基础。评价维度包括以下三个方面：一是城市功能与产业的存在是满足城市经济发展、产品生产与服务供给的需要；二是城市功能与产业的存在还需要满足人们生活的需要；三是城市功能与产业的发展往往会伴随外部性的产生。最后，我们得出京津冀城市群的功能与产业评价矩阵。

最后在政策上，还对可能的政策工具箱面临的约束、实施绩效和成本进行评价，从而形成了完备的政策工具评价矩阵，并结合北京的现状，提出了北京非首都功能疏解与产业协同发展的重要领域、途径、方式和保障措施。

本书对于非首都功能疏解与产业协同发展的研究思路，其意义不仅仅是解决北京自身的发展问题，更是推动区域协调发展、创新区域协调发展体制机制、探索人口经济密集地区优化开发模式，为我国南北东中西区域协调发展铺就一条道路。

第二章　国内外研究现状、趋势

与本书相关的文献研究集中在三个方面，一是城市功能形成与演进的研究，二是区域产业转移理论研究，三是区域产业竞争力评价研究。对城市功能演进的研究以城市功能的内涵和特征为基础，着重对城市功能的空间分布、城市功能与产业经济的联系和城市功能的演变规律进行研究。对产业转移文献的研究从经典的国际产业转移理论开始，随后讨论我国区域产业转移问题，尤其是京津冀地区的产业转移问题。对区域产业竞争力评价体系的研究先从产业国际竞争力研究入手，再聚焦到区域产业竞争力的评价上。

第一节　城市功能的形成与演进

一、城市功能的内涵和特征

现代城市是一个复杂的多功能综合体，现代城市功能的本质表现应是经济流通的集散功能和满足城镇居民生活进步的社会功能(张玉庆和臧学英，2009)。城市功能又称为城市的职能，是城市在一定区域范围内的政治、经济、文化和社会活动中所具有的能力和所发挥的作用。一般情况下，现代城市功能分为以下两大类：一是一般功能，是全部城市都具有的共性功能，如生产、分配、流通、行政、社会等功能，突出的是城市的共性特征，主要用于区分城市与乡村的界限；二是主导功能，是在城市诸多功能中处于突出地位和起主导作用的功能，并且能够左右或影响城市其他功能的运行(任宗哲，2000)。在这一基础上还可从不同角度细分城市功能。例如，根据城市主导产业划分为制造型城市、服务型城市等；根据资源环境特征划分为资源城市、旅游城市等，但这些划分只体现具体城市提供产品的类型和城市职能，是城市基本功能的扩展(周年兴等，2004；陈柳钦，2011)。

总的来说，城市功能具有以下特征：整体性、复合性、结构性、层次性、空间具体性、开放性和动态性(高宜程等，2008)。城市功能整体由各个城市功能有机结合起来，各个功能之间，各功能与整体之间相互联系、相互作用、相互制约。因此，考虑城市功能对整个城市发展的影响，必须结合城市整体的发展状况及与其他功能的联系来综合考虑。在现代社会，城市功能随着社会生产力的进步和社会分工的细化而不断丰富和发展，并日益呈现出多元化、综合化的趋势（王书汉，2006）。

二、城市功能的演进规律

由前工业社会、工业社会到后工业社会、信息社会，城市的产业结构经历了由一次产业为主、二次产业为主到三次产业为主，最后以第四产业（信息产业）为主的发展演进阶段，与之相对应，城市的主要功能也发生着深刻的变革，呈现由政治、宗教、军事中心，向工业生产中心，最后到服务中心、管理中心、信息中心的演进趋势。在市场机制、组织管控、科技创新的扩散等机制作用下，城市功能整合的路径表现为产业转移，并与劳动力的智力结构、自然资源的开发深度、产业利润率及其决定的劳动力报酬水平和区域消费能力紧密关联（刘建军和袁小培，2013）。

城市功能受产业结构演进阶段性的制约，在呈现总体"叠加倍增"趋势的同时，又表现出"主导功能变异进化"特点。城市功能的叠加是在原有的城市功能的基础上进行的，将新的城市功能与旧的城市功能有机地结合在一起，相互影响，相互促进。现代的大城市，基本上都是通过城市功能的叠加，产生效益倍增的多功能的综合体。城市规模越大，所叠加的功能也就越多（毕于榜，2010）。就"主导功能变异进化"特点来说，主导功能变异进化规律是城市功能在发展变化过程中的一个重要规律。通常，影响城市主导功能结构性变化的原因有三个方面，即自然资源要素变化、地理区位变化、产业结构要素变化（韩士元，2003；汪涛和上官浩峰，2003；赵娇，2010）。此外，城市功能叠加性发展一般规律也体现在城市的功能优化升级方面。随着社会分工越来越精细和专业化，原有的城市功能被细化为更多具体的专业功能。在这个过程中，每一种城市功能的内涵被不断扩充，原来简单的城市功能变得越来越复杂，越来越多元化，同时也变得越来越高级，从而对城市周边地区的影响力也明显提升。

三、城市功能的区域分工与一体化

现代城市功能的区域一体化现象十分突出，在空间构架上一般表现为内在经济联系紧密的城市群或城市带，在经济联系上则表现为以城际中间产品贸易为主的产业链条的链接，在功能上则表现为区域内城市之间以专业化分工协作为基础的功能互补和区域整体功能的综合化（刘涛等，2015）。随着城市功能的多元化、综合化，以及城市主要功能的更迭，城市功能的辐射范围不断扩展，城市与区域的联系方式不断发生变革，导致城市内部、外部空间结构的重组以及城市位序排列标准的重新界定。

有学者对我国城市群功能分工水平进行了测算，结果显示中国城市群功能分工水平总体较低且存在较为明显的区域差异，且区域性城市功能联系薄弱。王彦芳（2015）以2005～2012年中国11个主要城市群100个城市为样本，运用空间功能分工指数对城市群的功能分工水平演进进行分析，并回归分析了城市功能分工水平与经济发展的关系。结果表明：中国城市群功能分工水平总体较低且存在较为明显的区域差异，即东部城市群功能分工水平高于中部和西部；西部地区城市群功能分工水平具有较大的增长潜力；城市功能分工水平与经济发展正相关，但系数并不显著，这在一定程度上表明多数城市功能分工处于相似的低位，城市间产业同构化、重复建设及恶性竞争现象严重，过剩的产能无法有效促进经济发展，也抑制了城市功能分工的进一步提高。姜博和王媛（2014）从时间和空间视角对东北地区城市功能联系演进格局和空间相关性进行探究，研究表明，东北地区不同等级城市、不同要素流（如信息流、交通流、资金流）呈现出显著的空间分异特征，城市功能总体格局表现为"一廊、四心、四群"的空间特征，城市功能联系则先后经历了缓慢增长期，过渡期和快速持续增长期三个发展阶段，空间分布态势经历弱集聚—随机分布—缓慢集聚的变化过程。

城市是区域经济社会发展的中心，与一般城市相比，中心城市具有较强的聚集力、辐射力和综合服务能力，能够主导和带动区域经济快速发展，是区域竞争的制高点（庞亚君，2015）。现代城市功能的区域一体化表明，城市是区域的城市，城市只有与区域内其他城市结成功能互补的分工协作关系，才能突出和强化自身功能。朱媛媛和曾菊新（2013）通过构建中心城市综合实力测度指标，运用纳尔逊城市功能分类法对六个中心城市进行功能定位，分析六个中心城市（武汉、郑州、长沙、合肥、南昌、太原）功能演进的新趋向，从强化区域中心城市的极化功能、推进中心城市与区际的联动发展、打造中部特色的产业集群与发挥政府的空间管制功能等方面，提出了四项优化六个中心城市功能的具体措施。李子祥（2014）研究认为，天津和河北如何在京津冀一体化中准确定位完全取决于北京的城市功能定位，从某种程度上来说，北京的功能转移对自己来说是减肥瘦身、强健体格，对津冀来说则是增重健身、共享红利。北京城市功能定位牵一发而动全身，对于加快推进京津冀一体化进程具有重要的战略意义。

第二节　产业转移理论研究

国际产业转移是第二次世界大战后世界经济发展的一个重要主题。第一次国际产业转移的高潮主要是由美国转移到日本、德国等新兴发达国家；第二次国际产业转移的高潮主要是由日本转移到"亚洲四小龙"；在持续到21世纪初的第三次国际产业转移高潮中,中国大陆扮演了重要的产业承接地角色。关于产业转移的经典理论主要围绕为什么会出现产业转移和产业转移的内在规律展开。主流的产业转移理论在很大程度上可以视为是比较优势理论的延续和发展。Lewis(1954)的劳动力密集型产业转移理论、Kojima(1978)的边际产业转移理论、Vernon(1966)的产品生命周期理论、Dunning(1977)的国际生产折衷理论和Akamastu(1935)的"雁行模式"理论是较为经典的国际产业转移理论。这些理论从不同角度解释了产业跨国转移的原因和模式,其共同点在于把产业转移的根本原因归结为不同国家比较优势的差异。

　　针对我国区域产业转移模式的学术讨论,主要集中在梯度理论的应用上。梯度理论认为由于国家与国家、地区与地区之间存在着产业发展水平、技术先进程度和要素结构禀赋等方面的梯度差异,产业发展将具有优先在高梯度地区发展、再逐次转移到低梯度和更低梯度地区发展的规律。梯度理论被应用于我国区域经济发展问题的研究,何钟秀(1983)、夏禹龙等(1983)首先提出,中国地区经济发展的不平衡,形成了经济和技术力量的三个梯度:内地和边远地区资源丰富但技术力量薄弱,大片地带处于"传统技术"梯度和经济落后的水平;大多数地区处于"中间技术"梯度,具有一般的经济发展水平;沿海一带则具有"先进技术",拥有雄厚的经济力量。因此,他们认为我国应该按照梯度转移规律,让一些有条件的地区先掌握世界先进技术,然后逐步向较落后和更落后的地带转移,通过转移的加速逐步缩小地区差距。周炼石(1996)在概括了改革开放后沿海地区的巨大经济成就和东西部地区经济发展差距扩大的事实,认为梯度理论及以之为基础的经济政策在长期内是有利于全局经济发展的。陈刚和张解放(2001)认为,区域间存在经济发展水平的区域梯度,那么必然导致区域间产业竞争优势,进而产生产业的空间转移。刘满平(2004)认为区域要进行产业转移,那么地区间经济发展水平的差异性、生产要素禀赋的互补性、产业结构的梯度性就是其客观的基础。与此相反,也有学者质疑和批驳梯度理论。郭凡生(1984)、蒋清海(1988)认为资源丰富但相对落后的地区在开放的国际经济环境中可利用资源优势吸收国际先进技术和资金,实现跳跃式发展。梯度理论忽略了这类超越现有生产力水平的产业转移。此外,王至元和曾新群(1988)、夏友富和沈晓川(1989)指出沿海地区与内地之间的经济差别,并不表现为经济发展梯度上的差别,而首先表现在沿海与内地各自内部,以及东中西三大地带内部,从而否定了梯度理论成立的前提。尽管学术界对梯度理论及其在我国区域经济发展中的应用褒贬不一,但该理论确实为区域产业转移模式和梯度地区的产业承接提供了依据。

　　近年来,对区域产业转移的讨论更多地集中在产业如何转移及承接上。例如,产业集群理论认为,由于我国东部发达地区的产业集群化程度大大提高了当地劳动力密集型产业的竞争力,经济发展极化效应不断加强,形成产业的区域黏性。因此，产业转移的难度加大，仍未出现产业由沿海向内地的大规模转移趋势（刘艳，2004；谢丽霜，2005）。而在区域经济一体化蓬勃发展的时期，一定区域内的产业转移与协同备受瞩目。京津冀地区已成为继长三角、珠三角地区之后，第三个最具活力的经济一体化区域。但是，京津冀区域内的产业转移和协同发展研究相对有限。

戴宏伟和马丽慧（2002）应用梯度理论对京津冀地区的产业转移做出分析。他们认为京津冀地区在要素禀赋上具有很强的互补性和产业发展的梯度，可以充分利用产业梯度转移的规律进行调整。京津冀根据各地区的要素禀赋、市场前景、产业基础、比较优势等方面的特点，确定各自的产业调整和发展方向，实现区域内的产业和技术的梯度转移及整合。戴宏伟（2003）同样采用梯度理论研究了"大北京"经济圈的产业梯度转移与区域产业结构优化的关系。研究表明，由于京津冀地区产业分工与协作水平较低，北京的经济辐射力较弱，京津冀地区与长三角、珠三角等具有较高水平的区域协作地区相比，存在较大的差距。在分析京津冀各地区三次产业的比较优势的基础上，认为产业转移是"大北京"经济圈产业协同发展的重要环节（戴宏伟和马丽慧，2002；戴宏伟，2003）。纪良纲和晓国（2004）对京津冀地区的产业梯度转移和错位发展的路径进行了探讨，他们认为通过异构化和同构化的产业转移，能够在北京和河北地区实现不同产业的垂直分工和水平分工，从而实现两个地区的产业错位发展。孙玉娟等（2007）对河北在京津冀地区的协同发展模式进行分析，提出河北在具有区位优势和工业优势的基础上，应借助京津冀城市群发展的契机，加快承接京津地区的产业转移。臧学英和于明言（2010）研究了京津冀地区在战略性新兴产业领域的协同发展模式。京津冀地区面临着《京津冀都市圈区域规划》和战略性新兴产业发展的新机遇，可以在新能源、新材料、电子信息产业、软件产业、生物医药、生物育种、节能环保、电动汽车、现代制造业、新兴服务业十大战略性新兴产业领域实现协同合作。为此，应加强京津冀地区的内部合作，实现产业的错位发展。

总体来看，已有文献对京津冀地区产业转移的研究多集中于梯度理论和错位发展理论方面，很少有文献具体分析各个行业的比较优势和竞争力来为京津冀区域内的产业转移提供科学依据。本章拟在上述文献研究的基础上，通过分析比较京津冀城市群各个产业的竞争力，提出适宜在本地强化发展，或是限制发展，或是转移，或是承接的产业，从而达到京津冀城市群产业分工协作、协同发展的目标。

第三节 区域产业竞争力评价研究

为达到评价京津冀城市群的各个产业竞争力,以在京津冀区域内实现产业转移和协同发展的目标,我们有必要对区域产业竞争力的相关文献进行梳理和研究。本节将研究的重点放在区域产业竞争力的评价体系上,因此需要对决定或影响区域产业竞争力的因素进行总结,并梳理主要的评价体系。

Porter(1990)的"钻石模型"将国家产业竞争力的影响因素归结为以下几个方面。第一,生产要素状况,包括自然资源、人力资本、金融资本、科学技术及基础设施等。第二,需求状况,是指本国市场对该产业所提供的产品或服务的需求。第三,相关产业及支撑产业的表现,上下游产业的连带作用对整个区域产业竞争力的提高有重大的影响。第四,该产业的公司战略、结构及竞争对手情况。Porter 认为以上四种因素对国家产业竞争力有显著的影响;同时,机遇和政府政策这两种因素对竞争力的影响也至关重要。六种因素的相互关联和影响构成了较为完整的国际产业竞争力分析系统。由于经济全球化,国际资本流动和跨国公司的影响日益突出,一些学者相继对"钻石模型"进行了补充和修正,形成了Porter-Dunning 模型、"双钻石模型"及"一般钻石模型"。这些模型主要用于研究发达国家的产业竞争力,针对发展中国家,Cho(1994)认为应做两方面的修正,一是评估发展中国家创造竞争力的因素,二是说明如何增强国家竞争力。Cho 列出四类人力资本和四类物质资本:人力资本包括工人、政府、企业家和工程师;物质资本包括禀赋资源、商业环境、相关及支持性产业以及国内市场需求。机遇则作为第九个要素。"九要素模型"更适合发展中国家产业国际竞争力的研究。在我国,金碚(1997)将 Porter 的"钻石模型"应用于我国工业品国际竞争力的分析。工业品竞争力的影响因素可以分为间接因素、直接因素和实现因素。直接因素指标是指竞争实力,主要包括工业品的价格、质量、品牌、产品结构和市场营销;间接因素指标是指产业的竞争潜力,主要包括成本、技术、经营管理、企业规模和资本实力;实现因素指标表示竞争力在国际市场上实现的程度。上述分析模型,都是在 Porter"钻石模型"的基础上,结合本国实际情况进行的不同补充和修正,以满足不同侧重面的研究。

在产业国际竞争力的评价体系方面,裴长洪(1998)将产业国际竞争力的指标分为显示性指标和分析性指标两类,分别从国际竞争力的结果和具有国际竞争力的原因两个方面对产业的国际竞争力进行评价。显示性指标包括产业的市场占有率、利润率和增加值等指标;分析性指标包括与生产率、市场营销、企业组织管理、相关产业等有关的指标。穆荣平(2000)从竞争实力、竞争潜力、竞争环境和竞争态势四个方面建立了高技术产业国际竞争力的评价体系，涵盖了产业的生产率、技术和创新能力、市场化能力以及比较优势等方面的信息。陈晓声（2002）构建了由三个层次和六个模块组成的产业竞争力评价指标体系。该体系具体包括外显竞争力，如产业实力和效益等；以及内在竞争力，如产业结构、制度竞争力、产业动力。根据该体系，采用综合指数法计算各个产业的竞争力总指数，从而进行区域间产业竞争力的横向对比和纵向分析。从黄祖辉和张昱（2002）对国际产业竞争力评价体系的综述来看，评价体系可分为三类，即静态产业竞争力评价、竞争力变动趋势评价和竞争力因素贡献评价。静态产业竞争力评价包括显示比较优势指数、国内资源成本指数、社会净收益指数、净出口指数与产业内贸易指数等；竞争力变动趋势评价包括有效保护率、比较价格指数和比较优势变差指数等；竞争力因素贡献评价主要集中于成本要素贡献和生产率要素贡献两方面。产业竞争力的评价指标主要根据竞争力的来源、竞争力的影响因素、竞争力的表现等方面进行设计，以此为基础，从产业的国际竞争力评价聚焦到区域产业竞争力评价。产业的国际竞争力评价体系并不适合于国内的区域产业竞争力评价，在借鉴之余，需要进行适当的修正。

对国内区域产业竞争力的评价研究较少。陈红儿和陈刚（2002）建立了区域产业竞争力评价指标体系，从区域产业竞争力的表现，即从产业投入、产业产出、产业技术水平及其进展、产业市场绩效、产业可持续发展方面对区域产业竞争力进行评价。贾若祥（2002a，2002b）以济南和青岛的产业竞争力比较为例，所构建的产业竞争力评价体系包括竞争实力、竞争潜力和适应能力，分别对应区域内优势、区域间优势，产业关联、市场潜力、技术水平，以及生态因素等。采用层次分析法计算各指标的权重，以功效函数来评价单个指标的变化对整个系统的影响，最后通过加权处理计算综合指数。仇方道和朱传耿（2003）以徐州为研究对象，侧重于区域的可持续发展研究。其设计的评价体系包括产业发展水平、产业增长能力、管理创新能力、技术竞争能力、市场竞争能力和可持续性指数6个方面的27个指标。采用均方差方法确定各指标权重，最后通过加权得出区域产业竞争力综合评价结果。朱春奎（2003a，2003b）依据重点和准确结合、科学和可行结合、过程与状态结合的原则，设计了包括生产竞争力（工业总产值、工业增加值、劳动生产率和成本利润率）、市场竞争力（市场占有率、产品销售率）、技术竞争力（技术人员数及其投入强度、技术经费投入及其强度、新产品产值）和资本竞争力（固定资产价值、总资产贡献率）四个方面的评价体系，采用主成分分析法设置各项指标的权重，计算产业竞争力综合指数。郭京福（2004）在朱春奎的研究基础上纳入制度竞争力指标，并认为除主成分分析法外，聚类分析、层次分析和数据网络分析也常用于该领域。陈卫平和赵彦云（2005）构造了一个包括规模竞争力、效益竞争力、基础竞争力、结构竞争力、现代化竞争力、成长竞争力、特色竞争力在内的共 38 个具体指标，以评价全国各地区的农业产业竞争力状况及农业综合竞争力。张继良和胡荣华(2010)基于江苏产业转型升级的背景，建立了符合江苏产业发展情况的评价体系。该评价体系由三级构成：一级指标由产业发展环境、产业发展成本和产业发展能力 3 个部分组成；二级指标由政府服务能力与水平、市场发育程度、基础设施、资源利用程度、规模、结构、效益、人力资本、技术进步、经济集约化程度 10 个方面的指数组成；三级指标则由二级指标所属共计 54 个指标组成。余川江和邓玲(2012)以我国四大经济区(长三角、珠三角、京津冀和成渝经济区)为研究对象，从优势产业竞争力(产业盈利能力、增长能力、市场竞争能力等)、区域组织功能(创新能力、资源配置能力等)、主体要素竞争力(企业竞争能力、政府服务能力等)和客体要素竞争力(生产要素控制力、市场需求度、资源环境承载力等)四个方面构建产业竞争力评价体系，采用主成分分析法评价分析各区域的产业竞争力状况，从而提出增强产业竞争力的建议。可以看出，区域产业竞争力评价体系涵盖越来越丰富和完整的指标，值得一提的是，资源、环境和生态等衡量可持续发展的指标逐渐被纳入评价体系。同时，对指标的选取及处理、各项指标权重的设置引起人们越来越多的关注，这也关系到评价体系的科学性与准确性。

从区域产业竞争力评价体系的指标选取与处理和权重设置两方面来看，指标的设计主要遵循了科学性、完备性、简明性、可行性和可比性等原则，以能够科学、全面、准确地反映区域产业竞争力，尽可能利用现有的统计资料提供的数据为出发点。权重设置的方法有主观分析和统计分析两类。主观分析主要有个人判断法、专家会议法和德尔斐法，但其准确性易受到人为因素的影响。目前，通常采用主成分分析、聚类分析、层次分析和数据网络分析等统计分析方法，以更为客观地确定各项指标的权重。

总体来看，随着区域产业竞争力评价体系的不断完善，对产业竞争力的评价也越来越科学。但现有研究仅限于产业竞争力的横向比较或纵向比较，没有将产业竞争力作为区域产业转移和协同发展的一个依据，也未能说明各地区产业未来的发展方向。我们在上述研究的基础上，除考察产业的经济绩效和环境资源压力外，加入了社会福利的考量。更为重要的一点是，本书拟区分京津冀区域内各城市产业的本地贡献及其在整个区域内的竞争力水平，从而为不同城市的产业转移与承接奠定基础。

第三章　国外城市功能疏解与发展定位经验

随着经济、社会的不断发展，世界上一些著名的大都市先后出现了人口规模剧增、交通拥堵、居住环境恶化等"大城市病"。为了解决这些问题，这些城市在城市规划方面进行了不断的探索与完善。在实施过程中，既有有益的经验又有发人深省的教训。首先，基于城市功能疏解发展历程，我们选取巴黎、伦敦、东京、首尔作为研究对象。其次，基于城市定位与发展方向，选取华盛顿、堪培拉、巴西利亚与纽约等城市作为研究对象。通过对它们在解决功能疏解与产业协同发展方面所做的工作进行梳理，以期对北京的城市功能疏解与产业协同发展提供参考。

第一节　国外城市功能疏解经验

一、巴黎

巴黎作为法国的首都，位于法国北部，狭义的巴黎包括原巴黎城墙内的 20 个区，面积为 105 平方千米，人口 230 万人。"大巴黎"地区还包括分布在巴黎城墙周围、由同巴黎连成一片的市区组成的上塞纳省、瓦勒德马恩省和塞纳-圣但尼省（王齐，2011）。巴黎是世界著名的经济与金融中心，它与纽约、伦敦、东京一起被公认为世界四大都市。巴黎工商业也很发达，其北部、市中心分别以工业品、奢侈品的制造而闻名。

巴黎自建立以来，由于其优越的地理位置，发展迅速。巴黎优越的生活条件、较高的收入水平及城市发展所带来的大量机会，使法国众多地区的人口不断向巴黎聚集，过多的人口导致了一系列的问题，巴黎先后进行了数次城市改造以应对这些问题。根据其时代特征，我们将巴黎的城市改造分为 19 世纪与 20 世纪两个部分进行阐述。

1. 19 世纪巴黎的城市改造

19 世纪的法国实现了从封建王朝向资本主义国家的过渡。这期间为适应城市不断发展带来的一系列问题，在拿破仑三世的主导下，巴黎进行了大规模城市改造，这次改造使得巴黎成为当时兼具艺术性与先进性的城市代表，并对后世的城市规划具有深远影响。当时受农业危机与工业化的双重影响，巴黎人口不断增长，1831 年巴黎人口为 78 万人，1831～1836 年巴黎人口年均增加 2.2 万人，1841～1846 年巴黎每年增加 2.5 万人。到 1876 年巴黎人口已接近 200 万人；同时，受当时皇室与贵族建设巴黎的影响，巴黎的市区面积不断扩大，从 13 世纪的 250 平方千米发展到第二帝国时期的 7 802 平方千米。这导致城市基础设施无法满足人们的需求，环境恶化、污染严重、工人死亡率攀升、犯罪率不断上升等问题不断涌现。

为解决这些问题，拿破仑三世上台后，提出了改变巴黎城市布局、建立新的道路系统、根除贫民区阴暗潮湿的状况，以及对巴黎实施美化的雄心勃勃的计划。为此，他选择奥斯曼作为自己计划的执行者。巴黎长达 17 年的改造拉开序幕。在奥斯曼担任塞纳省省长的 17 年间，巴黎进行了大规模的城市改造，至 1870 年，奥斯曼不再担任省长，巴黎的改造告一段落。

一般认为，巴黎的改造工程分为三个阶段。1853～1858 年为第一阶段，1859～1868 年为第二阶段，1869～1870 年为第三阶段，见表 3-1。

表 3-1　19 世纪巴黎改造的主要内容

改造时间	时代背景	指导思想	主要内容
第一阶段 （1853～1858 年）	工业革命带来的城市问题，当政者的政绩需求及防止贫民叛乱的考虑	受英国圣西门主义影响较深，注重公共设施的建设	对中心城区的改造，拆毁了皇宫和部分贵族居住的建筑，建成圣·米歇尔大街及塞巴斯托普尔大街，以打通南北道路。拓宽黑沃利大街及圣·热赫曼大街，使得东西方向的道路畅通。这些工程完成后，中心城区的交通状况得到改善，并且促进了空气的流通，减少了流行疾病的发生
第二阶段 （1859～1868 年）			对西岱岛的改造和交通基础设施的建设。拆除了大部分老房子和部分教堂，将人口疏解到郊区，将巴黎警察局设置于此。改造完成之后，西岱岛居民人口大大降低，建筑物明显变少。为适应巴黎面积不断扩大和城市居民外迁的需要，奥斯曼进行了两个方面的工作，一是建立环城铁路网及改扩建火车站，二是建立多条郊区到市区的道路。这些措施使郊区同市区密切联系，将郊区变为巴黎一部分
第三阶段 （1869～1870 年）			持续时间较短，无太多工程的开展

通过改造，巴黎市区拆除了大量老旧建筑，城市基础设施得到完善，大量公园绿地的建设，使得巴黎的居住环境明显改善，统一整齐的建筑规划使巴黎成为独具特色的景观城市。

19 世纪巴黎城市的改造对后来城市规划影响深远，这次城市改造的一些原则被后来的城市规划广泛认可。主要是因为既注重中心城区，对城市的郊区也进行了相应改造。例如，建立便捷的道路系统，使郊区与中心城区密切联系；注重公共服务设施的兴建，使居民的生活条件得到改善，下水道网络、公园、道路绿化带的建设提高了卫生状况及景观与空气质量；引入社会资金，由于改造开支巨大，加之受普法战争赔款影响，资金出现了较大缺口，仅靠政府筹措已无法满足需求，为解决该问题，奥斯曼通过设立基金来获得资金，通过该基金吸纳民间资本，在工程完工后将钱还给投资者，对私人公司开放建设工程，同时通过银行等金融机构化解资金风险，以提高私人公司的热情。

2. 20 世纪巴黎都市圈的规划发展历程

进入 20 世纪后，巴黎快速扩张，之前奥斯曼进行的城市规划已不能满足城市的发展需要。第二次工业革命后，郊区聚集了大量工业企业，而独立式住宅则蔓延于工业用地外围，引发了交通拥堵、公共服务不足等一系列城市问题。为解决这些问题，巴黎在 1934 年首次通过法律的形式对巴黎地区进行规划。为适应城市不断发展的需要，根据不同的时代特征及问题，巴黎在 20 世纪先后进行了六次城市规划。

通过六次城市规划，巴黎解决了城市发展中出现的阶段性问题，在疏解城市功能方面，巴黎主要通过兴建副中心和新城来达到这一目的。在 20 世纪 60 年代后期，巴黎规划了 9 个商贸、服务、交通副中心及 5 座新城，以转移部分城市功能，促进中心城区人口、工业向外转移(丁一文，2013)。通过副中心、新城的建设，巴黎中心城区重点发展高端商务服务业及文化创意产业，在国际上的影响力与日俱增；其他地区通过承接巴黎的工业、农副产品加工等产业，实现了地区的发展。在不断的城市规划中，巴黎市区的人口从 20 世纪 60 年代开始下降，较好地实现了规划目的。20 世纪以来巴黎的城市规划见表 3-2。

表 3-2 20 世纪以来巴黎的城市规划①

规划时间	规划背景	指导思想	规划内容	相关法规、政策
第一次 (1934~1939 年)	巴黎郊区扩散现象日趋严重	限制性、强制性手段	限定城市扩展，限定城市建设用地范围，严格保护现有空地和重要历史景观等非建设用地，以作为未来城市发展的储备地	1934 年 Prost（普罗斯特）规划
第二次 (1956~1959 年)	受第二次世界大战影响，第一次规划仅部分实施，且实施中多次被改动		划定城市建设用地范围，限制其空间拓展，同时降低巴黎中心区密度，提高郊区密度，促进区域均衡发展	1956 年《巴黎地区国土开发计划》

① 整理自《近代巴黎的城市改造》和《国外首都圈发展规律及其对我国"首都经济圈"建设的启示》等文章。

规划时间	规划背景	指导思想	规划内容	相关法规、政策
第三次 （1960～1964年）	巴黎郊区扩散现象日趋严重	限制性、强制性手段	对现有建成区进行调整，利用企业扩张或转产的机会建设新的城市发展极核	1960年《巴黎地区整治规划管理纲要》
第四次 （1965～1975年）	经过1964年行政区调整，辖区面积扩至1.2万平方千米	引导式、协调式手段	摒弃单中心放射布局。建设副中心，发展多中心大都市格局，沿塞纳河两岸构建两条平行的城市发展轴，规划建设新城	1965年《巴黎大区国土开发与城市规划指导纲要》 1973年《城市规划法》
第五次 （1976～1993年）	人口增长放缓，全球经济衰退，开始关注自然环境问题		强调城市拓展与空间重组的同时，主张加强自然空间保护，建设综合性、多样化城市，形成沿两轴线布局的多中心空间格局	1976年《法兰西之岛地区国土开发与城市规划指导纲要（1975—2000）》
第六次 （1994年至今）	全球经济结构重大调整，法国经济低迷，欧盟成立		从控规模转向提质量，注重人文因素，注重区域间协调发展，注重自然环境保护，建立快捷交通	1994年《巴黎大区总体规划》

3. 巴黎城市功能的变迁过程

巴黎城市功能的变迁过程见图 3-1。

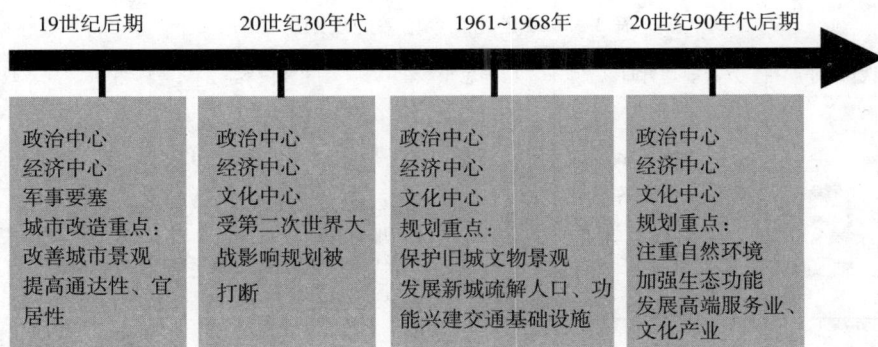

图 3-1　巴黎城市功能的变迁过程

二、伦敦

1. 伦敦城市规划变迁过程

伦敦是欧洲最大的城市。位于英格兰东南部，面积1 577平方千米，人口有

800 多万人。狭义上的伦敦仅指伦敦市，广义上的伦敦指的是伦敦市加上伦敦市周围围绕其开发的地区。伦敦的都会区和大伦敦便由这些地区构成。而伦敦都市圈的范围更广，不仅包括伦敦，还包括伯明翰、谢菲尔德、曼彻色特、利物浦等数个大城市和众多中小城镇。都市圈总人口 3 650 万人，占地面积约 4.5 万平方千米，是产业革命后英国主要的生产基地和经济核心区。伦敦是英国的政治中心，同时也是与纽约齐名的世界最大的国际金融中心，金融业是伦敦最重要的产业之一。多年来，金融服务业一直作为伦敦经济发展的支柱产业。而近十年来，伦敦创意产业等新兴产业发展迅速，每年产出值达到数百亿英镑，成为仅次于金融服务业的伦敦第二大支柱产业①。伦敦凭借其在金融、创意产业的地位，享有"金融之都""创意之都"的美称。

第二次世界大战结束后，伦敦经历了城市高速发展的历程，由于人口不断聚集，基础设施已无法满足城市的需要，交通拥堵现象时有发生；由于大量的工厂企业聚集于伦敦周围地区，城区环境污染严重。为解决这些问题，伦敦市政府于 1944 年编制了《大伦敦规划》，通过建立第一代新城以疏解人口与产业，并计划通过在郊区与市区之间设置绿带以控制城市区域的蔓延。此后，为应对城市发展过程中出现的新问题，伦敦先后对该规划进行了不同程度的调整，包括兴建第二代、第三代新城，转变规划的指导思想，对规划机构的设立与撤销等。20 世纪至今伦敦的规划历程见表 3-3。经过多年的发展，伦敦已探索出一套极具借鉴意义的城市规划方法，对于北京有很好的借鉴意义。

表 3-3 20 世纪至今伦敦的规划历程

规划时间	规划背景	指导思想	主要内容	相关法规、政策
第一阶段 （1944～1979 年）	第二次世界大战结束后，经济迅速增长带来的人口、交通、环境问题	政府主导、国家干预	20 世纪 50 年代新城的规划，产业、人口的有序外迁，60 年代成立"大伦敦议会"负责大伦敦的规划管理与发展，70 年代末实施政府主导下的内城复兴计划	1944 年《大伦敦规划》 1978 年《内城法》
第二阶段 （1980～2000 年）	20 世纪 60 年代出现"滞涨现象"，由此经济政策转向自由主义，"撒切尔革命"在经济领域的开展	强调市场机制，更加依靠企业	撤销"大伦敦议会"，各区分别制定规划；成立中央直属的开发公司，通过建设旗舰项目以及建立企业特区推动城市发展	1980 年《住房法》《地方政府规划和土地法案》 1985 年《住房协会法》 1986 年《战略规划引导》

---

① 世界五大都市圈探访录之伦敦：创意产业之都[EB/OL]. http://news. sina. com，2008-03-07.

续表

规划时间	规划背景	指导思想	主要内容	相关法规、政策
第三阶段（2001 年至今）	20 世纪 80～90 年代的自由化政策造成了严重的社会分化，布莱尔上台后提出"走第三条道路"的政策，强调政府的积极作用	政府发挥更积极作用，公私合作及区域内协调	以空间战略整合多项经济社会发展政策，重建"大伦敦政府"，规划体系转变为区域空间战略和地方发展框架，设立市长战略	2001 年《走向伦敦规划》 2004 年《规划和强制收购法》 2006 年《大伦敦空间发展战略——住房供应、废弃物、矿物资源的调整》 2008 年《伦敦规划：基于 2004 年的变化调整》 2010《伦敦规划：大伦敦空间发展战略》

　　通过合理规划，伦敦成功地经历了两次城市转型，避免了城市的衰败，实现了产业结构的调整和人口总量的控制。具体来看，伦敦的城市转型与产业结构的调整是一枚硬币的两面，城市功能的变化必然带来产业的变化。20 世纪 70～80 年代以前，伦敦以制造业和港口运输业闻名于世，但由于成本劣势和世界航运向深海港口发展的趋势，这些产业发生严重衰退，大量工人失业，码头纷纷关闭，城市一片萧条。80 年代后，在撒切尔的主导下，通过发展第三产业，尤其是金融业与高端商务服务业，伦敦实现了经济的高速发展，由一座以港口、制造业立足的城市转变为金融业主导的国际化大都市，其中以金丝雀码头为中心的道克兰区由没落的码头转变为重要的商务中心区，为城市转型的一个成功案例。90 年代后，随着金融业增长潜力变小，伦敦政府适时将发展创意产业作为政府工作的重点，创意产业实现了快速发展，伦敦由金融业占主导地位的城市变为金融业、创意产业双引擎拉动的城市，创意产业为伦敦赢得了"创意之都"的美誉。在人口总量控制方面，主要通过产业转移、建设新城来疏解人口，总体来看，伦敦的人口经历了城镇化阶段的快速增长时期—城市郊区化阶段的负增长时期—在城市阶段的缓慢增长时期三个阶段，与产业结构调整相对应。

2. 伦敦功能的变迁过程

伦敦功能的变迁过程见图 3-2。

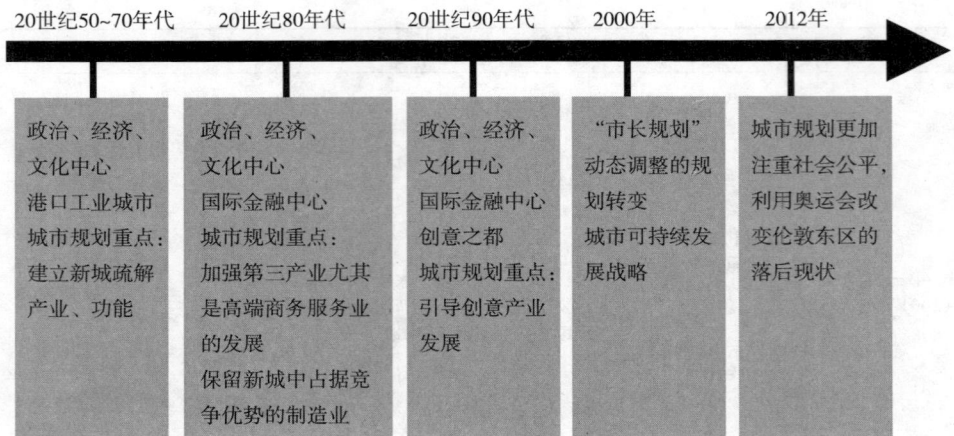

20世纪50~70年代	20世纪80年代	20世纪90年代	2000年	2012年
政治、经济、文化中心 港口工业城市 城市规划重点： 建立新城疏解产业、功能	政治、经济、文化中心 国际金融中心 城市规划重点： 加强第三产业尤其是高端商务服务业的发展 保留新城中占据竞争优势的制造业	政治、经济、文化中心 国际金融中心 创意之都 城市规划重点： 引导创意产业发展	"市长规划"动态调整的规划转变 城市可持续发展战略	城市规划更加注重社会公平，利用奥运会改变伦敦东区的落后现状

图 3-2　伦敦功能的变迁过程

三、东京

东京位于日本本州岛关东平原南端。按照地域范围，有东京都及东京都市圈的不同划分。其中东京都是由 23 个特别区，以及 26 个市、5 个町、8 个村构成的广域自治体，人口约 1 329 万人，面积 2 188 平方千米。而东京都市圈以东京市区为中心，半径 80 千米，由东京都、埼玉县、千叶县、神奈川县共同组成。东京都市圈总面积 13 400 平方千米，占日本面积的 3.5%；人口达 4 000 多万人，占日本人口的 1/3 以上；GDP 更是占到日本全国的一半。城市化水平达到 90%以上（栗宁，2009）。东京都市圈的地域范围见图 3-3。

图 3-3　东京都市圈的地域范围

在城市的发展历程上，东京与北京有很多相似之处，两者都有丰厚的历史文化底蕴，都承担着国家政治中心、金融中心、文化中心、科技中心的职能，在城市的发展中也遇到了许多相似的问题。因而，东京城市规划的经验与教训值得我们深入研究。

根据规划时代、规划内容的不同，一般将东京规划历史分为两个时期，分别是明治时期的城市规划及第二次世界大战后的城市规划。其中明治时期的城市规划以基础设施的建设、更新为主；第二次世界大战后的城市规划则转向城市功能疏解、空间结构调整和人口控制方面，规划范围更广，难度更高。

1. 明治时期的城市规划

东京的城市规划起于 1869 年银座发生的一场大火灾。火灾过后日本政府开始对城市的防火功能进行规划，为此出台了《银座砖街建造规划》，这个规划受当时日本政府高层崇尚西方文化的影响，颇具西洋风味。计划将银座街道改造成既适合东京生活方式又不易燃烧的具有西方特色的街道。但最终由于土地方面的问题，该规划没有得以贯彻，以至于最终政府放弃了该规划。

此后东京市政府先后于 1888 年颁布《市区修建条例》，1889 年颁布《市区修建设计》，对城市公共设施进行了规划，但由于实际进度过慢及财政问题，不得不对规划规模进行缩减。这一时期主要对基础设施进行改造，并没有对城市整体进行规划。

2. 第二次世界大战后的城市规划

第二次世界大战后，日本东京人口为 278 万人，比第二次世界大战前减少了一半以上。随着第二次世界大战后国家的重建及 20 世纪 60 年代的经济高速增长，日本人口开始不断向东京集中。由于东京在交通、环境等方面出现越来越多的问题，1958 年日本政府制定了作为东京大都市圈的地方规划的首次首都圈建造规划，随着时间的推移和国内外形势的变化，又制定了四次规划。第二次世界大战后东京都市圈的五次规划见表 3-4。

表 3-4　第二次世界大战后东京都市圈的五次规划

规划时间	规划背景	指导思想	主要内容	相关法规、政策
第一次 （1958～1967 年）	东京人口急速扩张带来的一系列问题	控制总量，限制性政策	在东京外圈建立绿化带，限制城市无序扩张；限制部分地区工厂学校新建、扩建；对近郊地区进行开发，设立卫星城，吸纳工业与人口	1958 年《第一次首都圈基本计划》1962 年《第一次全国综合开发规划》1965 年《首都圈整备法》修正1966 年《首都圈近郊绿地保护法》

规划时间	规划背景	指导思想	主要内容	相关法规、政策
第二次 (1968~1975 年)	绿化带未按第一次规划设想建成，城市发展呈"摊大饼"模式	政府主导，强化中心地区中枢管理职能	对规划人口总量进行调整；强化建成区的中枢管理职能；对近郊整备区进行有计划的开发；继续推行卫星城开发政策	1968 年《第二次首都圈基本计划》
第三次 (1976~1985 年)	石油危机的爆发，东京"一极集中"的状况并未得到改变	均衡发展	改正东京"一极集中"的态势，建设"区域多中心复合体"形成多级多圈层结构；谋求周边地区的社会、经济、文化技能的发展	1976 年《第三次全国综合开发计划》
第四次 (1986~1995 年)	经济全球化趋势的深入，国家竞争力的培育，使东京作为国际金融中心的职能需要强化		进一步强化首都圈中心的管理中枢职能；提出发展副中心，承担中心区的部分功能；强化各组成区域之间的联合以提高地区的独立性	1986 年《多级分散型国土形成促进法》《第四次首都圈基本计划》
第五次 (1996~2015 年)	全球化的进一步深入，国际竞争更加激烈，使区域规划开始更加注重人居环境建设	全球视角，以人为本	抑制和分散东京过度集中的城市职能，以实现国土职能的分担和协作；努力使地域结构工作和居住相平衡	1999 年《第五次首都圈基本计划》

经过五次规划，通过疏解功能、产业、人口，发展了多个副中心与卫星城，东京"一极集中"的空间结构得到改变，出现了"中心-副中心-郊区卫星城-邻县中心"的多核心功能分散的网络化区域空间结构（丁一文，2013），带动了周围地区的发展。同时，规划中完善的交通基础设施建设使得东京形成了以山手线、武藏野铁路线和其他 JR(Japan Railways，即日本铁路公司)铁路构成的铁路网络，促进了区域内要素的流动。在功能的空间布局上，形成了中心商业区、周围居住用地、休闲用地成同心圆变化的格局。在人口总量控制上，东京没有出现像伦敦、纽约逆城市化时期人口总量减少的情况，这主要是受东京城市功能特别集中及区域人口吸引力巨大的影响，第二次世界大战后东京人口持续增长。东京都市圈空间结构演变见图 3-4。

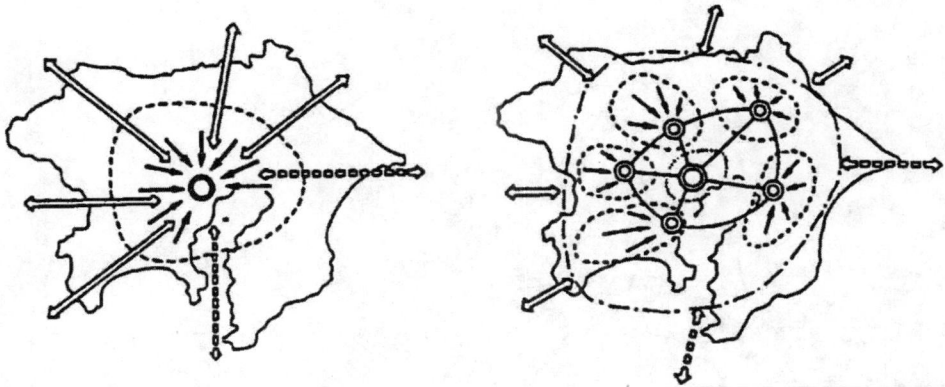

（a）现状"一极集中"的结构　　　　　　　（b）规划"多心多核"的结构

图 3-4　东京都市圈空间结构演变

经过多年规划与发展，东京都市圈的空间结构由"一级集中"变为"多核多心"

资料来源：卢明华等(2003)

1975~1984 年东京制造业空间转移情况见图 3-5。

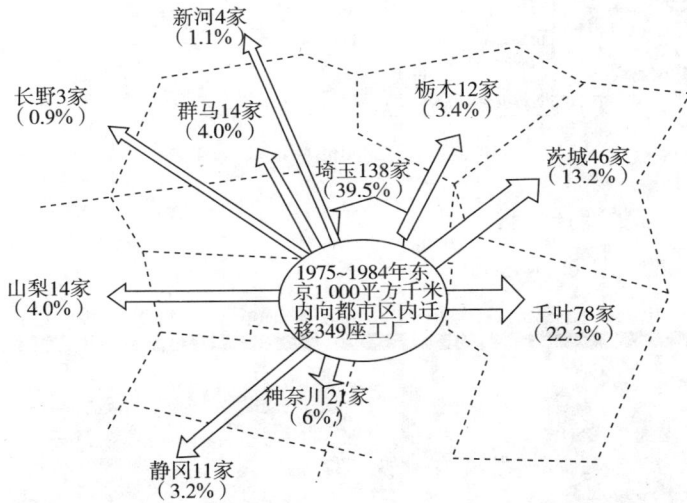

图 3-5　1975~1984 年东京制造业空间转移情况

制造业从 20 世纪 70 年代中期加速向周边各县转移，其中 1975 年到 1985 年的 10 年间总共转移 349 家工厂，埼玉县、千叶县和茨城县承接制造业工厂最多，分别占迁移总数的 39.5%、22.3%和 13.2%

东京职能分工示意图见图 3-6。

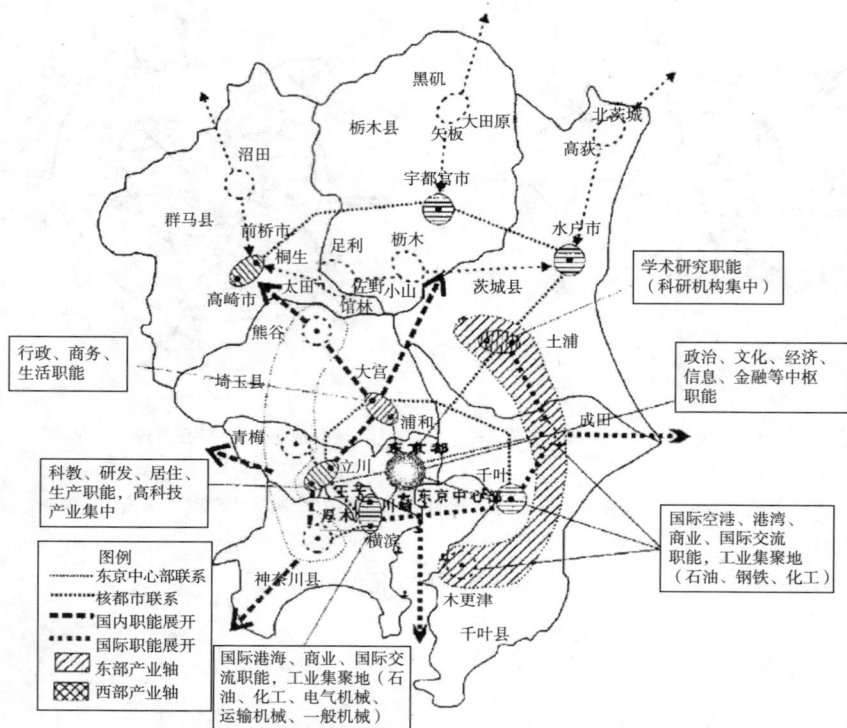

图 3-6　东京职能分工示意图

3. 东京功能的变迁过程

东京功能的变迁过程见图 3-7。

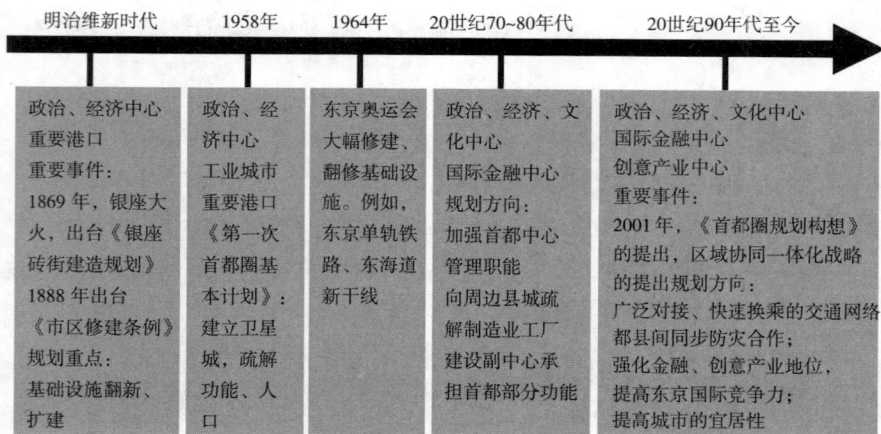

图 3-7　东京功能的变迁过程

四、首尔

首尔位于韩国西北部，面积约为 605.7 平方千米，约占韩国国土面积的 0.6%，人口有 1 014 万人，GDP 占全国的 21%。首尔是韩国的政治、经济、科技、文化中心，同时也是世界著名的金融中心之一。首尔都市圈由首尔特别市外加仁川广域市和京畿道的全部行政区组成，占地面积约 11 726 平方千米，占韩国国土面积的 11.8%；人口约 2 384 万人，占韩国总人口的 49.1%；2009 年实现 GDP 487.6 万亿韩元，接近韩国 GDP 总量的一半(丁一文，2013)。

在城市规划上，韩国对首尔都市圈的规划可分为两个阶段，第一阶段是 20 世纪 60~80 年代，规划的目的是解决首尔发展过程中出现的"大城市病"问题，规划的方向是配合国家经济战略的需要，通过产业升级实现经济的发展，规划的手段主要是通过建立新城来达到功能、产业、人口的疏解。90 年代后，首尔的城市规划更偏向于整个都市圈功能的相互协调，并针对全球化趋势不断加深的新变化，提出通过发展首尔都市圈提高整个国家的竞争力，这一时期的规划手段由政府主导的限制性措施变为政府间接管理、区域协调，且对城市的宜居性提出了要求。

1. 首尔 20 世纪 60~80 年代的城市规划

朝鲜战争结束后，为使国家快速结束经济落后的境况，韩国投入经济建设中，通过优先推进工业化政策来实现这一目标。20 世纪 60 年代中期，首尔的工业化导致人口过度集中，出现了"城市病"问题。为解决这一问题，在 1964 年，韩国政府出台《大城市人口集中防止对策》，至 20 世纪 80 年代，韩国政府先后进行了三次规划，以应对首尔发展过程中出现的问题。通过建设新城，韩国政府较好地解决了首尔发展过程中出现的问题。首尔 20 世纪 60~80 年代的城市规划见表 3-5。

表 3-5 首尔 20 世纪 60~80 年代的城市规划

规划时间	规划背景	指导思想	主要内容	相关法规、政策
第一次 (1962~1971 年)	第二次世界大战后优先发展工业及带来的人口问题	以直接限制为主	建设工业新城；城中城新城规划；强制迁移人口，建设居住新城	1962 年《城市规划法》 1963 年《国土综合开发规划法》 1964 年《大城市人口应对政策》 1969 年《首都圈集中抑制方案》
第二次 (1972~1981 年)	发展重化工业的国家经济战略		重点开发大型项目；建设重化工业主导的新城；建设承接首都圈功能的新城	1971 年《(第一次)国土综合开发规划(1972—1981)》 1973 年《大城市人口分散政策》 1978 年《工业布局法》
第三次 (1982~1991 年)	进入工业化后期，人口过度集中		构建土地的多核构造；开发居住型卫星城；继续建设新城疏解首都圈功能	1982 年《首都圈整顿规划法》 1984 年《首都圈整顿基本计划》 1986 年《首都圈整备施行规划》

2. 20 世纪 90 年代后首尔都市圈的两次规划

20 世纪 90 年代后，韩国的工业化基本完成，此时韩国政府对首尔的发展方向开始发生变化。在 20 世纪 60~80 年代，首尔作为韩国的经济中心，在拉动全国经济增长方面扮演着重要角色，这一时期，政府的城市规划主要目的之一是更好地发挥首尔的经济带动作用；其规划主体更多地考虑区域性的因素，并没有将首尔放在韩国发展的大背景下进行规划。

到了 20 世纪 90 年代后，随着全球化的深入，韩国政府对首尔的定位已不仅仅局限于其经济中心，为更好地提升其国际竞争力和影响力，首尔政治中心、文化中心的功能日益受到重视。与此同时，居民对高质量城市生活的渴求，也使得韩国政府对首尔的城市宜居性日渐重视。为此，在 20 世纪 90 年代后，韩国政府对首尔进行了两次大的规划，以实现其城市功能的转型，见表 3-6。

表 3-6　20 世纪 90 年代后首尔都市圈的规划①

规划时间	规划背景	指导思想	主要内容	相关法律、政策
第一次（1992~2005 年）	全球化趋势加剧，严格的政府管制有所松动，《首都圈整备计划修正法》出台	间接管理	从 5 个圈域变为 3 个圈域：①广义基础设施扩大发展——交通设施、物流、信息通信、给排水等；②重视环境保护和管理；③开展首都圈综合环境治理与保护	1992 年《第三次国土综合开发规划》1994 年《首都圈整备规划修订法》1997 年《第二次首都圈整备规划》2004 年《国家均衡发展五年计划（2004 年至 2008 年）》
第二次（2006~2020 年）	《第四次国土综合规划》（修订）等高层次规划发展变化，综合性或多功能城市及公共机构功能不断变化	寻求"质"的发展	促进首都圈人口的稳定化，改善首都圈居民生活质量，强化首都圈竞争力，合理改善首都圈的既有政策	2006 年《第三次首尔都市圈整治规划》

纵观首尔 20 世纪 90 年代后的两次规划，相较于之前的变化其新的特点在于：一是规划的地位更加重要，规划层次上升到国家层面；二是在借鉴发达国家经验的基础之上，规划体系更加完善，相应的法律支持更加完备；三是规划考虑的内容更加复杂、全面，从不同单一功能的规划转变为对不同功能的相互联系的研究，覆盖范围更加广泛。

---

① 整理自《首尔首都圈重组规划解析》、《首都圈成长管理案例研究——以韩国首尔城市圈为例》和《国外首都圈发展规律及其对我国"首都经济圈"建设的启示》等文章。

3. 首尔功能的变迁过程

首尔功能的变迁过程见图 3-8。

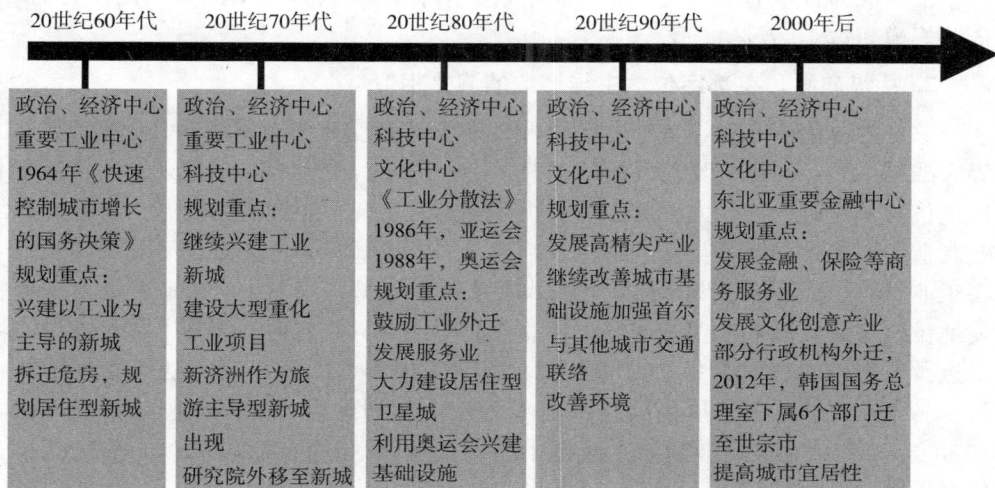

图 3-8　首尔功能的变迁过程

五、国外都市圈功能疏解启示

纵观世界上各大都市圈的规划历程，可以发现，城市功能的变化与国家战略、世界形势的变化息息相关。产业、人口、城市空间布局都因城市功能的不断调整而处于动态变化之中。通过对前文四个城市的总结，我们有以下六个方面的发现。

1. 重要城市尤其是首都成为国家战略的重要载体

随着全球化趋势的不断深入，国家间的竞争越来越激烈，科技、文化、高端制造业成为国家竞争力的重要体现。各国均根据本国实际情况提出了符合实际的战略规划。首都城市圈作为一国人力、物力、财力的聚集地，在国家的战略规划中地位日渐提高。因此各国首都均在国家战略的大背景下，提出城市的规划。例如，法国、英国、日本、韩国在完成工业化后，对国家经济战略进行调整，通过大力发展服务业与高新技术产业实现国家的持续发展，在此前提下，巴黎、伦敦、东京、首尔都把发展金融、文化创意产业作为首都规划的重要内容。伦敦、东京是世界级的金融中心，在全球金融领域有着重要的影响力；巴黎作为欧洲大陆重要的金融中心，主要面向欧洲大陆提供服务；首尔作为东北亚重要的金融中心，影响力遍布韩国全境。自 20 世纪 90 年代起，伦敦便把发展创意产业放到关乎城市未来发展的地位看待，经过 20 多年的发展，伦敦创意产业产值已超过

300 亿英镑，成为带动经济增长的重要引擎。而东京则依托本国在动漫产业的地位，带动相关产业如出版、广播电视、音乐等的发展，据统计，动漫产业已超过汽车工业成为日本的第三大产业，而东京集中着日本 80% 以上的动画制作公司，产业规模超过 10 万亿日元。

2. 从纵向看，首都定位、主导产业的演化相似

除作为政治中心外，首都的定位一直处于动态变化中，见表 3-7。第二次世界大战结束后，在经济高速发展的大背景下，巴黎、伦敦、东京、首尔依靠其在地理位置、基础设施、人力资源上的优势，先后实现了经济的大发展。其中，工业制造业在其中扮演了重要的角色。例如，20 世纪 60 年代伦敦是英国重要的码头工业城市，而在东京和首尔第二次世界大战后的城市规划中，工业发展占据重要地位，这一阶段，工业的产值、从业人员均位于行业前列。随着工业化进程的推进及发展中国家廉价劳动力的吸引，劳动密集型、低附加值的制造业开始外流，各国首都开始把发展高科技产业作为城市规划的重要内容。例如，东京在 20 世纪 60 年代建设筑波新城，开创了科学工业园区建设的新模式，并在 80 年代名噪全球。而韩国于 20 世纪 70 年代开发大德地区，其在 30 年后成为韩国最大的产、学、研综合园区（石洋，2008）。20 世纪 80 年代后，主要发达国家先后进入工业化后期，随着资本等生产要素流动的加快，发达国家制造业进一步外流，各国首都开始将金融业、文化创意产业作为新的经济增长点进行开发，以期提高本国的国际竞争力。

表 3-7　首都功能演化过程

时期	工业化前期	工业化中期	工业化后期、后工业化时期
首都定位	经济中心，区域内重要的经济增长引擎	经济与科技并重，注重工业发展质的提高	注重城市在本国、国际的影响力，提高城市的软实力
主导功能（产业）	制造业部门占主导	高科技产业占据主导，设立高科技园区	金融等高端商务服务业、文化创意产业

3. 首都都市圈建设经历了从单核到多核的转变

在首都都市圈发展的最初阶段，由于人口、产业的集中，中心地区成为城市的核心。随着首都都市圈的发展，产业与功能向外疏散，人口也随之向外转移，这些变化带动了周围各城市的发展，一些城市逐步承接部分首都的职能，差异化的发展战略加上首都圈内部方便的交通系统，使得多核心得以形成，有效地控制了中心城区人口的过度增长，实现了区域内的协同发展。总的来看，首度都市圈的发展经历了建立核心城市—形成单核心都市圈—整合多核心都市圈—协调发展大都市圈这些阶段。例如，伦敦在第二次世界大战结束时采取的是同心圆式城市规划，中心城区承担城市的大部分职能，进入 20 世纪 70 年代后，伦敦规划了许多功能相对独立的新城以分散中心城区的功能，逐渐形成多核心的空间结构。而日本为解决东京"一极集中"问题，先后规划了7个副中心对东京城区功能进行疏解，形成了以铁路和城市交通网维系的"一核七心"的城市结构。目前，由"中心-副中心-郊区卫星城-邻县中心"构成的多核多圈层空间形态业已形成，不同级别的中心间既相互独立又各具特色，互为补充（王剑等，2011）。

4. 注重区域交通运输体系的规划，实现都市圈的高效运行

便捷、高效的交通网络能有效促进都市圈内部的经济联动，提高区域内经济的运行效率和民众的生活质量。例如，巴黎在历次城市规划中都将交通的布局作为影响城市未来发展的关键因素，通过交通基础设施的建设引导区域的发展。在几十年内，巴黎建设了四通八达的交通网络，各种交通方式一应俱全，且换乘方便，促进了城市的发展。其中拉德芳斯交通中心堪称城市交通枢纽建设的成功典范。巨大的人口数量使得东京在城市规划中尤为重视交通规划，其交通规划主要关注"公共交通"，目前东京形成了由新干线、轻轨和地铁构成的近3 000千米的轨道交通网络，市中心、副中心与周边城市通过轨道交通连接起来，在有效功能疏解的同时，提高了区域内要素的流动，加快了经济的发展。

5. 城市规划由强制性、限制性措施转为引导性措施

各国在城市规划的最初阶段，都是由政府主导，通过制定一些强制性、限制性的措施来抑制城市的扩张。例如，各国在第二次世界大战后的首次城市规划中，均提出建立绿化隔离带控制城市的规模。但从最终结果看，由于土地产权问题和利益问题，绿化隔离带在发展中被不断开辟为城市建筑用地，形成了"摊大饼"的发展形势。此后城市规划逐步转向引导性的、多方参与的城市规划，反映多方利益诉求，通过利益引导的规划取得较好的效果。例如，各国把城市的宜居性放在越来越重要的位置，充分反映了民众的诉求。首尔在其2006年后的规划中，为吸引更多的社会团体，首次提出建立"府民合作"的管理体制。

6. 法律性的规划文件是都市圈健康发展的重要保障

国外成功都市圈的发展，均以法律形式颁布了诸多法令、法案，并成为指导都市圈各个时期建设发展的行动纲领。例如，日本东京都市圈规划是在《国土综合开发法》和《首都圈整备法》的基础上制定的；韩国首尔都市圈规划是在《首都圈管理法》的基础上制定的；法国巴黎都市圈的区域规划是通过议会以立法形式颁布的。在法律基础上制定和实施都市圈规划，不仅确保了其权威性和严肃性，而且增强了其规划实施过程中的强制性（哈妮丽，2012）。

第二节　国外城市发展定位经验

一、政治中心城市

1. 华盛顿

华盛顿即华盛顿哥伦比亚特区，简称"华盛顿"、"特区"或"华府"，是美利坚合众国的首都，靠近弗吉尼亚州和马里兰州，位于美国的东北部、中大西洋地区，特区总面积 6 094 平方千米，市区面积 178 平方千米。华盛顿于 1790 年成为美国首都，在行政上由联邦政府直辖，不属于任何一个州。

20 世纪以来，华盛顿一直作为美国政治、文化、教育的中心。作为政治中心，华盛顿集聚了美国多个联邦政府机关与多数国家大使馆。同时世界银行、国际货币基金、美洲国家组织等国际机构总部也都坐落于此。其居民主要为联邦政府官员、雇员及其家属，2011 年华盛顿特区共有联邦雇员约 17 万人。作为文化和教育中心，华盛顿拥有数量众多的博物馆与文化史迹，包括国会图书馆、国立博物馆、老国立美术馆、新国立美术馆，以及著名的纪念建筑物华盛顿纪念塔、林肯和杰斐逊纪念堂，还有乔治敦大学、乔治·华盛顿大学等文教机构。旅游业及相关服务性行业是与政治、文化、教育中心相配套的重要经济部门。

华盛顿以国会大厦为中心，向四面八方呈放射状布局，突出反映了华盛顿的政治职能。其核心区域是联邦办公楼，整个城市最重要的活动空间是长达 3 千米的宪法大道和独立大道，该空间主要是被博物馆与纪念广场环抱的公共绿地。

就人口分布情况来看，相比美国的平均水平，华盛顿人口密度（2010 年为 34 人/平方千米）略低于美国平均水平，排在全美第 25 位；从人口年龄结构来看，华盛顿 18 岁以下人口或 65 岁以上人口比重均低于美国平均水平，人口主要是中年工作人口；在移民方面，华盛顿移民比例高于美国平均水平，为 16.40％；在受教育水平方面，华盛顿地区的受教育水平明显高于美国平均水平，25 岁以上人口中本科及以上学历比重（2008～2012 年）达到 51.20％，接近美国平均水平的两倍，见表 3-8。

表 3-8　华盛顿各项数据与美国平均水平的对比

指标	华盛顿	美国
总人口/人（2010 年）	646 449	308 745 538
市区土地面积/平方千米（2010 年）	177	3 531 905
人口密度/（人/平方千米）（2010 年）	34	34.2

续表

指标	华盛顿	美国
人口变化百分比/%（2010-01-01 至 2013-07-01）	7.40	2.40
18 岁以下人口占比/%（2012 年）	17.30	23.50
65 岁及以上人口比例/%（2012 年）	11.40	13.70
居住时间一年或一年以上人口比重/%（2008～2012 年）	80.30	84.80
外国新生儿占比/%（2012 年）	13.50	12.90
移民人口比重/%（2009 年）	16.40	14.90
25 岁以上人口中高中及以上学历比重/%（2008～2012 年）	87.50	85.70
25 岁以上人口中本科及以上学历比重/%（2008～2012 年）	51.20	28.50
自有住房率/%（2008～2012 年）	42.40	65.50
自有住房市场价值中值[1)]/美元（2008～2012 年）	443 000	181 400
人均货币性收入[1)]/美元（2008～2012 年）	45 004	28 051
家庭收入中值[1)]/美元（2008～2012 年）	64 267	53 046
贫困线以下人口比重/%（2008～2012 年）	18.50	14.90
人均零售额[1)]/美元（2007 年）	6 555	12 990
固体废物处理率/%（2009 年）	41.30	37.90
职员上班平均交通用时/分钟（2008～2012 年）	29.6	25.4

1)按 2012 年美元计

注：括号内时间代表数据年份或时间段内均值

资料来源：US Census Bureau State & County Quick Facts

　　从就业情况看，华盛顿地区的失业率为 6.1％，低于 9.1％的全国平均水平；从教育情况来看，华盛顿居民教育程度普遍较高，高中及以上学历比例达到 87.5％。其中，2005～2008 年华盛顿在学校建设、土地获取和现有设施上投资了 5.48 亿美元。归功于政府针对低收入个体提供保险的项目，华盛顿超过 90％的居民有医疗保险，这一比例居全美第二名。

　　从社会经济与人民生活的角度来说，华盛顿的人均货币性收入（按 2012 年美元计，2008～2012 年）为 45 004 美元，远高于美国平均水平（28 051 美元），家庭收入中值也高于美国平均水平。但是，华盛顿贫困线以下人口比重（2008～2012 年）竟然高达 18.50％，高出美国平均水平 3.60 百分点。在居民住房方面，华盛顿自有住房率（2008～2012 年）为 42.40％，低于美国平均水平约 1/3，自有住房市场价值中值高于美国平均水平两倍左右。此外，就其他社会经济发展指标来说，华盛顿的固体废物处理率达到 41.30％，略高于美国平均水平（37.90％）；

职员上班平均交通用时略高于美国平均水平。

　　华盛顿建有仅次于纽约的美国第二大市内地铁运输系统，通往市内和郊区各地。其中地下铁道和地面铁道共 5 条线路，全长 171 千米，共有 86 个车站。市内联邦政府工作区、学校以及邻近州卫星城的主要生活区都设有车站。除机场和地铁外，华盛顿拥有 1 505 英里（1 英里≈1 609.3 米）的公共道路以及 10 英里的内陆水道，居美国第 39 位。2011 年港口运载能力达到 10 万吨货物，居美国第40 位。可见，华盛顿作为政治中心，除市内交通方便快捷外，其他交通条件并未显示出较其他城市的优势。

　　但在经济发展与产业分工方面，首先从美国波士顿-华盛顿城市群（简称波士华城市群，Boswah）的产业分工中来看，我们可以看出，作为世界上发展最为成熟、综合实力最强的城市群，经过多年的发展，波士华城市群已经形成完善的产业分工格局。不同城市之间主导产业突出、特色鲜明，使整个城市群形成既有分工又密切联系的有机整体。美国波士华城市群产业分工格局见表 3-9。

表 3-9　美国波士华城市群产业分工格局

城市	城市性质	主导产业
纽约	波士华城市群的中心城市；世界政治中心，世界金融中心，美国商业、贸易中心，美国交通运输中心，美国文化、艺术、音乐和出版中心，交通枢纽中心	金融业、商贸服务业、文化产业
波士顿	新英格兰地区的政治、经济、文化、教育及公共服务中心；世界科技教育与研究的重镇	高科技产业、金融、教育和医疗服务、建筑和运输服务业
费城	区域交通枢纽中心；美国东海岸的主要炼油中心和钢铁、造船等重工业基地	健康服务业、制药业、制造业、教育服务和交通服务业
巴尔的摩	重要的制造中心和商贸中心	国防工业、有色金属冶炼工业、服务业
华盛顿	美国首都，世界政治中心	金融、商业服务、健康和教育服务、休闲娱乐和饭店业

资料来源：张学良（2013）

　　从表 3-10 可以看出，即使在同一城市群中的纽约、华盛顿和波士顿均注重金融业的发展，并都具备金融业中心的地位，但金融业发展的目标定位和功能分工也具有各自鲜明的侧重点，与整体有机互补。

表 3-10　美国东海岸城市群不同层次金融中心专业分工

城市群	城市	金融定位	主要特点
美国东北部大西洋沿岸城市群	纽约	全球性国际金融中心	世界最重要的银行业中心；世界最大的共同基金管理公司、养老基金管理公司、对冲基金、私募基金等资产管理中心；世界最大的经营中长期借贷资金的资本市场
	华盛顿	全国金融中心	美国金融决策中心
	波士顿	国内区域金融中心	美国最大的基金管理中心

资料来源：张学良（2013）

　　最后，从 2012 年华盛顿的从业人员分布来看，科学技术、环境和公共设施管理业占比最高，为 21.6%，其他部门依次为教育、卫生和社会保障业（20.3%）、公共管理（16.5%）、艺术、娱乐和住宿餐饮业（9.8%）、其他服务业（9.3%）。这五个部门吸纳了华盛顿特区 77.5% 的就业人员，而农林牧渔、采矿业就业人员比重仅为 0.1%，制造业从业人员占比为 1.3%，这些均表明，华盛顿特区的主要产业是服务业[①]。

2. 堪培拉

　　澳大利亚联邦 1908 年决定定都于堪培拉，堪培拉坐落于澳大利亚首都领地北端，距离澳大利亚东岸两大都会城市悉尼和墨尔本分别为 280 千米和 660 千米。堪培拉面积 2 395 平方千米，是澳大利亚最大的内陆城市，现属于自治领地，同时兼具州级政府和堪培拉地方政府的职责，但部分权力仍由联邦政府的国家首都掌控。堪培拉是澳大利亚政府、国会及很多外国使馆的所在地，也是亚太区主要的外交中心之一。

　　作为澳大利亚政治中心，堪培拉是澳大利亚国会大厦和众多政府部门与各国大使馆所在地。作为重要文化城市，它集许多全国性社会和文化机构于此，如澳大利亚战争纪念馆、澳大利亚国立大学、澳大利亚体育学会、澳大利亚国立美术馆、澳大利亚国立博物馆及澳大利亚国家图书馆。另外，澳大利亚军队总部，以及主要军事教育机构邓特伦皇家军事学院和澳大利亚国防学院也设在堪培拉。

　　堪培拉将城市划分出首都区、工商业中心区、卫星城和绿化开旷区。其中，在首都核心区内，大型建筑物并不多，大量的是供人们休息和欣赏的公园、人工喷泉、大片草坪、树木、灌木丛与花卉；在绿化开旷区内，有全国性或州际间比赛的大型运动场、公园、防护林带等。堪培拉市内建有一个近 4 000 亩的大型植

---

① 资料来源：U. S. Census Bureau，2012 American Community Surver。

物园，连同建市时有意留下来的大片天然森林绿化地带共占全市总面积的近60%，人均占有绿地 70 平方米。

从表 3-11 中可以看出，2011 年堪培拉人口超过 35 万人，在澳大利亚所有城市里排第八名，土地面积约为 814.2 平方千米，人口密度达到 428.6 人/平方千米。在人口方面，相较于澳大利亚平均水平，堪培拉的人口结构更为年轻化，65岁以上人口比重为 10.50%，小于澳大利亚整体水平 13.80%；堪培拉的移民比例为 15.10%，略高于澳大利亚整体水平 13.40%；堪培拉的学士学位及同等学历以上人口比例高达 45%，高出全国平均水平 16 百分点，人口受教育水平较高。

表 3-11　2011 年堪培拉各项数据与澳大利亚平均水平的对比

指标	堪培拉	澳大利亚
总人口数/人	355 596	21 507 717
人口年龄中位数	34	37
65 岁以上人口占比/%	10.50	13.80
失业人口比例/%	3.60	5.60
移民比例/%	15.10	13.40
学士学位及同等学历以上人口比例/%	45	29
人均年收入/美元	58 034	48 530
15 岁以上工作人员人均周收入/美元	918	577
第三产业就业比重/%	90.70	77.30
平均每月家庭租金支付/美元	1 550	1 317
人均占有绿地面积/平方米	70	—
人均享有警力水平	0.01	0.000 3

资料来源：澳大利亚国家统计局

就城市管理来说，2011 年堪培拉的垃圾有 40%得到了再利用和再循环，大片天然森林绿化地带占全市总面积的近 60%，人均占有绿地 70 平方米；警力部署很高，占全国总警力 50%以上，人均享有警力水平高于全国平均水平。

就公共基础设施来说，堪培拉提出"构筑未来"的五年规划。自 1989 年自治以来，堪培拉沿袭了联邦政府管理时留下的设施：高质量的道路和桥梁，水供给和净水设施，雨水排放系统、公共房屋、学校和卫生设施。这些年来，政府的基础设施投资在优先考虑经济和社会发展的同时，争取财政和环境管理的最高标准。堪培拉政府同时还确保了其基础设施的选择也得益于当地现状并反映社会偏好。堪培拉政府和有关部门，为城市里每一个家庭配备了两个带轮子的塑料垃圾桶，对居民分类垃圾的要求是非常严格的，符合要求的垃圾仅占 0.15%，据堪培拉市服务局垃圾管理中心资料显示，1998 年堪培拉的垃圾有 40% 得到了再利用和再循环(陈菁，1998)。

从经济发展与人民生活来看，2011 年堪培拉的失业率约为 3.6%，处于较低水平，低于全国水平 5.6%；人均年收入则达到 58 034 美元，超出全国平均水平 10 000 美元；第三产业就业比重高达 90.7%，比全国的高水平(77.3%)还要高出 13.4 百分点，说明堪培拉的第三产业得到了极大的发展。

此外，从 2012 年各行业从业人员比重来看，公共管理部门是堪培拉最大的部门，有三分之一的从业人员在政府及相关部门工作，这与其政治中心城市的功能十分匹配。其次为教育、卫生和社会保障吸纳的从业人员比重为 18%，科学技术、环境和公共设施管理业也占从业人员的 13%，其他依次为零售业(7.6%)，艺术、娱乐和住宿餐饮业(7.5%)，而农林牧渔、采矿业占比仅为 0.3%，制造业也仅为 2.1%，这表明堪培拉的产业主要以第三产业为主。

3. 巴西利亚

1960 年，为加快内陆开发，巴西从里约热内卢迁都至巴西利亚。巴西利亚位于巴西高原之上，以新市镇、城市规划方式规划兴建，是全世界最大的 20 世纪以后建成的城市，并被列为联合国教科文组织的世界遗产。巴西利亚气候宜人，四季如春，绿地和环城人工湖成为都市一景，全城的草地面积达 540 万平方米，人均绿化面积 100 平方米，是世界上绿地最多的都市。

巴西利亚政府对巴西利亚的发展采取严格的控制，如产业分区布局，各行各业均只允许在其规划区域内发展，不得越区。同时居民住宅区的新建不得影响城市整体布局，规定以建立卫星城的方式在城外居住。新首都城建法规定了首都工业区所允许的行业种类，大规模、污染重且与首都功能无关的重工业行业都被明令禁止，取而代之以服装厂、食品厂等发展为主。城市规划立法严格，对于破坏社会效益与环境效益的各类项目均有法令予以制裁，有利于避免城市建设盲目发展，最终实现经济效益与社会效益的双赢局面。此外，巴西利亚政府还培养了一支专门从事养护和管理草地、园林专业的工人队伍。总的来说，巴西利亚作为新首都具有布局开阔、人口密度低、绿色发展等特征，环境保护法令十分严格。

巴西利亚人口密度高达 480.83 人/平方千米，远远高于巴西的平均水平，这与其著名的快速人口增长有关。在人口结构方面，18 岁以下人口比重与全国水平接近，60 岁以上人口比重则低于全国水平。就人口发展的社会经济环境来说，巴西利亚婴儿死亡率为 11.50%，低于全国水平 15.70%，而出生时预期寿命则高于全国水平。这表明，巴西利亚的医疗卫生在巴西是相对较好的，但巴西全国的医疗卫生还需要很大的改善。此外，巴西利亚城市化率高达 95.60%，相对于全国水平 84.83% 也是很高的水平。但是，巴西利亚 16 岁以上人口失业率却处在高位 6.00％，略低于巴西全国失业率 8.10％，见表 3-12。

表 3-12　巴西利亚各项数据与巴西平均水平的对比

指标	巴西利亚	巴西
市区总人口/人(2010 年)	2 562 963	192 376 496
人均 GDP/美元(2011 年)	25 500	12 917
面积/平方千米(2012 年)	5 802	8 515 767
人口密度/(人/平方千米)(2011 年)	480.83	23.8
城市化率/％(2012 年)	95.60	84.83
18 岁以下人口比重/％(2012 年)	27.90	28.20
60 岁以上人口比重/％(2012 年)	9.70	12.60
出生时预期寿命/岁(2012 年)	77	74.5
婴儿死亡率/％(2012 年)	11.50	15.70
16 岁以上人口失业率/％(2012 年)	6.00	8.10

资料来源：巴西地理统计局. 全国家庭 2012 年抽样调查

巴西利亚是全世界最大的 20 世纪以后建成的城市。巴西利亚的公路连接全国各地。由于拥有较完善的高速公路建设，联邦区内的交通主要依赖公路和公共汽车。巴西利亚的铁路运输系统并不完善，仅 22.4 英里运行，但拥有市内小型地铁系统。巴西利亚地铁在 2001 年部分通车，2002 年全线通车，连接巴西利亚与卫星城的各类往来，但仍未延伸至巴西利亚北部城区。巴西利亚拥有全巴西第三大空中交通量，2007 年处理的乘客量超过 1 100 万人。

巴西利亚的 GDP 在拉丁美洲的城市里排第五名，在巴西则排第三名。它的人均 GDP 是拉美大城市中最高的，2011 年为 25 500 美元(巴西全国平均水平的近 3 倍)。2010 年人口约 2 562 963 人，是巴西第四大城市，在拉丁美洲则排第六名。巴西利亚经济以服务业为主，其 GDP 贡献度达到 91％。其中城市居民的40％就业于公共部门，其他服务业主要为通信和传媒产业、金融业、娱乐业，以及信息技术和法律服务业。现有巴西利亚居民中包括很大比例的外来移民。人力资源十分丰富，拥有 98 所高等教育机构，文盲率仅为 4.35％。

4. 国外政治中心城市管理启示

综合华盛顿、堪培拉、巴西利亚这三大政治中心城市的分析，我们可以看出，作为政治中心城市，其主要特征具体包括以下几个方面。

首先，从功能定位与产业分布来说，首都城市一定是一个政治中心，即具有鲜明的政治色彩，是政府控制力和权力的集中地；更是一个国家与世界交流和互动甚至影响世界的窗口，是一个国家国际影响力的集中地和国际交往中心。例如，华盛顿是大多数美国联邦政府机关与各国驻美国大使馆的所在地，同时也是世界银行、国际货币基金、美洲国家组织等国际组织总部的所在地；堪培拉建有澳大利亚国会大厦、澳大利亚高等法院和众多其他政府部门与外交机关。与此同时，通常首都城市也具备文化中心的职能，是国家主流文化发展的引领者。例如，华盛顿拥有数量众多的博物馆与文化史迹；堪培拉是许多全国性社会和文化机构的所在地。与政治中心、政治中心派生出的国际交往中心和文化中心相配套的，首都城市的旅游业及有关的服务性行业等第三产业为主要经济部门，更侧重于城市管理和城市公共服务。

其次，从人口结构来说，首都城市的人口更集中于青年和中年人口，人口受教育水平一般也高于全国平均水平，这是与政治中心对政治人才的能力硬性要求相匹配的，同时也反映了首都城市人口的较高流动性。此外，首都城市的移民比例也显著高于全国平均水平，这是与首都城市的国际交往中心职能相对应的。例如，2011 年堪培拉的 65 岁以上人口比重为 10.50%，小于澳大利亚整体水平13.80%；堪培拉的移民比例为 15.10%，略高于澳大利亚整体水平 13.40%；堪培拉的学士学位及同等学历以上人口比例高达 45%，高出全国平均水平 16 百分点。

此外，从社会发展和人民生活来看，首都城市的人均收入一般高于全国平均水平，生活成本也略高于全国平均水平。相应的，首都城市的公共服务水平一般也高于全国平均水平。由于首都城市具有政治中心和国际交往中心的功能，较高水平的城市公共管理和服务水平是必然要求，较高的生活成本也是理所当然的。例如，2012 年华盛顿的家庭收入中值高于美国平均水平，2012 年自由住房市场价值中值高于美国平均水平两倍左右，2009 年固体废物处理率达到 41.30%，略高于美国平均水平 37.90%；2011 年堪培拉的人均年收入则达到 58 034 美元，超出全国平均水平 10 000 美元左右，垃圾再利用和再循环率达到 40%，大片天然森林绿化地带占全市总面积的近 60%，人均占有绿地 70 平方米，警力部署占全国总警力 50% 以上。

总体来说，首都城市以政治功能为绝对核心功能，派生出国家交流中心的功能，并通常伴随着文化中心和部分教育中心的职能。与此相对应的，首都城市的产业多属于第三产业，主要是服务性行业及旅游产业，侧重于城市管理。按政治中心功能的需要，首都城市人口结构中青年和中年人口比重最大，人口受教育程度较高，且移民比例较高，人口流动性大。

二、文化中心城市

1. 巴黎

巴黎作为一座具有深厚文化底蕴的城市，其文化产业十分发达，是法国乃至欧洲重要的文化中心，名胜古迹众多，剧院、音乐厅分布广泛，街头艺术比比皆是。遵从保护和发展法国文化这一理念，并从"文化例外"和"文化多样性"这一基本国策出发，巴黎政府制定了巴黎文化发展战略。文化保护作为该战略的主要内容，有利于维护法国国家文化主权。为让更多的法国人接触法国文化，法国政府还设立了文化部，其主张文化应为所有人服务。为保持巴黎作为艺术之都的世界地位，巴黎的文化保护表现在以下几个层面。

第一，1994 年巴黎市政府制定《巴黎大区总体规划》，提出巴黎的发展目标是成为以文化立足的充满活力与创造力的城市。在此基础上，巴黎成立了"老巴黎保护委员会"，该机构主要职责是负责对老城区进行整改。为了防止老城区的文化古迹受到破坏，巴黎市内仅安排不对周边环境产生影响的出版、服装等文化相关产业，而高耗能、高污染工业则分布在郊外。

第二，从美学视角、城市和谐与风险预测等多重原则出发，巴黎政府严格监管与限制街道布局与建筑样式的变化，保留文化的延续性。同时，"文化遗产日"的设立和众多民众积极参与的公共文化活动的筹办，促进了民众与文化遗迹、文化创意的互动，也培育了民众的文化自觉，提高了民众参与度。

第三，2004 年巴黎颁布"大巴黎计划"，就如何改善老城的交通现状与加强对古代建筑的保护提出对策，以发展城市郊区卫星城作为主要解决办法，在保护古文化的基础上拓展城市的文化发展空间(王林生，2013)。

作为世界知名的文化大都市，巴黎积极汲取多种文化，兼容并包，对各类文化进行改造并通过多种途径将其转化为文化软实力的重要部分。巴黎的文化成就不是一蹴而就的，而是在不断吸取外来文化、创新本地文化中锻造而成的。

2. 伦敦

工业革命后的伦敦，在"雾都"这一称号的压力下，不断调整优化城市产业结构，培育新的经济增长点。为推动城市的转型发展，伦敦确立了以创意文化发展为导向的伦敦文化发展战略，以期发挥创意产业在文化、经济与社会发展中的整合作用。1992 年，伦敦发布《创造性的未来》，强调文化多元性将是今后发展的重要方向，"创造性"将作为今后长期遵从的重要原则，在此基础上推动伦敦文化走向世界，维持伦敦世界文化大都市地位。

文化战略委员会是伦敦的文化主管机构。该机构的主要职责是负责各类文化机构的有序运行与发展。同时，该机构还负责伦敦文化战略的制定与执行，并与其他地区的文化组织进行合作等。特种文化彩票的发行是伦敦的特色之一，发行目的是筹资修建文化设施，这一做法有效补充了财政拨款的不足。

以市长名义颁布的战略草案是伦敦文化建设的发展主线。伦敦政府分别于2000 年、2003 年与 2010 年颁布了"伦敦计划"、《伦敦：文化资本，市长文化战略草案》及《文化大都市——伦敦市长文化战略草案：2012 年及其以后》三个文化战略发展计划。

首先，"伦敦计划"作为伦敦第一个空间发展战略，对伦敦文化的未来发展方向提出了以下两点要求：一是要加强伦敦文化与其他文化的交流，丰富文化发展机会并增加文化吸引力；二是要建立专门机构制定未来伦敦文化发展战略。

其次，《伦敦：文化资本，市长文化战略草案》再次强调文化战略的重要性，目标是把伦敦打造为"世界卓越的创意和文化中心"，成为全球性文化大都市。这一要求具体体现在卓越性、创意、途径与效益四个方面。全方位将伦敦塑造为以创意为核心、人人参与、利益最大化的世界一流文化城市。

再次，《文化大都市——伦敦市长文化战略草案：2012年及其以后》第三份文化战略草案，提出要从基础设施等公共领域入手，通过拓展文化参与途径，政府与文化机构通力合作，在追求环境、经济和社会多重繁荣的前提下，提高民众文化参与度及文化层次，维持并提高伦敦在世界文化层面的显著地位。

3. 纽约

纽约文化发展不仅强调文化对经济的促进，同时注重对文化自身的发展质量的追求。不像巴黎与伦敦制定了专门的文化发展战略，纽约政府把支持文化机构的发展放在一个战略高度，并专门为此成立文化事务部，为文化机构提供资金支持。"提高文化对于经济活力的贡献度"是纽约文化事务部提出的工作目标之一。在文化事务部的2012年度报告中，布隆伯格市长的开篇致辞第一句话就是"文化机构是纽约继续成为世界上伟大城市的关键所在"。

文化事务部主管非营利的文化机构的运营，主要有两个职责：一是倡导并赞助文化项目发展，二是对文化项目进行策划与监管。文化事务部每年会对非盈利文化机构实行资金资助、对部分艺术家给予工作场所和住房的补助，以及实施社区艺术开发计划。同时，为保证捐赠资金使用的透明度，文化事务部建立文化数据库，要求所有申请政府资助的文化机构登录该数据库，创建账户，并提供本机构的财务状况。截至2013年年底，已有1 750家文化机构加入这个数据库项目。

此外，纽约政府为扶持文化经济产业发展，成立了政府部门电影戏剧与广播市长办公室。其中，"电影戏剧和广播市长办公室"旨在为制片商提供"一站式"服务，包括提供拍摄许可、免费外景场地和警力支持，影视业的发展也为纽约提供可观的税收收入，拉动经济发展。依靠政府拨款维持运行的博物馆、图书馆等文化机构在纽约共有30余家。文化事务部、社区发展主管机构与市长办公室三个机构分别从不同角度"发力"，全方位打造纽约这个"文化之都"。

纽约文化的经济功能的日益体现，可以从纽约发达的文化产业看出。纽约硅巷的新媒体产业已成为20世纪90年代当地经济领域最有活力、发展最快的产业。纽约多数"巨无霸"式的文化产业，推动了纽约文化产业的发展，成为纽约文化经济的象征。

4. 国外文化中心城市管理启示

综合伦敦、纽约和巴黎这三个文化中心城市的发展可以看出：巴黎突出历史文化保护对城市文化地位的巩固；伦敦注重现代创意文化产业对文化城市身份的塑造；纽约强调文化产业的经济功能对城市发展的推动作用。三个城市在文化上具有典型的共同特征：①城市文化发展目标与城市定位明确；②城市文化的经济功能日益凸显；③城市文化发展中政府作用明显。这三个城市的文化发展历程展现了国际文化中心建设的基本共性，不仅要有文化传统的积淀，同时还要对文化进行多方面创新，推动文化的进步。这给中国北京西城区如何建设国际文化中心区提供以下几点启示。

一是要加强居民文化素养的培育，推动创新与创意发展，给予居民展示与发挥创意和活力的机会。二是要努力发展内涵式经济，以提高居民文化消费力以及文化活动参与率。三是强调文化的多元化发展和复兴民族文化传统，增进城市文化财富，吸引重要的国际活动，寻求全球性的文化伙伴，加强国际认同。四是在支持与鼓励已有文化实体健康发展的同时，积极将公共场所（如图书馆、街道、地铁站）打造为人人参与的文化场所。五是提高文化产业所占比重，推动文化创意产业发展，将文化产业打造为地方经济发展的新发展极。与此同时，加强配套设施建设，从宜居性方面入手，多方面进行整合。六是要加大政府支持力度，突出城区自身特色，并确立明确的文化发展战略目标。

第四章　北京市城市发展历史脉络

北京历史悠久，与西安、洛阳、南京并称"中国四大古都"，是世界上最大的城市之一。为适应不同时代的发展需要，北京多次进行城市规划。本章将北京的城市规划历程划分为近代之前、近现代与新中国成立后三个时间段进行研究，总结了北京城市体系演变发展过程，对其不同时代的城市定位、规划重点与演变特点都做出了深入探讨，为北京地区城市体系规划的制定和研究都提供了参考。

第一节　近代之前的北京

北京三面环山，自古以来是从北方进入华北平原的重要通道，因而地理位置十分重要，一千多年前，北京的前身蓟城作为西周一个封国的都城出现了。由于其重要的军事地位，在此后的八百多年里，蓟城一直作为北方重要的军事基地，充当中原王朝抵御少数民族入侵的屏障或游牧民族进攻中原的桥头堡，城市的建设服务于军事需求。隋唐时期，蓟城改名为幽州。自辽、金两代开始，北京开始作为北方游牧民族建立的王朝的政治中心。辽代改幽州城为燕京，在唐代的基础上对城墙进行加筑。金朝改燕京名为中都，对旧城进行了扩建。自元代建都大都开始，北京才开始其作为全国政治中心的历程。元大都在金中都的郊外，另起炉灶，经过周密规划而兴建。充分利用了我国古代"匠人营国，方九里，旁三门，国中九经九纬，经涂九轨，左祖右社，面朝后市"[①]的都市规划思想。城市规划为长方形，南北略长，外郭城周长 28 600 米。明永乐后，北京重新成为全国的政治中心，从永乐四年开始，北京内城兴起改建，城市范围向外拓展，对城墙进行了加固。嘉靖年间对北京外城进行了加固。自此北京旧城的格局基本完成。清代完全沿用前朝的北京城，同时在北京西北郊建设了大量的皇家园林。

---

① 引自《周礼考工记》。

第二节　近现代北京城的城市规划

北京近代城市规划始于清末新政时期，近代中国签订了一系列不平等条约，一些地界被划为使馆区，成为"国中之国"。东交民巷设为使馆区拉开了北京城市规划的序幕，由于使馆区不受中国管辖，列强便按照自己的意志对使馆区进行了规划建设，先后翻修了马路、采用电灯对道路照明、设立了自来水厂、建立了街心公园，对基础设施大幅改造，同时兴建了一批具有西洋风格的使馆、银行等建筑。使馆区的这些变化对清末的城市改造有着重要影响。

在城市规划方面，清末新政主要是对北京的基础设施进行改造，先对道路进行改造，将原来内外城十六个城门的道路改为石路，并对东华门大街、西四、东四、长安街等地区的道路进行修葺，取代原来的土路和石板路；同时建立相应的交通管理机构。该时期，沟渠修整同时展开，1900~1905年，共维修和清理沟渠159处。

清灭亡后，北洋军阀开始统治中国，这一时期京都政公所在城市规划建设方面贡献巨大，他们发动了公共工程运动，主要街道用柏油和碎石重新铺就，改造城门城墙以利于车辆通行、重建沟渠、开辟公共活动空间，这一阶段北京的基础设施建设得到了长足发展，北京逐渐成为一个新型的近代大都市，并先后颁布了相关土地法律法规为规划服务。在1914年，运用西方规划的方法对香厂新市区进行了规划。

在这之后的北平政府时期，由于国都南迁，北京在迁都后出现了市面萧条、市政废弛的状况，为重拾北京的繁荣，一些有志于市政建设规划的人及务实的政府官员，开始对北京进行再次规划。1928年，朱辉向当时北平市政府提交了《建设北平意见书》，希望发挥北平现有的历史文化资源及地理位置优势，将北平建设为"国故之中心、学术、美术、艺术之中心、东方文化之表现中心、交通运输中心、陆地实业之中心、观光游览之中心即国防之中心"。同一年，留洋回来的张武提出《整理北京市计划书》，该计划书首次全面引进西方都市规划理论，希望对城市用地进行不同划分，城市采用同心圆模式向外发展，建设大量公园，主张拆毁城墙并兴建西式建筑。1933年创立的市政研究会创办刊物《市政评论》，主张城市自制法规，制定都市规划。在城市建设方面，袁良担任市长期间编制了市政建设三年计划，希望将北平建设为"弘扬祖国文化，优美、康乐的古都"。

随后是日伪占领时期，这一时期的城市规划完全从日本人的利益出发，体现了殖民的性质。1937年日本占领北平后，编制了《北京都市计划大纲》，为方便日本侵略者居住，他们规划了西郊新市区，在规划技术上结合了欧美与日本的规划方法，将日本国内保留京都封建古都、建设东京新城市的建设经验成功运用到北京的规划上。抗日战争结束后的一段时期内，国民政府对日伪的规划方案进行了修改，但受制于当时形势并未得到足够重视。

　　近代以来的北京城市规划并未对北京整体的城市布局产生大的影响，主要是引入了西方的一些建筑技术，进行了一些基础设施的建设。其原因主要是受制于当时混乱的政治局面及资金来源的约束。这一时期，西方的规划思想开始被系统地介绍至中国，但其影响并未对市政当局的规划造成大的冲击，主要在一些知识分子的小群体内传播。当时的统治者比较注重对北京历史文化资源的保护，在进行城市规划时也多有考量。总的来说，这一时期，口号大于行动，规划仅仅停留在对城市基础设施进行有限改造的程度上。

第三节　新中国成立后北京的城市规划

　　新中国成立后为适应不同时代北京城市发展的需要，先后进行了五次城市规划。新中国成立后的北京城市规划见表 4-1。

表 4-1　新中国成立后的北京城市规划

规划时间	规划背景	主要内容	规划文件	规划结果
20 世纪50 年代	新中国刚刚成立，百废待兴	首都承担政治中心、文化教育中心、现代化工业基地和科技中心等职能；分散式城市布局，发展卫星镇，建设绿化隔离带；在郊区发展工业	1958 年《北京城市建设总体规划初步方案》	规划过于好高骛远，但基本方针正确
20 世纪70 年代	"文化大革命"	—	1972 年《关于北京城市建设总体规划中几个问题的请示》	规划被搁置
20 世纪80 年代	改革开放，经济体制开始转变	首都承担政治、文化中心职能；坚持分散式布局，发展远郊卫星城；保护北京历史风貌；对工业进行技术改造	1982 年《北京城市建设总体规划方案》	受知青返乡、政策落实力度不够、卫星城发展受限的影响，人口持续增长

续表

规划时间	规划背景	主要内容	规划文件	规划结果
20 世纪 90 年代	改革开放不断推进，经济体制改革不断推进	首都承担政治、文化中心职能；重点发展高技术产业和第三产业；严控市区人口数量；提出环境建设问题	1993 年《北京城市总体规划（1991 年至 2010 年）》	未能充分评估经济体制转轨带来的变化，所设各项指标均被突破
21 世纪后	社会主义市场经济体制逐步确立，中国加入 WTO	首都承担政治、文化中心职能，现代国际城市；发展新兴工业、第三产业；考虑资源、环境约束，合理控制城市人口规模；关注生态，设立禁止建设区、限制建设区；采取更灵活的规划策略	2004 年《北京城市总体规划（2004 年至 2020 年）》	未能改变北京人口集中趋势，随着人口突破规划目标，交通、环境收受较大压力

第四节　北京功能的变迁过程

北京功能的变迁过程见图 4-1。

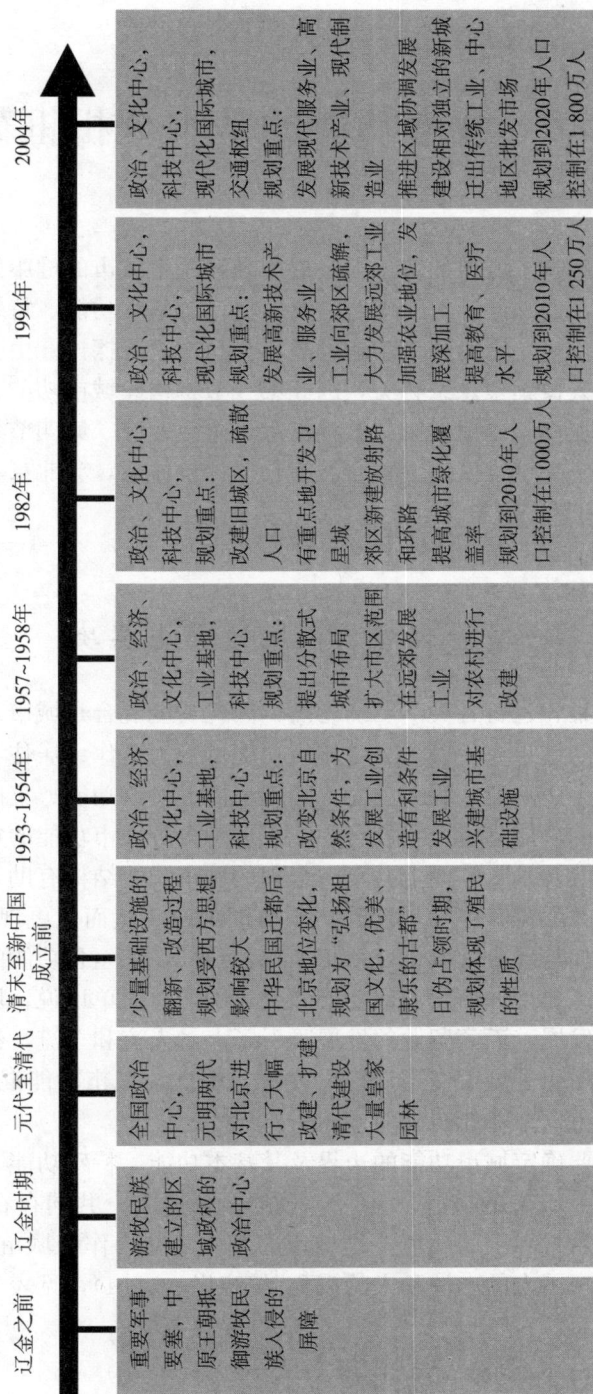

辽金之前	辽金时期	元代至清代	清末至新中国成立前	1953~1954年	1957~1958年	1982年	1994年	2004年
重要军事要塞，中原王朝抵御游牧民族入侵的屏障	游牧民族建立的区域政权的政治中心	全国政治中心，元明两代对北京进行了大幅改建、扩建，清代建设大量皇家园林	少量基础设施的翻新、改造过程，规划受西方思想影响较大，中华民国正都后，北京地位变化，规划为"弘扬祖国文化、优美、康乐的古都"，日伪占领时期，规划体现了殖民地殖民的性质	政治、经济、文化中心，工业基地，科技中心，规划重点：改变北京自然条件，为发展工业创造有利条件，发展工业，兴建城市基础设施	政治、经济、文化中心，工业基地，科技中心，规划重点：提出分散式城市布局，扩大市区范围，为在远郊发展工业，对农村进行改建	政治、文化中心，科技中心，规划重点：改建旧城区，疏散人口，有重点地开发卫星城，郊区新建放射路和环路，提高城市绿化覆盖率，规划到2010年人口控制在1000万人	政治、文化中心，科技中心，现代化国际城市，规划重点：发展高新技术产业、服务业，工业向郊区疏解，大力发展远郊工业地位，加强农业地位，发展提高教育、医疗水平，规划到2010年人口控制在1250万人	政治、文化中心，科技中心，现代化国际城市，交通枢纽，规划重点：发展现代服务业、高新技术产业、现代制造业，推进区域协调发展，建设相对独立的新城，迁出传统工业，中心地区批发市场，规划到2020年人口控制在1800万人

图4-1　北京功能的变迁过程

第五章　城市功能的基本分析框架

　　城市功能直接反映了城市的定位与发展规划，一个城市的健康发展离不开合理的城市功能结构，而功能结构的确定需要对城市的基本功能、特殊功能与主导功能进行界定。本章第一节对城市功能的边界与层次进行探讨。由于城市功能往往又与产业发展与人口集聚息息相关，因此第二节将构建城市功能、产业发展和人口的理论框架。在此基础上，第三节提出人口乘数效应。第四节从经济、社会服务与资源环境三个关键维度建立一套城市功能评价体系，为北京与西城区功能评价与识别提供理论支撑。

第一节　城市功能的边界与层次

　　城市是人们聚集、进行各类活动的场所，因此功能混合是城市发展中功能不断自我更新和完善的结果。一般认为，城市功能可分为工作、居住、游憩和交通四大类；主要包括生产功能、服务功能、管理功能、协调功能、集散功能和创新功能等。现代城市的功能是综合和混合的，表现为多种城市功能的集聚，不同城市功能在水平片区上及垂直空间上共享。合理的城市功能结构有助于城市中某一特定功能的发挥，并强化其主导功能，产生协同效应。然而，更现实的情况是，多种城市功能的叠加与混合使城市变得越来越"臃肿"，甚至各功能的发挥由相互促进变为相互妨碍。典型如商贸流通功能和交通功能，简单地说，城市交通通达性促进了商贸业的发展，而商贸业的发展吸引了大量人流和车流，给交通功能带来了莫大的压力，阻碍了城市交通功能的发挥。因此，城市功能混合的对立面，城市功能分区或城市富余功能疏解应运而生。

　　在此之前，需要确定城市功能的边界及其基本功能、特殊功能、主导功能和特定首都、省会等大城市的核心功能。一般的、普遍的、共同存在于所有城市中，以区别城市与乡村界限的功能，是城市的基本功能。作为城市功能的边界，城市的基本功能体现了人的本性和人的需要(纪晓岚，2004)，见表 5-1。

表 5-1　城市基本功能与人的需要关系矩阵

人的需要	养育功能	教化功能	生产功能	娱乐功能	记忆功能	管理功能
生存需要	√					
工作需要			√			√
学习需要		√				
交流需要		√				√
创造需要			√		√	
休闲需要				√		
情感需要				√	√	
美感需要				√	√	

在城市功能的边界内，并不是每个城市都具有的，以彰显城市个性、区分城市之间的界限而存在的，具体在某一城市或某类城市中所特有的功能，是城市的特殊功能，如港口城市的交通功能、旅游城市的旅游功能等。进一步而言，决定着某一个或某一类城市的性质及其在一定时期内的发展方向，在城市诸功能中处于突出地位和起主导作用的功能，是城市的主导功能；城市的主导功能可以是基本功能，也可以是特殊功能。对于首都、省会、首府等大城市而言，综合了政治、文化、国际交往、科技创新等功能，并以此为主导，为首都功能。北京作为中国的首都，承担全国政治中心、文化中心、国际交往中心、科技创新中心四大核心功能。首都功能是城市特殊功能和主导功能的交叉。政治中心、文化中心、国际交往中心、科技创新中心等首都功能既是北京的特殊功能，其他城市不一定具有；又是北京的主导功能，需要得到强化。城市基本功能、特殊功能、主导功能及首都功能的关系如图 5-1 所示。

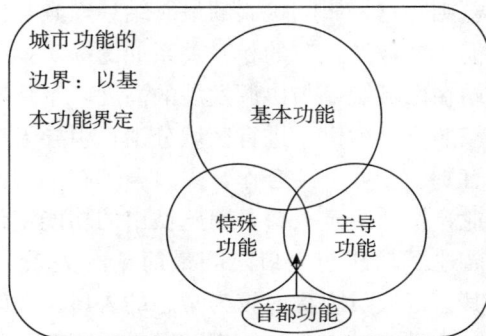

图 5-1　城市功能的边界与层级

▶ **专栏 5-1**

城市流通功能和交通功能之间的承辅与冲突

不同城市功能之间可能相互促进，也可能相互冲突；在城市发展进程中，功能间的辅承与冲突亦可并存。下面以城市流通功能和交通功能为例，阐述城市发展进程中二者之间的承辅与冲突。

对一个流通中心而言，交通条件的改善意味着该中心通达性的提高，其作为流通中心的条件也就得到改善，物流商贸等活动随之扩张。同时，疏散流通中心日益聚集的人流和车流进一步对交通条件提出更高的要求。流通功能与交通功能之间的这种承辅作用，是许多商业中心和流通中心繁荣，以及其周边交通条件成熟的推动力之一，如西单。然而，由于流通功能聚集人流，而交通功能疏散人流的本质区别，二者之间存在冲突。具体表现为流通功能所集聚的大量人流和车流干扰交通功能，导致道路通达性降低。严重时，这种对交通功能的负向影响将反作用于流通功能。

第二节　城市功能-产业-人口关系

城市功能是城市在该国或区域中所起的作用或承担的分工，是明确城市发展规模及规划城市布局的重要基础，直接反映城市的定位和发展目标（黄莹和甘霖，2012）。城市的功能决定其产业类型、产业分布和空间布局，并成为相应的城市功能的物质载体。而产业则决定着与此伴生的就业与人口，人口往往由产业而聚，随产业而迁，而人口在空间上的集聚以及生产、生活活动则消耗着自然资源和环境容量，"城市病"则是这一影响机制的最终结果，其具体表现为各类环境污染、交通拥堵等。功能、产业及人口的相互关系如图 5-2 所示。解决"城市病"问题，应从根源着手，站在区域统筹与协调发展的高度，重新厘清和明确各城市的功能定位，并将产业按照竞争力大小进行区域分工，引导人口转移，最终形成不同城市之间功能定位有别、产业分工合作、人口合理布局的区域城市群。

由于功能决定产业，产业决定人口，因此城市的功能定位与其相应的人口存在一定关联。图 5-3 描述了功能与人口之间最简单的关系。城市功能会带来产业，产业从业人员及其家庭成员将构成较为常态的人口；同时城市功能所提供的服务会吸引大量的瞬时流动人口（如接送在校/园生，到医院就诊或健康检查，以及公证办事等流动人口），此时瞬时流动人口、从业人员和家庭人口三者之和即是该功能引致的总人口。

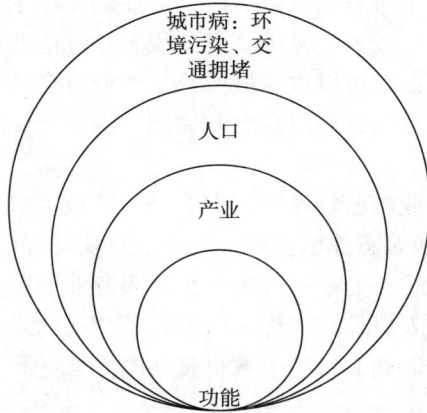

图 5-2　城市功能、产业与人口的关系

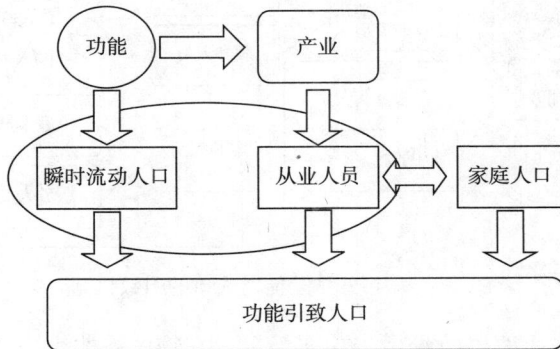

图 5-3　城市功能的引致人口

第三节　功能的人口乘数因子

　　具体来看，不同的功能引致的人口在构成和数量存在差异。将城市功能分为含有经济生产活动产业的经济功能和非经济功能。西城区的经济功能主要以金融业为物质载体。2013 年，西城区金融业法人单位共计 601 家，资产总计 65.1 万亿元。西城区金融业成为该区第三产业队伍的"排头兵"。截至 2012 年 5 月末，西城区金融业累计资产总计 61.3 万亿元，在全区第三产业中占比 92.6%；实现收入合计 2 218 亿元，在全区第三产业中占比 41.5%；税金合计 636 亿元，在全区第三产业中占比 98.2%；实现利润总额 1 176.5 亿元，在全区第三产业中占比

75.6%。从以上数字中不难看出，西城区金融业的 4 项主要经济指标占比在第三产业中均居首位，且份额较大，其中资产、税金指标达九成以上，收入、利润指标分别达四成和七成以上，可以说西城区第三产业对全区经济的贡献主要来源于金融业，其优势地位显著。我们以金融业为例，说明经济功能和人口之间的引致机制。

首先，西城区金融业的蓬勃发展一方面仍不断地吸引从业人员，另一方面也促使了相关辅助性行业（如商务租赁业、电子信息业等）的发展。其次，从业人员的大量增加引致了与其相关的家庭人员及生活服务业的服务人员。最后，辅助性行业的发展除吸引从业人员外，同样吸引了与其相关的家庭人员及生活服务业的服务人员。城市经济功能和人口的引致机制如图 5-4 所示。

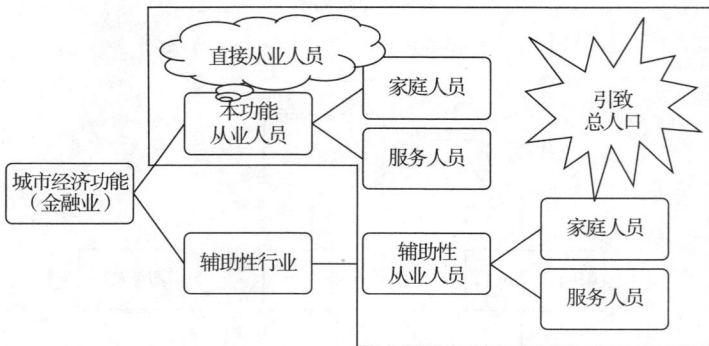

图 5-4 城市经济功能与人口的引致机制

而非经济功能主要以政治中心功能为主，其物质载体为公共管理、社会保障和社会组织业。西城区是中华人民共和国的权力核心区域，是中共中央书记处、中共中央办公厅、中共中央纪律检查委员会、中共中央组织部、中共中央宣传部等中共中央机关和中华人民共和国国务院、国家发改委、工信部、国家民委等中央国家机关所在地。在西城区的中国共产党机关工作的从业人员占全市的近 40%，国家机构的从业人员占全市的 9%。西城区服务首都政治中心功能的重要性不言而喻。我们以公共管理服务业为例，说明政治功能引致人口的机制。

西城区是大部分中央国家机关所在地，从业人口众多，由此引致了与其从业人口相关的家庭人员及生活服务业的服务人员。不可忽视的是，公共管理服务业更多地引致了瞬时流动人口，增加了西城区境内的人流和车流量。城市政治功能和人口的引致机制如图 5-5 所示。

可见，城市功能将通过产业发展聚集越来越多的人口。通常我们说城市功能具有人口上的乘数效应。我们将因产业蓬勃发展而吸引直接从业人员的效应称为直接效应，人口是显性的；而将因直接从业人员而吸引家庭人员、服务人员和瞬

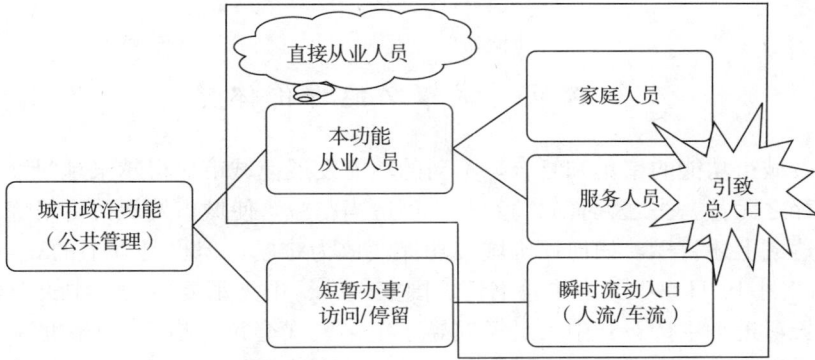

图 5-5　城市政治功能与人口的引致机制

时流动人口(医疗、教育、政务尤为明显)的效应称为间接效应，人口是隐性的。
城市功能引致的直接人口(显性)和影子人口(隐性)见图 5-6。总体上人口乘数因
子定义如下：

城市功能的人口乘数因子 ＝ 该功能引致的总人口 ／ 该功能的直接从业人员

(5-1)

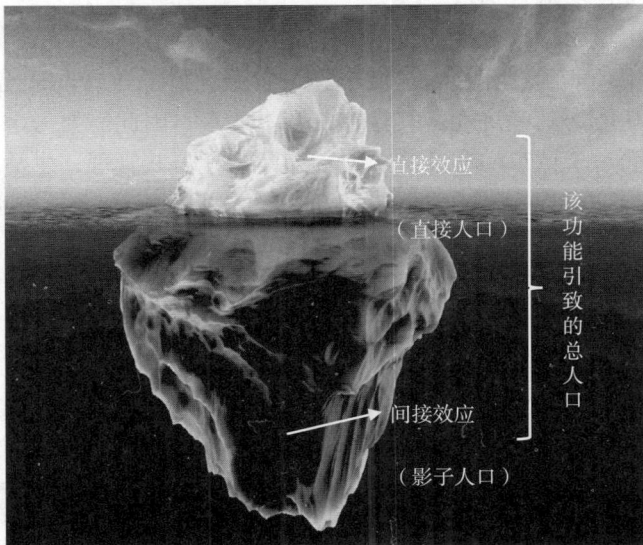

图 5-6　城市功能引致的直接人口(显性)和影子人口(隐性)

第四节　城市功能评价体系

随着城市功能的聚集和复合，不当的功能发展使城市显得越来越"臃肿"。对于一些存之无益、去之无害的"脂肪"，可适当精减，使城市发展得更精炼、更健康。为达成上述目标，如何评价城市功能便成为难题，但也是本书的亮点所在。2014年2月10日，中共中央总书记、国家主席、中央军委主席、中央财经领导小组组长习近平主持召开中央财经领导小组第九次会议，指出"疏解北京非首都功能、推进京津冀协同发展，是一个巨大的系统工程"；要明确"通过疏解北京非首都功能，调整经济结构和空间结构，走出一条内涵集约发展的新路子，探索出一种人口经济密集地区优化开发的模式，促进区域协调发展，形成新增长极"[①]。按照中央对京津冀协同发展的要求，各地区应立足于自身的比较优势，在现代产业分工中找准自身位置，重点发展具有相对优势和竞争力的产业。以具有较好基础的强势、优势产业为物质载体，强化所对应的城市功能。而对于辅助性城市功能，可以通过区域协同在空间布局上进行优化。对于不适宜京津冀区域发展的城市功能，要加大产能淘汰力度。

我们概括出城市功能发展的以下三个关键维度。

首先，城市功能的存在是满足城市经济发展、产品生产与服务供给的需要，对于城市经济功能，其经济性是其存在的基本要素，因此需要考虑其对城市经济发展的贡献；而对于城市的非经济功能，如政治、公共管理、生活服务等，并没有经济上的产出，可以考虑用服务覆盖的人员数来衡量其对城市有效运转的贡献。

其次，城市功能的存在还需要满足人们生活的需要，如满足劳动力就业，就可以使得人们通过就业来获得收入并消费，因此需要考察城市功能对城市社会服务的贡献。

最后，城市功能的发展往往会伴随外部性的产生。例如，交通功能的发展，因能源消耗而排放出对人体健康和环境有害的污染物，给城市资源环境带来压力。相反，生态功能的发展，因环境保护、改善生态而提升了城市的宜居性，缓解了城市资源环境的压力。因此，我们将这三个维度作为城市功能发展评价的基础框架。城市功能发展与三个维度之间的关系如图5-7所示。

基于上述三重评价维度，对城市功能的各个环节或不同类型进行详细的评价，得到如表5-2所示的矩阵。

---

① 习近平主持召开中央财经领导小组第九次会议[J]. 党史文苑，2015，4：1.

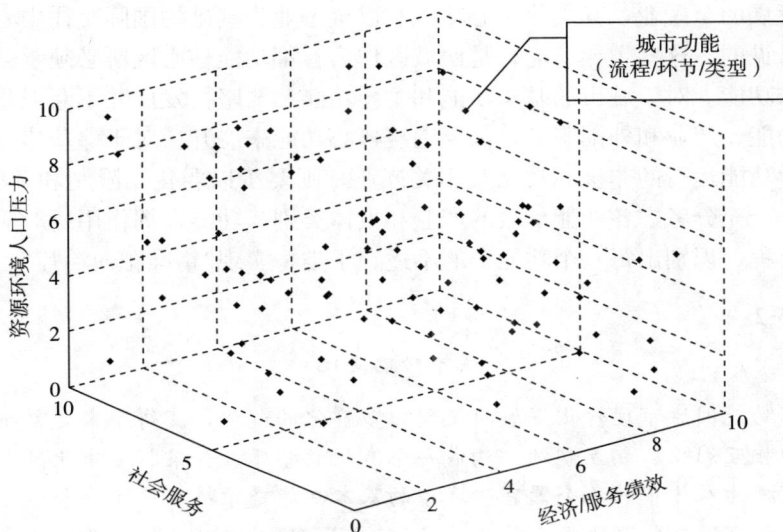

图 5-7　城市功能评价的三重维度

表 5-2　各个城市功能的评价矩阵

评价纬度		功能			
		流程	环节	类型	…
经济/服务绩效	对应产业增加值				
	对应产业税收				
	…				
社会服务	对应产业从业人员				
	对应产业工资福利				
	…				
资源环境人口压力	对应产业引致人口				
	对应产业碳排放				
	…				

　　立足于西城区，从保障城市有效运行、满足居民基本需求考虑，首先，应具有城市的基本功能，如行政功能、服务功能、交通功能和生态功能等；其次，西城区作为首都功能核心区，从服务首都政治中心、强化首都文化中心、打造金融名片功能出发，确定其主导功能为政治中心、文化中心和以金融业为基础的国际交往中心。在西城区的主导功能中，最核心的是政治中心功能。同时，西城区拥有众多文化古迹和展馆，集聚了大批高素质的金融人才，打造了高端、国际化和

内涵式发展的金融业，其文化中心功能和以金融业为基础的国际交往中心功能也是显而易见的。这些主导功能，是西城区作为首都功能核心区所必须承载的，也是其特殊功能。对于城市的基本功能和主导功能，要坚持发展并不断强化。所有的其他功能、产业和外围服务，都要围绕核心功能来展开。对于那些违背和妨碍城市主导功能运行的非核心功能及相关产业，则要予以弱化、限制和疏散转移。除此之外，充分考虑各功能承载的产业和主体类别、功能发挥作用所对应的不同环节或流程，识别出每一个功能中的不适宜子类，实现"精准靶向治疗"。

▶ 专栏 5-2

城市功能类比

　　城市功能因城市现代化发展而呈现出多样化的趋势，变得越来越复杂。城市功能之间相互影响、相互制约，构成一个有机的整体。如果将城市比做人体，城市功能可视为人体中的各个器官。城市的基本功能是维持人体生存和运作最基本的器官，如交通功能可比做血管，政治（行政管理）功能可比做大脑，生态功能可比做淋巴系统，生态功能可比做肾脏等。对于首都、省会、首府等大城市，除具备城市的基本功能外，一些核心功能也显得十分重要。例如，首都的政治中心功能可看做决策者的大脑，这对决策者而言，是最重要的器官之一。

　　城市发展也和人体成长一样，不可避免地会出现妨碍核心功能发挥的其他功能，如妨碍政治功能运转的脑瘤、阻碍交通功能发挥的血液病、导致环境污染治理无力的肾衰竭等。随着城市功能的聚集和复合，不当的功能发展使城市显得越来越"臃肿"。对于一些存之无益、去之无害的"脂肪"，可适当精减，使城市发展更精炼、更健康。

第六章　西城区功能评价与识别

西城区是首都功能核心区之一，是"国家政治中心的主要载体，国家金融管理中心，传统风貌重要旅游地区和国内知名的商业中心"（殷书良，2005）。全面认识、深入解析西城区的功能定位，剥离、转移与定位不符合的功能和产业，明确西城区在新的历史时期的发展方向和发展重点，对西城区构建社会主义和谐社会首善之区目标的实现有着重要的意义。

本章首先对西城区功能现状进行梳理，从首都功能概念入手，梳理西城区现有功能。其次对西城区现有功能进行评价，对每个功能的"子功能"进行分门别类的考察和判断，深入分析西城区各个功能的优势与劣势，通过与国内外大城市中心城区、北京其他区县进行比较，更清楚地认识西城区发展面临的瓶颈与障碍。最后归纳总结评价结果，明确西城区需要保留的功能、待疏解的功能，以及待加强的功能。

第一节　西城区现状承载功能梳理

在北京首都功能定位下，西城区的功能定位是要做"政治中心的主要载体、具有国际影响力的金融中心、传统与现代融合发展的文化中心，以及和谐宜居的首都核心区"。除了这几项首都功能之外，根据现有历史资料和文献资料总结，西城区还有很多城市基本功能，如公共服务、居住、医疗、教育、交通、流通、生态、文化、娱乐等，如图 6-1 所示。

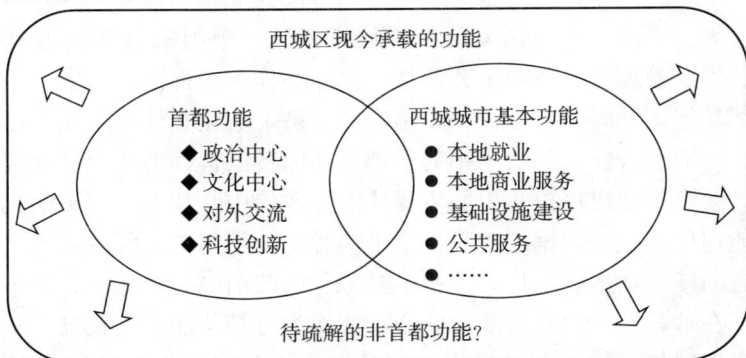

图 6-1　西城区现今承载的功能

其中，政治功能、国际交往功能、文化功能、科技创新功能作为首都功能，是最核心、最特殊，并且主导北京未来进一步发展方向的四大功能。其他功能都将围绕这四大功能进行运转，见图 6-2。每个功能都是较大的范畴，下面还应区分更细的"子功能"来进行分类评价，如教育功能包括学前教育、基本义务制教育、高等教育、职业教育、特殊教育等。各个功能应该分门别类来进行考察、评价，需要通过定量加定性的方式，构建经济/社会/资源环境指标评价体系，分不同维度进行评价。

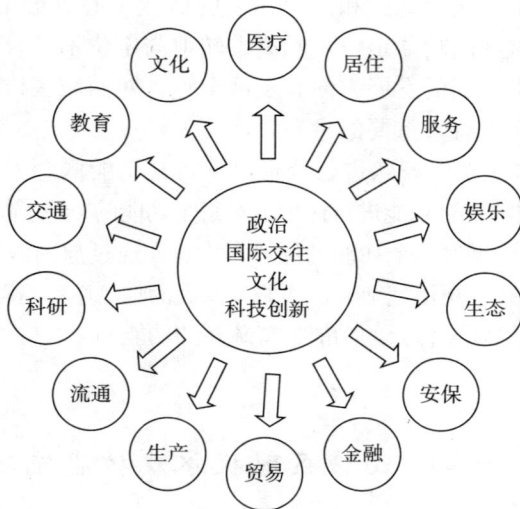

图 6-2　西城区首都功能与其他功能

第二节　首都功能分析

首都作为一个独立主权国家的核心城市，是一个国家最高权力机构的所在地，起着统筹、管理国家各项事务的作用。因而作为首都，政治中心功能是首要具备的首都功能。同时，首都在一个国家的经济、文化和社会层面也起着举足轻重的作用。一般而言，首都所承担的首都功能因各国首都的历史和现实差异而不同。例如，澳大利亚堪培拉承担的主要功能是政治中心功能，历史演化和政治博弈是其功能定位的主要依据。正是为了平衡悉尼与墨尔本之间的首都之争，才选择在两者之间新建城市堪培拉，并赋予其单一的政治中心功能。作为中央党政军领导机关所在地，中国北京的政治中心功能作为首都功能毋庸置疑。根据历史的变迁和社会发展的需要，在政治中心的基础上，北京衍生出其作为对外交流中心、文化中心和科技创新中心的首都功能。例如，随着国家间力量对比的此消彼长，各国高层需要频繁交流以维持平稳的国际秩序，首都作为邦交国家使馆所在地、国际组织驻华机构主要所在地、国家最高层次对外交往活动的主要发生地，自然承担着国际交往功能。而中国北京作为著名的历史文化名城和国家主要文化、新闻、出版、影视等机构所在地，以及国家大型文化和体育活动举办地，文化中心功能得以体现。此外由于北京聚集着大量国家级高等院校及科研院所，中关村地区依托人才优势聚集着众多高科技产业，因而也承担着科技创新中心的首都功能。对北京而言，在其四个首都功能中，政治中心功能是核心，对外交流中心功能依托政治中心而存在，而文化中心受历史和现实两方面因素影响明显，科技创新中心功能主要受国内科研的力量布局影响。

作为中国政务区核心区的所在地，西城区聚集着大多数中央、国家机关。因而西城区在承担国家政治中心功能中的作用举足轻重。政治中心功能是首都功能的核心，西城区应尽可能为党政机关日常工作和行使职责提供一个良好的环境，必要时还要牺牲部分经济利益。

由于西城区国家权力机关的聚集，不少机关设有国际交往中心，即便使馆区位于东城区，西城区在承担政治交流功能的能力上也不容小觑。此外由于金融街、天桥演艺中心的影响力，西城区在经济、文化交流方面扮演着重要角色。总体来看，西城区是首都国际交往中心的重要载体。

一个城市的文化古迹、非物质文化遗产等是一个城市记忆的传承。对于北京来说，这些也是北京文化中心功能的重要载体。西城区拥有丰富的文化历史遗址，截至2012年，西城区内有市级文物保护单位65处，全国文物保护单位35处。同时，西城区传统技艺、风俗众多，现有市级非物质文化遗产56项，国家级非物质文化遗产32项，涵盖范围广阔。另外由于西城区政府对文化创意产业的重视，区内文化产业发展迅速，北京出版创意产业园区、什刹海历史文化保护区、天桥演艺区等特色产业集聚区不断壮大，不但提高了西城区的文化影响力，也带动了区内经济的增长。

西城区不具备高水平的研究型大学，且中关村科技园主要位于海淀区，因而在科技创新中心功能上，海淀区承担着更重要的角色，西城区应依托自身特色，为北京科技创新中心功能发挥做出相应贡献。具体来看，作为中关村科技园的重要组成部分，德胜科技园位于西城区，其优势在于部分应用技术研发方面突出，区内拥有中国有色金属研究院、北京自动化研究所、北京工业卫生研究所、中国航空规划设计院、北京煤炭设计院、华北电力院等国家级科研设计单位，具备一定的科研能力，此外依托西城区活跃的金融产业和便利的交通，西城区应当发挥自身特色，开发区内科研潜力，为相关产业企业提供良好创业环境。

首都功能是首都城市区别于一般城市的城市功能，但这并不意味着首都功能不能进行疏解。国际上一些都市在首都功能疏解方面已开先例，韩国首尔已将国务总理室的下属六个部门迁到世宗市，而日本东京也通过设立新的政府办公区和科技新城将首都承担的部分政治中心、科技创新中心功能疏解出去。中国北京在这四项功能的一些环节上，已经出现了效益和所占用资源不相匹配的情况，可以考虑将其疏解出去。例如，部分部委的下属单位（主要是一些研究院）、一些博物馆可以进行迁移或整合以实现土地的高效利用，此外随着一些大学在郊区设立新的校区，科技创新中心功能也应更多地由郊区承担。

第三节 非首都功能分析

西城区作为中心城区，是城市人流、物流、资金流、信息流等经济流高度集中的地区，各种经济流利用地处城市中心部位的优势，进行物质和能量的交换和优化组合（于连莉等，2006）。对于城市的中心城区而言，具有发展经济的区位优势：其一，由于核心区的发展快，它在企业、政府，以及劳动力流动的区位决策中的信息影响力都会大于其他区域，具有很高的区位识别性，很容易被选中作为发展的空间场所。这就造成劳动力、企业及政府的公共服务投资等都会持续地向核心区集聚。其二，企业、政府、劳动力的集聚会产生发展的区位惯性，即它们一旦选择在这个区域发展，其新的扩展份额也常常倾向于选择同一区域布局，结果核心区集聚的企业、社会机构和劳动力的数量与规模会持续增长，推动中心城区继续发展。其三，核心区一旦发展起来，核心功能的地位得以巩固，其在城市的影响力会持续上升。企业、社会机构和劳动力自然会产生出区位选择上的偏好，以借助中心城区的整体影响力来提高自身的影响力，结果导致中心城区的持续集聚。

自 2002 年北京开放限购之后，西城区作为北京中心城区，就经历了上述集聚过程，发展到现阶段，已经集聚了全北京甚至是全国最好的医疗功能、教育功能等。西城区目前的困境不是发展不够，而是集聚效应突破阈值，导致现有的资源禀赋无法承受进一步的人口增长，人口资源环境矛盾日益突出。下面我们依照功能评价矩阵，对四项核心功能以外的非首都功能进行逐个评价，归纳出每个功能可以疏解的环节或流程。

一、金融功能评价

金融业对西城区贡献巨大，规模远远领先于北京其他区县。从京津冀区域内部来看，北京地区金融服务业发展较成熟，区域内部优势明显。从全国范围看，北京与上海、深圳相比，其优势在于依托首都的政治中心地位，汇聚着中国几乎所有的金融决策与监管机构，大量金融机构将其总部设在北京，几乎所有的金融政策、法律法规和规章制度都出自北京西城区的"金融街"。因此，无论从金融行业对西城区、北京经济的贡献，还是西城区、北京政府对金融行业的定位来看，金融决策都属于首都功能，不仅不应该对其迁移或淡化，而且应该强化其作为金融决策中心的定位（具体分析见附录。）

从人口方面来看，西城区金融业的蓬勃发展不断地吸引着从业人员和相关辅助性行业的从业人员。我们可以从两方面来分析，一方面是家庭因素，首先从事金融业的人员大都收入较高，部分从业者会将其父母接至北京生活，这造成北京常住人口的增加，另外父母来到北京也可能是为了照顾孩子，因为金融行业从业人员工作大都较忙。从配偶来看，金融业从业人员在行业内消化的比例较高，这一部分不会导致人口过度增加。另一方面是为其服务的辅助性行业从业人员，由于金融业从业人员属于高收入者，需要一定的高端服务人员来满足其需求，而这些服务大都集中于某一特定区域，因而可实现服务人员的高效率使用。综上，经过大致判断，家庭带来的引致人口大约为1.2，服务带来的引致人口大约为1.3，两者相加为2.5。我们按照细分行业和金融功能涉及的具体流程构建西城区金融功能评价矩阵，具体见表6-1。

表6-1　西城区金融功能评价矩阵

金融		前台	运营	客服后台服务	研究	决策
银行	人口	主要分布于支行，从业人员约占总人数4成以上	支行、总行均有分布，占3～4成	主要分布于总行，一些银行设有专门的区域服务中心，占1成左右	主要分布于总行，人员学历高，占比约1成	支行行长以上，主要分布于总行，占比低于1成
	疏解难度	难，许多业务必须在前台办理	较难，支行的日常维护需要，而总行运营集中有利于信息的及时沟通	较容易，设立区域客服中心解决问题	较容易，可在区域外设立研究中心	较难，总部的集中有利于以较小成本吸引高端人才，迁出则无此优势
保险	人口	从业人员不多，多为辅助性岗位，占比约1成	从业人员相对较多，占3～4成	由于需要处理大量纠纷、咨询等工作，人员占比较高，约占4成	保险费率的计算、新产品的推出需大量人员研究，占比约2成	高端人才较少，占比低于1成
	疏解难度	难，日常辅助性工作的要求	较难，许多日常业务需跨部门交流	一般，可仿照银行设立区域客服中心，但保险业客服需更专业，有时需其他部门支持	一般，设立研究中心可以疏解，但由于专业性较强，区域外无人才吸引力	较难，原因与银行类似

续表

金融		前台	运营	客服后台服务	研究	决策
证券	人口	从业人员占比较少，应低于1成	证券业需要处理大量的交易数据，从业人员较多，约占4成	需要人数较少，占1~2成	研究人员需求旺盛，证券业需对行业、宏观政策等做大量研究，约占4成	高端人才较少，占比低于1成
	疏解难度	难，原因与保险业类似	较难，对海量信息的处理，人员集中更有效率	较容易，证券业客服不需要像保险业那么专业，可在区域外设客服中心	难，研究岗位需大量高学历人才，在区域外很难吸引这些人才	较难，原因与银行类似
其他	人口	与保险、证券类似	介于保险与证券之间	与保险类似	介于保险与证券之间	高端人才较少，占比低于1成
	疏解难度	难，与保险、证券类似	较难，与保险、证券类似	一般，与保险类似	较难，与保险、证券类似	较难，原因与银行类似

▶ **专栏 6-1**

城市金融功能畅想

从普通人角度看，金融未来变得移动化、及时化、互联互通化、隐私安全化。移动化是指金融服务的媒介越来越小巧、便捷，从柜台单据到 IC（integrated circuit，即集成电路）卡、智能手机，将来可能出现植入式芯片；及时化是指金融服务的可获得性越来越好，人们可以随时随地获得金融服务；互联互通化是指不同的金融账户可以实现互联互通，资金在不同账户下的转换更为迅速；隐私安全化是指客户的重要信息可以得到更好的保护。

从企业角度看，金融服务能够提供更为低廉的融资成本；从投资者角度看，金融服务能使自己的资金投向更适合的项目。未来出现一个统一的融资平台，资金供求两方间得到充分的信息披露，通过双向选择实现资金的最优配置。

从监管角度讲，资金的监管实现全程化，事前、事中、事后都将得到监管，投资者、企业的利益将受到合理保护，国家对宏观经济形势有着更好的把控。

二、行政功能评价

北京作为首都，不仅聚集着许多重要的国家中央党政机关，同时还存在大量低辐射的市属行政事业单位与企业总部。有关数据显示，北京仅二环内就存在数百个行政机关事业单位。大部分公共事业部门在为居民提供各类便利的同时，也带来了流动人口密集与交通拥堵等多重问题。此外，部分行政单位用地占总用地面积较大，与居住、商业、金融等设施混杂造成功能相互干扰和影响。其中部分行政功能尤其是行政附属功能与首都功能关联不大。因此，部分行政功能尤其是非紧密型行政辅助服务功能并不符合西城区、北京首都功能定位，应该对其迁移或淡化，疏解非核心行政职能，加快行政副中心的建立，使中央和地方的行政功能在空间上不再重叠，减少主城区的拥堵和环境压力。此外，在推动部分市级行政事业单位疏解方面，行政功能疏解将成为功能疏解的示范样本，对其他功能疏解起到带头作用。

西城区目前有34个区政府组成部门及相关单位、7个市级派出机构及垂直管理部门、15个街道办事处，以及8个企事业单位。从人口方面来看，尽管行政单位数目基本维持稳定，从业人员数量变动较小。但随着北京人口的迅速膨胀，城市公共管理功能带来的引致人口和相关辅助性行业的从业人员不断增加。加之部分行政单位办事效率低下，造成同一引致人口的多次业务办理，进一步加剧交通人口压力。我们按照行政功能涉及的不同职责部门建立西城区行政功能评价矩阵，具体见表6-2。

表6-2 西城区行政功能评价矩阵与管理措施

行政		决策部门	执行部门	指导建议部门	信息服务部门
区政府本级	人口	厅局级及以上，占比不足1成	人员较少，负责政府决策的传达与计划等	人员学历高，占比4成左右	人员较少，占比1～2成
	疏解难度	较难，决策层集中在中心城区有利于发挥其"心脏"作用	较难，与决策部门的人员集中有利于提高办事效率，迁出则无此优势	较容易，可在区域外设立行政副中心	较容易，在区域外设立信息服务中心
区政府组成部门及相关单位	人口	处级干部及以上，不足2成	人员较多，日常业务繁多	人员学历高，占比3～4成	从业人员较少，网上服务的扩展，引致人口较低
	疏解难度	较难，外迁分散了区政府的决策能力与决策连贯性	较难，主要负责本区事务，外迁不利于事务管理以及与上级沟通	较容易，可在区域外设立行政副中心	较容易，在区域外设立信息服务中心

续表

行政		决策部门	执行部门	指导建议部门	信息服务部门
市级派出机构及垂直管理部门	人口	人员较少，受市级决策安排	人员较多，日常业务繁多	人员学历高，占比4成左右	从业人员较少，网上服务的扩展，引致人口较低
	疏解难度	较容易，自行决策较少，可以与上级机构有机整合	较难，迁出难以弥补区内行政职能的不足	较容易，可在区域外设立行政副中心	较容易，在区域外设立信息服务中心
街道办事处	人口	人员较少，主要接受上级指示，直接决策较少	涉及人员面较广，事务办理繁忙	人员较少，主要受上级指示从事工作，所需指导研究较少	信息服务自身处理较少，主要通过政府进行传播
	疏解难度	较容易	较难，许多日常业务需跨部门交流	较容易，所需疏解内容较少	较容易，基本无须疏解
企事业单位	人口	人员较少，主要决定工作安排，传达上级指示	人员较多，负责区内部分事务日常运营	人员学历高，占比3成左右	从业人员较少，网上服务的扩展，引致人口较低
	疏解难度	较容易，可向外迁	较难，外迁影响区内公共职能正常发挥	较容易，在区域外设立政策研究中心	较容易，在区域外设立信息服务中心

▶ **专栏 6-2**

城市行政功能畅想

由于互联网＋的快速发展，电子政务将主导未来城市行政功能的发挥，部门与地域限制被突破。未来城市行政功能将利用云平台、大数据技术，全面实现"全响应"网格化行政服务体系，建立行政单位的协同办公系统，资源与信息的整合实现无缝衔接。政府、企业、社会组织、辖区居民均作为主体参与行政管理，实现全面感知、全面参与、全面响应与全面联动的管理响应链。同时，该系统可快速构建各种政府审批业务、公文处理业务、无纸化业务和信息公开业务。全市统一的政务外网与内网网络平台形成，全市所有单位计算机网络互联互通，公务流转审签实现透明化，政务信息完全公开可在网上查询，行政审批项目、行政许可项目均可在线申请及查询结果。此外，电子监察涵盖多项内容。例如，结婚证、公证服务等均可直接通过网络申请材料与资料审核得以办理，使人流与交通压力得到有效缓解。

　　企业与个人服务事务纳入窗口综合受理，部门行政许可与行政服务向一个科室集中。同时，延时服务、预约办理及弹性工作制的出现便利了群众办事，办事效率与办事满意度不断提升。城市管理重心下移，市、区、街道上下联动综合执法，各级各类服务大厅得到规范化建设，各类信息共享与业务也得到规范。

三、交通功能评价

　　北京虽然交通功能发达，但是土地资源紧张、人流量车流量大、交通拥堵成为最大的城市问题之一。尤其在西城区，公共交通系统完备，私人小汽车数量飙升，多种城市功能汇集导致交通需求量攀升，交通拥堵情况日益恶化。

1. 基于管理环节的评价

　　在交通规划环节，从历史趋势、已有投资和发展方向上看，西城区民用汽车和私人小汽车将保持继续增长的态势。北京对轨道交通和道路桥梁有大量投资，而西城区为缓解其交通拥堵，也致力于新建扩建道路交通设施和停车场，因此地铁线路、道路和停车场等数量将会增加。最后，北京北站是北京"五主铁路枢纽"之一，除了现有的普速列车始发终到作业外，还将承担未来京张城际的始发功能，其重要性不断凸显。

　　对西城区交通功能现状进行评价如下：西城区车辆密集，公共交通系统发达，拥有西直门和动物园两个立体交通枢纽。尽管道路交通设施完备，道路交通设施用地 11.8 平方千米，占全区土地面积的 23.3%，但西城区仍是北京交通最拥堵的地区，通勤时间达到 50～80 分钟。西城区地处北京中心部位，城市间公路交通网功能较弱，但是北京北站的地位日益凸显，过境交通频繁。

　　西城区土地资源紧缺，城市交通管理无力。为改善其交通功能，除新建轨道交通、道路桥梁等交通基础设施外，对增量的控制和存量的修整/管理尤为重要，见表 6-3。首先，控制私人小汽车增量和过境车辆，缓解城市道路交通压力。其次，优化公共交通系统，合理布置站点，疏解西直门和动物园等大型交通枢纽和公共交通场站。再次，西城区除主干道外，大多城市道路宽窄不均，胡同通达性差，道路两侧占道普遍；应对现有道路进行整改疏通，提高城市精细化管理水平。最后，北京北站承担着北京的铁路枢纽功能，除保留其 S2 线和京张铁路的主要运力外，将其他运力进行疏解。

表 6-3　西城区交通功能评价矩阵和管理措施(一)

	交通	规划 (增量)	在用 (存量)	修整/管理 (措施)
私人交通	民用汽车	↑	密集 (拥有量：439 557 辆)	控制数量
	私人小汽车	↑	密集 (保有量：35.3 万辆)	控制数量
城市内公共交通	公交车	—	密集 (公交车：1 858 辆；公交站点：305 个；枢纽：西直门、动物园)	优化设计：整顿站点秩序，疏解枢纽
	地铁	↑	密集 (换乘：西直门、复兴门、西单等；枢纽：西直门、动物园)	优化进出口设计，据人流方向整顿站点秩序，站内疏通，疏解枢纽
城市内交通设施	道路交通设施	↑	多 (用地：11.8 平方千米)	整改疏通，道路宽窄不一，通达性差
	停车场	↑	密集 (备案停车场：711 个)	整改，加强管理，停车占道严重
城市间公共交通	铁路交通 (北京北站)	↑	重要 (北京市"五主铁路枢纽"之一)	疏解部分运力
	公路交通	—	少 (公路里程：10 千米)	控制
	过境交通		频繁	控制

2. 基于出行流程的评价

居民无论采取何种交通方式出行，需要经过出行计划、出行和到达的流程，在采用公共交通方式出行时，票务(购票)流程也必不可少。在出行计划上，由于实时路况信息缺乏，私人交通的驾车路线规划多有不便。对城市内公交系统而言，居民无法预先得到公交车和地铁的到站时间和行程，造成站台和车(厢)拥挤，出行时间安排无效。而出租车市场的供需信息不对称，导致打车困难。由于私人交通和城市内公交出行的规划不确定性较大，即使城市间公共交通信息已十分完善，其对居民制订出行计划的参考价值也大打折扣；此外，在晚点频发的情况下，居民的出行计划往往赶不上变化。因此，应该完善城市内实时路况和公交系统的信息披露，匹配出行需求和服务供给的信息，以便居民合理制订出行计划，缓解聚人多和聚车多的状况；城市间交通系统应尽可能及时地提供正点或晚点出发的通知。

在票务(购票)流程上，现行电子化和网络化的购票和支付系统已经极大地缓解了购票或支付带来的拥堵、排队等问题。随着城市公交卡的普及，在京津冀范围内，可试行城市内交通和城市间交通一体化的票务系统，推出京津冀"一票通"。"一票通"不仅具有三地的交通支付功能，也带有著名景点的票务支付功能。其优势在于，一方面，打破行政疆界有利于京津冀交通体系的联通；另一方面，为居民出行和游客观光提供便利，缓解游客在首都的聚集，带动京津冀区域的旅游发展。

在出行途中，如何缓解拥堵，分散人流和车流成为难题。对私人交通、出租车和城市间公共汽车而言，除在出行规划时尽量选择交通通畅的道路外，在出行中遇到拥堵时，能够及时变更道路同为上上之选，但这需要实时的驾车路线规划服务作为基础。此外，在高架进出口和收费站设置快速通道，推广不停车电子收费系统速通卡服务，减少道路拥堵。对于城市内公共交通，部分站点的大量换乘导致人流长时间停滞，车站混乱。疏散人流，提高公交换乘的便捷性需要加强车站管理，包括设置专用车道和通道，引导上下车和进出口的人流流向，见表6-4。

表6-4　西城区交通功能评价矩阵和管理措施(二)

交通出行		出行计划	票务	出行/途中	到达
私人交通	小汽车	信息匮乏 (推广实时路况信息传递、驾车路线规划服务、路况交通眼等APP的使用)	—	拥堵 (驾车路线规划服务，推广ETC服务)	停车难(电子化管理)
城市内公共交通	公交车	信息匮乏 (预告到站时间和行程)	系统完善 (试行京津冀"一票通")	换乘拥挤 (加强管理，设置公交车道，明确上下车位置)	—
	地铁	信息匮乏 (预告到站时间和行程)	系统完善 (试行京津冀"一票通")	换乘拥挤 (加强管理，理顺进出口)	—
	出租车	打车难 (建设信息服务管理系统，供需信息匹配)	系统完善 (试行京津冀"一票通")	拥堵 (驾车路线规划服务，推广ETC服务)	—
城市间公共交通	公共汽车	信息较完善 (发布正点/晚点通知)	系统完善 (试行京津冀"一票通")	拥堵 (推广ETC服务)	—
	火车	信息较完善 (发布正点/晚点通知)	系统完善 (试行京津冀"一票通")	—	—
	飞机	信息较完善 (发布正点/晚点通知)	系统完善		

在到达目的地后，停车难成为居民顺利出行的一大障碍，也是造成交通拥堵的一个因素。一方面，停车位供不应求，车辆停放占道严重，阻碍交通；另一方面，停车场信息不公开，寻找车位的过程漫长而痛苦。因此，实行停车场的电子化管理，及时公布空闲车位信息，并进行导航是未来发展所必需的。

总体上看，交通信息匮乏和管理缺位是交通功能的短板。在交通信息化方面，应精减实体化的票务服务网点，加强信息发布和电子化管理。在交通管理方面，加强道路和停车场等基础设施建设，进行道路疏通，严格监管和惩罚占道等违规行为；在公共交通枢纽和站点整顿交通秩序，确保站内疏通。

➤ 专栏 6-3

供需信息匹配减少拥堵

在出行中，居民对交通信息的需求无处不在，从计划出行时对路况的了解，到抵达目的地后对车位和周边交通的搜寻，都需要交通部门及时提供可靠的道路和系统运行信息。交通服务供需双方信息匹配，将降低搜寻成本和交易成本，有利于交通服务的顺利开展，减少拥堵。

以打车软件为例。在供给侧，打车软件的兴起打破了传统背景下空驶出租车凭个人经验搜索乘客的行为，出租车不用降低速度搜索客源，全程处于尽可能高速地空驶前往乘客处及满载完成运输服务。研究表明，随着打车软件使用比例的升高，出租车空驶阶段的速度提高，在空驶里程不变的情况下，空驶时间减小，则实载时间增多，实载里程增大，总运营里程增大，空载率降低而运营效率得以提高（曹祎和罗霞，2014）。在需求侧，有打车需求的乘客向打车软件平台发布个人的出行需求，缩短了搜寻空车和等待的时间。总体上看，打车软件缓解了传统出租车行业中信息不对称的问题，提高了出租车的运营效率，有利于缓解城市交通压力。

➤ 专栏 6-4

城市交通功能畅想

交通拥堵已成为亟待解决的问题，未来城市交通应具备安全、高效和环保的特性。首先，智能汽车的问世和车辆间实时交流系统的构建将显著降低交通事故的发生率和死亡率。汽车零部件制造商博世公司营销主管弗兰克·卡泽纳夫说，自主驾驶的智能汽车将显著降低交通事故死亡率，因为90％的事故是人为操作失误引发的。

其次，在智能汽车和交流系统，加上由计算机控制的道路交通系统，交通信息发布及时准确，能够有效降低拥堵，保持道路交通的顺畅。智能汽车或许将遍及道路，一种编队式的车辆行进方式将会出现，车辆更换车道更加顺畅，交流避免了车辆间的摩擦。寻找车位不必再费时费力，智能汽车将自动连接停车场的车位信息，自行判断、准确定位。

最后，通过交通工具的技术升级能够解决交通部门的污染问题。例如，采用清洁能源燃料、空气压缩动力装置，甚至建立激光城市交通系统。

四、教育功能评价

学校的主要职能是为学生提供教学，但同时也涵盖其他的功能，如行政、后勤、基建、科研。我们按照业务流程把教育功能分解，计算每个流程可能带来的每天的人口流量。人口流量包括显性和隐性两部分。显性人口是指与该业务流程直接相关人员。例如，教学流程的显性人口包括专职教师数和对应的学生人数。隐性人口流量是指为显性人口提供服务的相关人员。例如，学校周围为学生及家长提供餐饮服务的服务人员等。隐性人口流量在各个功能之间可能存在着重叠现象。

在教育功能评价矩阵中，我们对每个功能引致的人口规模进行了定性评价，对于其中有资料来源的部分，计算并标注了显性人口数量。对于幼儿园、小学和中学，显性人口还包括接送学生引起的瞬时流动人口。一般来说，平均一个普通中学在校生将会带来 1.5 个瞬时流动人口，一个小学或幼儿园在校/园生将会带来 2.0 个瞬时流动人口。表 6-5 为不考虑寒暑假的情形，计算出的 2013 年平均每天由教育引致的人口流量。

表 6-5　西城区教育功能评价矩阵和管理措施

教育		教学	行政	后勤	基建	科研	校办企业
幼儿园	人口	数量大，过于集中，瞬时人口多（50 693 人次）	人口数量大（1 235 人次）		人口数量少，工作强度低	—	—
	疏解难度	较难，安排校车统一接送	较难，缩编制（密度远高于小学）	较容易，整合后勤人员	较容易，整合基建人员		
小学	人口	数量大，过于集中，瞬时人口多（186 158 人次）	人口数量一般（541 人次）		人口数量少，工作强度低	—	—
	疏解难度	较难，安排校车统一接送	暂时不动	较容易，整合后勤人员	较容易，整合后勤人员		

续表

教育		教学	行政	后勤	基建	科研	校办企业
普通中学	人口	人口数量大，相对集中（78 424人次）	人口数量大（2 085人次）	人口数量少	人口数量少	—
	疏解难度	难，刚需	较难，缩编制（密度远高于小学）	较容易，整合教育系统后勤人员	较容易，整合基建人员	难，一般是教师兼职，无法疏解	—
高等院校	人口	人口数量大，过于集中	人口数量大	人口数量少	占地大	数量少，占地大
	疏解难度	较难，迁出部分教学环节（本科）或设分校	暂时不动	较容易，整合后勤人员	较容易，整合基建人员或外包	较容易，迁出或土地置换	较容易，迁出
职业高中	人口	人口数量大（相对集中）（5 888人次）	人口数量一般（315人次）	人口数量少	人口数量少	人口数量少
	疏解难度	较容易，职业高中自身迁出意愿强烈，可整体搬迁，目前阻力在政策障碍					
特殊教育	人口	人口相对集中	人口数量少（27人次）	人口数量少	—	—
	疏解难度	较容易，整体迁出					

1. 教育功能现阶段特征

幼儿园、小学和中学作为公办教育，必须配备足够的师资力量，对师生比等保证教学质量的指标有最低限制。西城区由于行政区域面积相对狭小，同时常住人口数量大，在保证师资比的前提下，专职教师和在校学生密度远远高于其他区县。同时幼儿园、小学和中学的接送带来了大量的瞬时人口，导致上学放学时的交通拥堵。

行政流程作为教学流程的辅助功能，是维持学校正常运转不可缺少的部分，虽然行政后勤人员的数量不多，但其中有些细节可以商榷。一是我们观察到幼儿园和普通中学的行政人员密度高出小学10倍左右。例如，2013年小学在校生60 685人，行政相关人员541人；幼儿园在园人数16 385人，行政人员1 235人；普通中学在校生52 222人，行政相关人员2 085人。需要相关机构确认密度差距如此巨大的历史原因，是小学行政人员不足，还是幼儿园和中学行政人员冗余。二是在西城区教委调研过程中，我们了解到，每年学前教育和基础教育招聘过程中，专职教师和行政教师的招聘数量有一个固定比例，即如果比例是 8∶2，学校招聘过程中不能把 10 个指标都用在教师岗，这造成无法根据自身需求进行灵活的调整。希望相关部门考量该项政策是否需要变更。

西城区现有教育部直属院校 2 所（北京师范大学、中央音乐学院），市场市管院校 2 所（北京建筑大学、北京卫生职业学院）、国务院委办属院校 2 所（外交学院、中国公安大学）和其他民办教育机构 3 所（中国教育国际交流研修学院、北京社会函授大学、北京东方妇女老年大学），以及西城区直管单位 2 所（北京教育学院、北京教育科学研究院）。高等院校在校生人数密集，如北京师范大学有在校生约 23 300 人、北京建筑大学约 12 500 人、北京卫生职业学院约 8 000 人，人口的聚集带来了周边交通的拥堵以及"七小"服务业态的泛滥。

职业高中教学人口出现大幅下滑。通过统计数据可以看出，职业高中毕业生数（1 496 人）超出招生数（787 人）近一倍，生源出现流失。通过调研也了解到，目前职业高中出现供需不匹配的情况。北京学籍的学生不愿意就读职业高中，河北的学生希望就读但是无法获得北京学籍，学校又无法招没有北京学籍的学生。这导致北京的学校没有生源，河北的学生没有学校入学的尴尬局面。

西城区现有 3 所特殊教育学校，分别为西城区培智中心学校、北京启喑实验学校、宣武培智学校。特殊教育作为一个小的群体，人口数量不多，无论教师数量还是学生数量都比较小。

后勤、基建相关人员的工作内容存在工作时间不确定，工作效率不高等特征。例如，学校的清洁人员可能一天只工作 2～3 小时，水电工可能一天就换两个灯泡，但是一整天都必须守在工作岗位上。这种情况下相关人员不是不愿意提高工作效率，而是工作性质本身具有随机性。

2. 教育功能疏解办法

疏解人口。学前教育和义务教育是人民应享有的一项基本权利，保证足够的师生比无可厚非，但通过减少教师数量，以牺牲教学质量的方式来缓解西城区的城市压力是不可取的。但是，如果常住人口能通过其他途径向北京其他区县或者河北转移，总人口的下降必然带来入学学生数量的下降，那么因教学流程而引致的直接人口数量会大幅下降，城市拥堵能够得到一定缓解。

推行校车制度。幼儿园、小学和中学每天会带来 2 人次的瞬时人口。导致上下学时间西城区各学校附近持续拥堵。如果能推行校车制度，教学功能引致的瞬时人口能下降近 2/3。上下学时间的城市拥堵能得到极大缓解。

考虑组建专门的物业服务公司和基建公司，把各学校的人员合并。如前所述，后勤、基建相关人员的工作效率不高是由于工作性质和工作安排不当。每个学校其实没有必要配备那么多的后勤、基建人员，可以考虑组建和成立专门的服务公司，一方面安排各学校定期检查，另一方面根据学校的紧急需求随时调拨人员。举例来说，成立清洁服务公司，把各学校人口统一划并，工作人员可以 6 点至 8 点打扫 A 小学，然后移动到 B 中学，9 点到 11 点打扫 B 中学，以此类推。这样既可以提高工作效率，也可以增加清洁人员的收入，同时还减少了学校的负担，实现多赢。

高校考虑整体搬迁或者搬迁无须留在市区内的一些业务。例如，高校可以考虑在周边郊区成立分校区，把人口数量大的本科教育整体迁移过去，既缓解了本校区的人口压力，同时也能拥有更多的资源进行建设。此外，还可以考虑把科研、校办企业等占地面积大但经济效益和社会效益不高的部门进行整体搬迁。

➤ **专栏 6-5**

城市教育功能畅想

学前教育和基础教育的接送等会造成大量的瞬时人口流动，急需通过系列改革缓解其造成的西城区早晚高峰拥堵。未来城市教育应具备安全、灵活和丰富的性质。

第一，实施畅通工程，在学校门前及周边道路上设置完善人行横道标志、限速标志、学校警告标志、注意儿童警告标志；施划黄色网格线、禁止停车线、停车泊位；校园门前均设置交通信号灯，在学校门前安装电子眼抓拍超速、违停等违法行为，保证学生上放学的安全。

第二，建立完善的校车系统网络和严格的校车安全管理条例，给予数额明确的财政补贴，实施校车税费减免，为每一辆校车和每一个学生配备 GPS(global positioning system，即全球定位系统)，在保证城市安全校车发展的基础上，缓解交通压力和家长接送的压力。

第三，实行错峰上放学，即学校之间上放学时间错开，学校内部各年级上放学时间错开，缓解上放学高峰的交通拥堵。

第四，开放教育资源联盟，推动网络在线教育发展，增加承认学分的课程目录，实现教育内容和教育方式的多样化，实现教育的时间和空间的自由化。

第五，设置一款应用程序，家长、学生和具有教师资格的老师进行实名登记。家长和学生可以提前一周甚至一个月把既定的上课和课外兴趣小组行程录入系统，把学生的活动行程与校车路线和运行时间进行系统协调，既保证学生的安全移动又提高校车的利用效率。

五、医疗功能评价

医疗服务是一个城市的基本功能之一，以城市人口为主要服务对象。在北京向世界城市迈进的过程中，需要建立起针对本地居民和国内患者的立体医疗服务体系，依托京津冀一体化过程的非首都功能疏解，开展京津冀医疗合作，一方面全方面地缓解北京医疗系统的诊疗压力，另一方面提高北京周边地区的服务质量。

图 6-3 是传统的医疗服务流程。可以看出，在传统的医疗服务模式中，每个环节都需要病人自己在医院完成，因为病人往往因为身体虚弱或受伤无法独立完成这些流程，一般都需要有一人陪同就诊，有些儿童或者老人甚至需要两人陪同就诊。如果是住院治疗，除了有人看护，还会有人探望，来往的人更多。另外，如果就诊病人来自于外地，还会寻找周边的餐饮和住宿服务，所引致的服务人群就成倍上升。目前，很多医院采用网络或电话挂号系统，很好地疏散了挂号的人群，但是候诊时间不确定使得所有的病人都在早高峰或者午高峰的时候赶往医院，仍然出现看病出行高峰和候诊人群聚集。

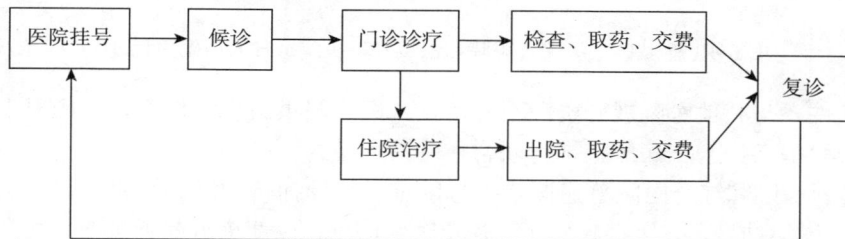

图 6-3　传统医疗服务流程图

我们以西城区的 9 家三级综合医院和三级专科医院为例，分析传统的医疗服务流程所引致的每日人口聚集程度，见图 6-4。年门急诊人数按照 251 天平均到每日来计算每日的门急诊人次，年实际占用总病床日数按照 365 天平均到每日来计算每日的住院人数。假设到儿童医院就诊的病童有两人陪同，到其他医院门急诊的病人都有一人陪同。计算结果表明这 9 家三级医院每天除了工作人员，有超过 16 万人次出入医院。

从医院、基层医疗卫生机构和疗养院的就诊环节进行详细评价。首先，社区卫生服务中心(站)由于认可度不高，就诊人数相对较少，挂号容易，候诊时间短。并且，由于其医疗资源有限，2013 年西城区社区卫生服务中心的每个执业(助理)医师诊疗 3 133 人次/年，高于其他医院的诊疗人次，诊疗压力反而较大。然而，2013 年西城区社区卫生服务中心(站)住院人次仅 164 人次，病床使用率 53.85%，每个注册护士护理 0.28 人次/年，资源大量闲置。针对社区卫生服务中心(站)门诊诊疗压力大而住院资源闲置的现象，可以加强其人员配置，公开医生信息，实现电子化管理，方便患者及时获取就医信息，就近医治。同时，改善

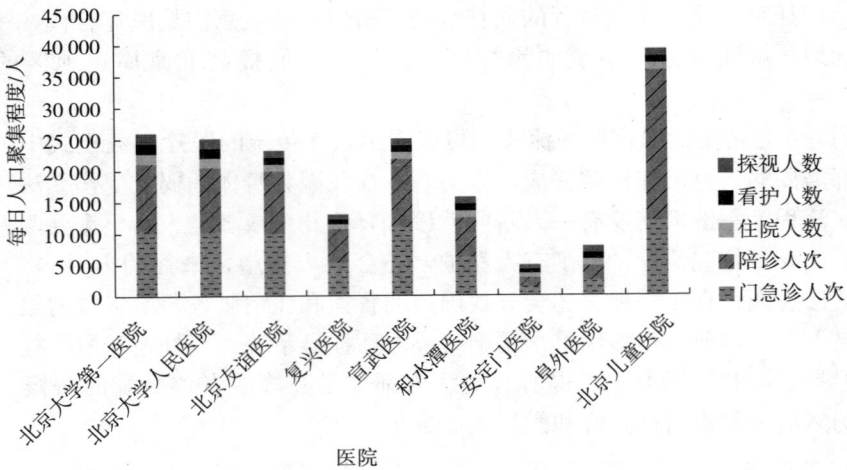

图 6-4　西城区三级综合医院和三级专科医院每日人口聚集程度①

住院条件，与其他医院展开资源互补协作：医院提供医生、设备，社区卫生服务中心（站）提供护士、病床；推行联合住院治疗模式。

专科医院和综合医院普遍面临挂号困难、候诊拥挤的问题。对此，应继续推广电话/网络挂号，并完善和公开医院及医生信息，以便患者就近医治。加强患者分诊和疏散管理，尝试电子化候时听诊：通过短信等平台通知挂号患者就诊时间，实现患者就医时间上的错峰，亦可缓解交通拥堵。专科医院和综合医院医疗资源丰富，2013 年每个执业（助理）医师诊疗人次在 2 800 人次/年左右。然而，住院资源却相当紧张，2013 年每个注册护士的护理人次达到 41 人次/年。因此，开展医疗协作项目，与京外医院进行合作，甚至进行远程医疗是可实施的举措。同时，疏解慢性病和康复性的住院部，统一体检标准，分散专科医院和综合医院的体检压力。此外，隶属医院的科研系统和药物研制中心等科研部门，既不属于城市基本功能，也不直接服务于城市居民，可与医学院或医科大学合并，迁出首都核心区。

对于疗养院，尤其是慢性病或职业病患者的疾病疗养、康复疗养和健康疗养，因其服务对象特殊、对外界环境要求高，可逐步疏解到京郊生态涵养区。

总体上看，社区卫生服务中心（站）资源闲置，而专科医院和综合医院医疗资源紧张，整个医疗系统信息供需不匹配。在现代医疗服务流程中，可以通过共享的咨询服务中心和病历记录系统，加强精细化管理，建立立体医疗服务（图 6-5），来有效疏解医疗就医的人群，从而减少引致的服务人群。医疗功能的评价和管理措施矩阵见表 6-6。

_____

① 依据《2013 北京卫生统计年鉴》数据计算

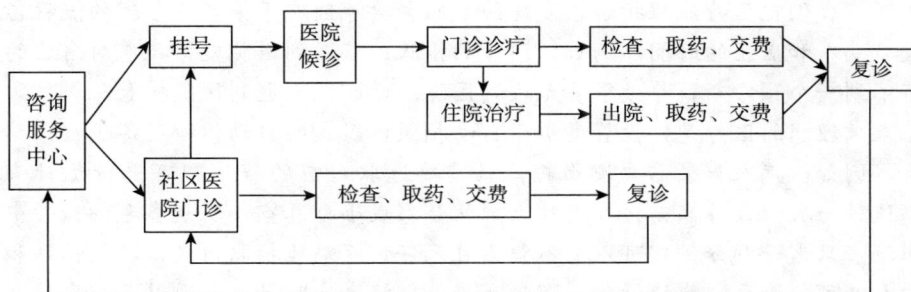

图 6-5　立体医疗服务流程图

表 6-6　西城区医疗功能的评价和管理措施矩阵

医疗	挂号	候诊	门诊诊疗	住院治疗	科研
社区卫生服务中心（站）	相对容易	人数较少，候诊时间短	2013 年 255 万人次，每个执业（助理）医师诊疗 3 133 人次/年，诊疗压力大（加强人员配置，电子化和公开化门诊和医生信息）	2013 年 164 人次，病床使用率 53.85%，每个注册护士护理 0.28 人次/年，住院治疗压力小（改善住院条件，鼓励就近治疗以及与其他医院开展协作）	—
专科医院	挂号难（推广网上挂号/预约）	人群聚集，候诊时间长，设施不足（加强管理，采用电子化候时听诊）	2013 年 409 万人次，每个执业（助理）医师诊疗 2 880 人次/年，诊疗压力分散（电子化和公开门诊及医生信息）	2013 年 12.4 万人次，病床使用率 103.32%，每个注册护士护理 41.17 人次/年，住院治疗压力大（开展医疗合作项目，远程医疗，疏解慢性病诊疗、康复和体检等项目）	医院科研系统、药物研制中心（疏解）
综合医院	挂号难（推广网上挂号/预约）	人群聚集，候诊时间长，设施不足（加强管理，采用电子化候时听诊）	2013 年 1 474 万人次，每个执业（助理）医师诊疗 2 835 人次/年，诊疗压力分散（电子化和公开门诊及医生信息）	2013 年 32.2 万人次，病床使用率 88.98%，每个注册护士护理 41.15 人次/年，住院治疗压力大（开展医疗合作项目，远程医疗，疏解慢性病诊疗、康复和体检等项目）	医院科研系统、药物研制中心（疏解）
疗养院	—	—	—	慢性病或职业病患者的疾病疗养、康复疗养和健康疗养（疏解）	

▶ **专栏 6-6**

城市医疗功能畅想

医疗功能的优化是要解决"看病难"的问题。"看病难"并不是因为医生工作效率不高，我们把医疗流程拆解，发现问题的主要原因在于很多不合理的流程占用了太多病人和医生的时间。例如，门诊的排队；病人到医院就诊之前对自己的病症得不到一个预诊断，导致很多无须到医院就诊的病人也到医院排长队等。

未来理想的医疗是，设置类似于自动拍照机器式的自动体检设备进行一站式体检。例如，病人如果需要测血糖，只需要选取对应的程序即可进行无针头取血，这种一次性设备只需按在皮肤上，就会形成小型真空，从众多毛细血管中吸取血液，只需一两分钟就可以毫不费力且无任何疼痛地抽取血液，即使怕疼和晕血的人也可以毫无障碍地操作。随后血糖等数据会实时显示并通过云端上传到医生那里，医生通过数据判断病人病情程度和诊疗方式，无须服药或者非常简单的病症可以直接通过一体机获得常备药，或者根据一体机输出的处方到药店购买而无须去医院排队，需要住院的病人则根据病情轻重缓急进行合理的诊疗安排。对于慢性病，则可以通过随身携带的智能终端实时监测一段时间，观察血压、血糖等系列指标的变动曲线，从而制订更有针对性的治疗方案，如调整日程安排、减轻工作压力，同时给予更合理的运动、饮食处方，如面临较高脑卒中风险时，会提示患者及时就医；对于一个育龄女性，系统会根据其基础体温曲线，提示最佳受孕时机。

门诊预约可以参考 12306 火车票网站，设置一个专门进行挂号的网站，现阶段，北京已存在官方的网络预约系统，但仍有完善空间。例如，现阶段预约只设置到每天上下午，其实可以把单位时间细分到 30 分钟，这样病人就有了更多的时间可选择，也可以错开病人就诊的时间，对拥堵具有一定的缓解作用。同时，医院的预约系统可以和交通系统进行交互，当病人去医院就诊时，可以提前获知医院的门诊预约情况和交通路况，避免出现到了医院发现没有号可以挂，想开车离开却在医院门口堵半个小时的窘境。

此外，还可以建立患者自我保健数据库，把过往的就医历史和诊断信息全部储存下来，并允许在病人同意的情况下随时调用以保证更准确的信息诊断。

六、流通功能评价

在流通功能方面，西城区发展稳定，批发和零售业、住宿和餐饮业是其第三产业的重要组成部分。2014 年，全区实现社会消费品零售额 887 亿元，比上年增长 5.5%，占北京社会消费品零售总额的 9.7%[①]。同年，限额以上商业企业实现商品销售总额 7 121.9 亿元，同比增长 5.1%。其中，批发业实现商品销售总额达 6 316 亿元，同比增长 4.8%；零售业实现商品销售总额 805.9 亿元，同比增长 6.9%；住宿业和餐饮业分别实现营业额 58.9 亿元和 71.6 亿元。

---

① 北京市西城区统计信息网《2014 年国民经济和社会发展统计公报》。

从流通功能的环节来说，西城区在批发零售和住宿餐饮的各个环节都存在一定的优势。在信息环节，西城区是北京乃至京津冀区域重要的批发集散点，许多批发市场知名度较高，如动物园批发市场、天意市场、东鼎服装商品批发市场等；而某些大型零售商场则是全国性的旅游购物胜地，如西单购物中心、百盛购物中心、嘉茂购物中心等。在物流环节，西城区内物流发达，物流服务覆盖区内每条街道①，而且服务全面，包括托运、国内货运、进出口报关、国际货运、全国零担、物流专线、货运代理等诸多服务。在仓储环节，西城区仓储服务较少，但货物周转速度快，仓储通常与物流结合在一起，且多为超短期仓储；中小零售业态仓储多利用门面后部以及地下空间，存在仓储不规范的问题，尤其是小餐饮。在交易环节，诸多大型商品交易市场为批发提供了良好的交易平台，连锁化经营则是零售、住宿和餐饮的一大趋势，这也为交易提供了诸多便利。在结算环节，西城区内金融机构、银行网点及自助取款设施众多，且电子化结算普及度较高，无论是大型批发，还是小型零售、住宿和餐饮，结算都十分方便、快捷。

　　总之，仅就流通（贸易）功能来说，得益于西城区的特殊地理区位和迅速普及的网络，其贸易信息通达、物流畅通。交易方便、结算便捷归功于区内金融业的繁荣和电子化交易的普及，而仓储环节则有待进一步加强规范和管理，整体上西城区流通功能表现出较强的发展活力，具有良好的区域优势。西城区流通功能评价矩阵见表 6-7。

表 6-7　西城区流通功能评价矩阵

流通	信息	物流	仓储	交易	结算
批发	通畅（区域性批发集散中心，网络化交易平台）	通畅	一般（可占用空间有限，但多周转较快）	便捷（2013 年 69 个商品交易市场，14 个亿元交易市场）	方便快捷（区内金融机构众多）
零售	通畅（全国性旅游购物中心）	通畅	一般（可占用空间有限，但多周转较快）	便捷（2013 年 1 419 个连锁化零售门店）	方便快捷（除小型零售外，电子化结算较为普及）
住宿	通畅（网络化）	—	—	便捷（2013 年 17 个连锁住宿餐饮业连锁总店，380 个连锁门店）	便捷（电子化结算普及度较高）
餐饮	较通畅（网络化）	快捷（食蔬供应保障）	一般（许多小餐饮食物存储不达标）		

① http://www.go007.com/beijing/xichengou/wuliuxinxi/。

续表

流通	信息	物流	仓储	交易	结算
商务服务业	通畅（网络化）	—	—	便捷（2013 年 7 389 个服务单位，72 223 个从业人员）	便捷

专栏 6-7

城市流通功能畅想

　　未来流通功能主要具有虚拟化、信息化、智能化特征。首先，宽带技术结合互联网＋趋势形成模拟人生和虚拟试衣间（virtual dressing room）等多重虚拟世界体验，各类便捷的无线终端设备相互整合形成整套零售解决方案，提升购物体验。服装店采用全息投影技术，允许消费者无须脱下衣服便可完成试衣过程。商店采用 3D 打印机，打印消费者所需商品。其次，通过手机、平板电脑、家用电脑等，消费者可以随时了解商品信息，实现购物的线上线下有机整合。在商场，蓝牙信标技术，能够直接与消费者的手机进行通信，提供打折服务，引导消费者找到他们希望的商品，或者方便他们进行远程支付。货架上配有电子价格标签，直接与结账系统联网，从而避免不同的价格标识。店员将配备便携式结账设备，提供即时结账服务，改善顾客购物体验，为顾客提供商品信息和存货信息，并在缺货时推荐替代品。物流方面，物流公司在配送车辆上安装 GPS，货物包装中嵌入芯片，用于了解货物所处位置。同时，实现全程监控货物，优化物流运输路线。卸货检验后，通过读取芯片信息，自动将货物信息记入信息系统。另外，真空管道运输系统与无人飞机实现快速、安全的运送服务。

七、生态功能评价

　　生态功能是西城区经济社会和谐发展的重要支撑，也是建设宜居城区的关键环节。2014 年，西城区对 76 条主要大街两侧建筑物进行外墙保温和粉刷美化，建成北二环城市绿廊，完成万寿公园改造和金中都宣扬桥建设，新建改造绿地 30.2 公顷。另据环保部门数据，西城区 2014 年全面降尘量为每月 5.7 吨/平方千米，同比下降 1.7%；建成区区域噪声平均值为 54.2 分贝，比上年上升 0.7%；可吸入颗粒物（PM10）115 微克/立方米，同比增长 2.2%；细颗粒物（PM2.5）88 微克/立方米，同比下降 4%；二氧化氮 63 微克/立方米，同比增长 5.7%；二氧化硫 23.1 微克/立方米，同比下降 19.8%。整体来说，2014 年西城区环境生态变化喜忧参半。

　　从生态功能的环节来说，西城区自身的生态功能得到有效发挥，园林绿化和市容卫生的各个环节都表现良好，但环境保护尤其是大气环境更需要区域协作联动。在规划环节，西城区园林绿化局有详细的工作总结和规划安排，如《西城区园林绿化局 2014 年工作总结和 2015 年工作重点》和《西城区"十二五"时期园林绿化发展规划》，后者对西城区园林绿化的发展思路、主要任务和保障措施等做出了十分详实具体的指示。在建设环节，2013 年，西城区新植树木 6.74 万株，新植草坪 7.87 万平方米；新建公共厕所 2 座，公共、公用厕所达 1 191 座；环境污染治理投资总额达 60.3 亿元，同比增加 15.7%，生态建设积极投入。在维护环节，人均公园绿地面积持续增加，达 3.34 平方米；改建公共厕所 25 座；100%无害化处理垃圾 53 万吨；投入 60.3 亿元进行环境污染治理，生态维护全面展开。在修复环节，城市绿化覆盖率上升至 29.02%，维修公共厕所 176 座次，但在环境污染治理尤其是大气治理方面则推进缓慢，急需切实可行的区域联动防治规划和区域生态补偿机制。西城区生态功能评价矩阵见表 6-8。

表 6-8　西城区生态功能评价矩阵

生态	规划	建设	维护	修复
园林绿化	良好（2013 年西城区"十二五"园林绿化发展规划）	良好（2013 年新植树木 6.74 万株，新植草坪 7.87 万平方米）	良好	良好
市容卫生	良好	良好（2013 年垃圾无害化处理率 100%）	良好（2013 年改建公共厕所 25 座）	良好（2013 年维修公共厕所 176 座次）
环境保护	较好（需区域联动）	良好（2012 年空气质量二级以上天数占 77.1%）	良好（2013 年环境污染治理投资总额 60.3 亿元）	良好（需区域生态补偿）

总体上说，西城区生态功能的各个方面和环节都有所建树，而且还在逐步完善。近期，其需要切实推动的则是区域大视野下的水环境和大气环境治理，从而为建设宜居城区提供良好的环境支撑。

▶专栏 6-8

城市生态功能畅想

未来生态功能的主要任务由以治为主转入以防为主阶段，并保证居民对生态环境有较高的满意度。园林绿化方面，环境优美、洁净，园林绿化好，通过植树造林，增加森林资源，将自然生态系统融入城市地区、提升城市公共空间。城市绿地实现合理分布，森林、公园、湿地各斑块之间形成由绿色廊道紧密联系的网络；垂直绿化、屋顶绿化成为城市绿地系统的重要角色；本地网络化苗圃体系形成，为城市绿化提供不同规格、不同品种的绿化苗木。市容卫生方面，居民自觉进行垃圾回收管理，将垃圾分门别类丢弃到指定地点。同时，污水处理和垃圾处理实现市场化与产业化，做到日产日清。纳米技术与环境保护和环境治理进一步有机结合。垃圾在回收后运到垃圾处理厂，进行再生垃圾的分类、可燃垃圾的焚烧处理、残渣的无害化处理，部分有机垃圾处理为肥料。环境保护方面，多个空气环境监测站与汽车尾气排放监测站，定点、定时检测空气污染与汽车尾气污染状况，公开发布。并对超标气体及时发布警告信息。循环经济战略普遍建立，产业垃圾实现零排放。

八、生产功能评价

城市生产功能主要以工业为载体。在京津冀区域中，北京相对于天津、河北而言，拥有的工业企业较少，而其中位于西城区内的工业企业少之又少。同时，西城区工业企业吸纳的从业人口也较少。然而，西城区以较少数量的工业企业实现了较高的工业总产值，并且缴纳了较高数额的增值税，在近年来仍然具有一定的增长趋势。

具体而言，2012 年北京共拥有 3 692 家规模以上工业企业，其中仅 67 家位于西城区；天津和河北分别拥有 5 618 家和 12 360 家规模以上工业企业。就税收贡献来看，西城区规模以上工业企业应交增值税 182.77 亿元，以仅占北京全市 1.6%的规模以上工业企业数量缴纳了全市 17%的规模以上工业企业应交增值税。就工业总产值来看，2009 年西城区和宣武区①非上市工业企业总共实现工业总产值 1 420 亿元，仅次于顺义区，占北京工业总产值的 13.6%。然而，就吸纳就业人口来看，西城区工业企业吸纳的就业人口并不算多。2009 年西城区和宣武区非上市工业企业年末从业人数约 5 万人，占北京整体非上市工业企业从业人口的 4.5%。

从工业部门来看，西城区工业部门主要以满足市政设施需求为主，除此之外则以印刷业居多。根据《北京市新增产业的禁止和限制目录（2014 年版）》，西城区作为首都功能核心区的一部分，采矿业、制造业、电力、热力、燃气及水生产和供应业将被禁止新建和扩建。考虑到北京的政策要求，以及北京首都功能定位和发展需求，只保留必要的满足市政设施需求的电力、热力、燃气及水的生产和供应行业，西城区的工业部门，即其生产功能，是要被全面禁止扩张，并着手压缩、疏解的。在此过程中，考虑到工业部门对财政收入的贡献，可以在疏解生产环节的同时，在区内设立研发、销售和结算等总部类型企业，在优化区域产业结

---

① 考虑到 2010 年北京行政区划调整，即将原西城区、宣武区的行政区域新设立为西城区，将原东城区、崇文区的行政区域新设为东城区，为便于比较，本章将行政区划调整前的西城区、宣武区数据合并，东城区、崇文区数据合并。

构的同时缩小对财政、税务部门的影响。生产功能的评价和管理措施矩阵见表6-9。

表6-9 生产功能的评价和管理措施矩阵

生产功能	规模以上工业企业单位数/个	工业总产值/亿元（2009 年）	税收贡献	就业
工业	2012 年 67 个（数量少，按《北京市新增产业的禁止和限制目录（2014 年版）》进行疏解）	1420(仅次于顺义区)	2012 年应交增值税67.43亿元（在北京仅次于北京经济技术开发区）	2009 年，非上市工业企业年末从业人数约 5 万人（较少）
电力供应业	2009 年 3 个（禁止新增，满足区内需求）	1 239.58(高)	—	—
煤气生产和供应业	2009 年 1 个（禁止新增，疏解）	99.99（高）	—	—
其他印刷业	2009 年 7 个（数量多，疏解）	26.21（高）	—	—
蒸汽、热、水生产和供应业	2009 年 4 个（禁止新增，满足区内需求）	12.50（高）	—	—
书、报、刊印刷业	2009 年 11 个（数量多，疏解）	6.22（高）	—	—

▶**专栏 6-9**

城市生产功能畅想

未来生产功能将仅占据西城区很少的资源，并不作为首都功能予以支持。首先，生产功能将仅以满足区域内电力、热力、燃气及水的供应为目标，其余生产部门将全面禁止，并逐渐限制和迁出。随着生产部门的迁出，相应的资源消耗和环境污染将减少，同时释放土地，为首都功能的发展腾出空间。

其次，西城区将保留一定的研发、销售和结算等总部类型企业。一方面，总部类型企业的存在可以在优化功能和产业结构的同时，使财政收入所受影响最小化；另一方面，总部类型企业的集聚将使国家对生产功能状态有更好的把控。

最后，西城区生产功能迁出后，土地将置换为更符合城市功能发展的利用方式。腾出的土地可以直接替换为绿地，促进城市绿化、生态水平提高；也可以替换为停车场、公共场馆等便民设施；或者引入具有高科技含量、高附加值、节能环保的新业态，引领、辐射周边产业发展。

九、安保功能评价

北京的国防支出和公共安全支出相对较高，安保水平远超津冀；并且，北京作为中国首都，中央财政支出中的国防支出与公共安全支出也会有相当比例用于维护北京的国防安全和公共安全。尽管如此，西城区的安保功能仍有需要强化的地方。

在公共安全方面，西城区刑事案件立案数量较多，公安机关需要进一步加强执法力度，提高案件侦破能力，同时做好宣传教育工作，提高市民的自我保护能力，努力减少刑事案件发生的可能性。在日常处理纠纷、维护社会秩序时应加强监管。例如，在动物园批发市场、马连道附近，商户聚集、人流密集、产业升级困难，要注意有效处理市场管理方与商户、商户与客户之间的利益纠纷事件，防止个体纠纷处理不当而转化为群体性矛盾。在日常整治社会秩序的过程中还要特别注意避免引发维稳问题，把握整治力度，注意处理事件的环境，防止引发群体性事件。

在防洪排涝方面，2012 年北京累计建设达标堤防 1 293 千米，排水管道12 665千米；防洪排涝工作主要包括道路修缮、市政排水管线建设和积水点改造。此外，还应当完善防汛指挥体系，明确辖区内危旧房屋、危险数目、低洼院落、道路积水点和人防工程等重点防洪排涝区域的位置，做到密切监测、安全隐患及时排查、协调指挥、防洪排涝工作全覆盖。同时，要组建应急抢险队，随时准备抢救可能出现的险情。

在预防火灾和生产事故方面，尽管西城区的火灾事故并不严重，但考虑到区内有众多历史文化古迹和重要行政机构，一定要做好密切监控和防火灭火工作。西城区的生产安全事故较为严重，要加强现存生产环节的安全监督和保障。对于区内必要的电力、热力、燃气和水的生产和供应企业，更应该促进其安全防护设备的利用和升级，避免生产安全事故发生。

此外，近年来地面塌陷事故频频见诸报端，北京市政府已经针对地下空间问题出台了《北京市人民防空工程和普通地下室安全使用管理办法》。针对地下空间开发利用可能导致的地面塌陷问题，西城区应当加强对地下空间开发的监管力度，向市民强调私自开挖地下空间的安全问题和违规问题，防止塌陷事故再次发生。

综上，我们认为西城区的安保功能主要包括对防洪排涝问题、火灾问题、生产安全事故问题、刑事案件问题、商户聚集区的管理问题、交通问题、维稳问题、地下空间安全问题的安全监管维护，并且这些安保功能都需要进一步加强。安保功能的评价和管理措施矩阵见表 6-10。

表 6-10　安保功能的评价和管理措施矩阵

安保功能	规划	建设（事故）	维护
国防财政支出	—	—	2012 年地方财政支出 8.13 亿元（维持或加强）

续表

安保功能		规划	建设（事故）	维护
公共安全财政支出		—	—	2012 年地方财政支出 241.04 亿元（维持或加强）
公共安全	刑事案件	—	2013 年刑事案件立案 9 467 起，破案 9 860 起	公安机关执法和侦破，宣传教育，自我保护（加强）
	维稳	—	易发生纠纷、交通事故等	防止个体纠纷转向群体性矛盾，甚至升级为维稳事件（加强监管）
防洪排涝	堤防	防洪排涝工作全覆盖	2012 年达标堤防长度 1 293 千米（组建应急抢险队）	防汛指挥（完善）
	降水		2012 年排水管道 12 665 千米（市政排水管线建设，组建应急抢险队）	预报，防汛指挥，积水点改造（完善预报和防汛指挥体系，明确辖区内危旧房屋、危险数目、低洼院落、道路积水点和人防工程等重点防洪排涝区域）
防火灭火		—	2013 年火灾事故 138 起，直接经济损失 95.9 万元	密切监控（加强）
生产安全		—	2013 年生产安全事故 4 起，死亡 4 人	监督和保障（加强、利用和升级安全防护设备）
地下空间		《北京市人民防空工程和普通地下室安全使用管理办法》	地面塌陷事故（如德胜门）	备案和监管（加强）

▶ **专栏 6-10**

城市安保功能畅想

安保功能是确保经济社会安全有序、首都功能正常运转的基石与保障，未来的首都安保应再进一步加强，并逐步实现智能化和网络化。首先，安保体系网络化，安保基础设施和人员配置完善。安保设施配备引入先进科技、设施维护更新常态化。定期排查管道网线，预防爆恐袭击；疏通道路、紧急出口、下水管道，必要时启动防洪防涝设施，实现自动化。安保人员配置全面合理、具备优秀的综合能力和超强应急作业素质。

其次，安保预警和巡控智能化。利用由移动通信卫星、宽带通信卫星、全球定位卫星、遥感卫星等构成的卫星系统，实现灾害预警准确和可靠，灾害救助及时和顺畅。综合利用交通部门、居民社区和机构企业等监控系统，投入智能监控系统，推行智能机器人巡逻作为补充的网格化巡控，以最小人力、物力实现巡逻防控综合效能。

第三，安保应急处理及时高效。安全情报信息通畅，应急管理平台完善，实现应急安保 24 小时快速反应，利用现代化通信工具做好组织、抢救、报告、控制事态发展等工作；突发性灾害、事件和其他群体性事件得到高效、妥善处置。

十、娱乐功能评价

1. 体育功能

从竞技性体育来看，其引致的人口包括两部分，一部分是运动员的家属，由于我国举国体制培养的方式，运动员很小便被送到体校训练，部分家长出于对孩子生活的关心，可能就近租赁房子以照顾孩子的生活，这便导致人口的增加，另外，为这些运动员服务的相关人员也会带来人口的增加，这部分人口主要来自教练、学校员工等人员。

从日常健身性体育来看，其引致的人口主要是相关从业人员，对于一个城市来说，能够满足人们在健身方面的需求是其宜居性的一个指标。因此，即便该功能会带来人口的增加，也不应过分加以限制，应通过合理规划使得提供这类服务的机构合理分布，避免出现区域内流动人口的瞬时大量增加，以免出现交通拥堵或安全事故。

综上，其实体育功能引致人口并不多，引致因子应该在 2 以下，其主要问题在于竞技性体育需要大面积的基础设施来为之服务，而这些场馆无论从经济效益还是社会效益来看，都对区域内贡献不大。若将其迁出，也不会对运动员的培养产生大的影响，因而体育功能的疏解可以从这部分下手。体育功能评价矩阵见表 6-11。

表 6-11　体育功能评价矩阵

体育		教学	训练	健身休闲
竞技性体育	经济效益	经济效益较小，部分体育项目还需国家补贴	与教学相类似	—
	社会效益	社会效益一般，民众对运动员的培养不感兴趣	与教学相类似	—

续表

	体育	教学	训练	健身休闲
日常健身体育	经济效益	有一定经济效益，部分体育项目专业性较强，需要专业人员指导	与教学相类似	经济效益较高，民众在这方面的花费越来越多
	社会效益	有一定社会效益，可以对一些体育项目进行推广	与教学相类似	社会效益较高，有助于提高民众身体素质

2. 文化功能

公益性文化功能引致的人口主要为区域外的人口，北京具有许多历史文化遗迹，每逢节假日有大量全国各地的游客到此旅游，为北京的交通、安全等带来较大压力。这些人口数量的激增大多集中在一年的某几个时间段，疏解难度较大，目前已有的办法是限制游客数量，但从实际情况看，游客人数并未出现大幅下滑。

经营性文化功能引致的人口多为区域内的人口，某些大型文化表演会导致人口在短期内集中于某一场馆，可能会对交通造成一定压力。要想疏解这部分人口，可以对其出行需求进行干预，如通过网上售票、自助取票减少现场购票的人流量。

两者在产品研发与场馆维护上，都有人口疏解的潜力。例如，可以将产品研发中心设在区域外，减少总部人员的数量；对于场馆维护而言，可以成立专业的服务公司，为多家单位服务，减少对从业人员的需求。文化功能评价矩阵见表 6-12。

表 6-12 文化功能评价矩阵

文化功能		日常运营	产品研发	场馆维护
公益性文化功能	人口效应	运营人员既包括前台售票等人员，也包括后台提供支持性工作的人员，这部分人员一般占比较低	人员层次较高，大部分从业人员具有高学历，且行业集中度较高，可能带来人口的集聚	主要是一些外来务工人员，负责场馆的日常维护性工作，这部分人员大都学历较低，从总量看，有一定的聚集效应
	经济效益	对一些景点而言，票务收入占很大比例，经济效益较高；而有些只进行象征性的收费，经济效益较低	主要可能是一些经典、传统技艺带来的周边产品或宣传演出，依托相关载体销售，有一定的经济效益	—
	社会效益	公益性文化功能的发挥，相关运营人员不可或缺，满足了区域内外的文化精神追求，有一定的社会效益	为推广区域内文化做出贡献，具有较好的社会效益	有利于文物、景点的维护，有一定的社会效益

续表

文化功能		日常运营	产品研发	场馆维护
经营性文化功能	人口效应	与公益性文化功能类似，与其相比，市场化程度更高，对人员的要求也较高，同样占比低	与公益性文化功能类似	与公益性文化功能类似
	经济效益	主要收入来源为票务收入，经济效益较高	经营性文化功能的收入主要是文化表演的收入及相关产品的销售，研发为收入提供持续发展的动力	—
	社会效益	为满足民众的精神需求提供方便，具有一定的社会效益	满足了民众多元化的精神需求，但有些产品可能与社会主流价值观相悖，总体而言，社会效益较高	与公益性文化功能类似

3. 娱乐功能

从国民经济行业分类看，娱乐功能主要由电影院、网吧、歌舞厅及其他娱乐场所等行业承担。就西城区来看，这四个行业从业人员不到 3 000 人，其中以歌舞娱乐场所从业人员最多，有 1 900 多人，其余行业从业人员较少。其引致的人口主要是相关配套产业从业人员，如场馆的装修、日常消耗品的配送和生产等人员，这些功能均可以放在区域外，由于行业本身规模就不大，其引致的人口也不会太多。

这些行业的一个特点是服务的对象比较多，一般来说，网吧、歌舞厅、电影院都是人员较为集中的场所，如一般中小规模的网吧都可以容纳几十个人。所以对待这部分功能，应更多地关注其带来的安全性问题。

▶ 专栏 6-11

城市娱乐功能畅想

从产品角度看，未来的文化产品将架起连接观众与设计者之间的桥梁，观众对产品的喜好可以实时传递给设计者，设计者能够更快地根据观众的喜好更改产品的设计，文化产品也将出现制造领域中"just in time"的生产方式，如观看舞台表演时，有相关的探测仪器通过捕捉观众的表情、记录激素浓度的变化，来分析观众的喜好，将其反馈给设计者后，设计者马上对接下来的演出做相应的调整。

从文化产品的整个体验流程看，未来对客流的控制将更好，安全性事故将以极小的概率发生，如通过合理设计场馆、制定相关制度、实时监控信息，使得观众进入场馆的过程安全有序，为防止观众出现意外，可以通过相关设备（如电子门票)为每位观众设计出最优疏散路径。此外，虚拟现实技术有可能使观众足不出户就获得身临其境的观看效果。

第四节　西城区非首都功能人口乘数比较

通过本章第三节对西城区非首都功能的重点分析，我们可以看出，每个功能或者功能的某个环节会带来不同的人口流量，具有不同的人口乘数效应。有的功能/子功能带来的人口瞬时流量非常大，人口乘数效应高，造成交通拥堵、环境资源紧张等。例如，教育、医疗等产业过度聚集引致了大量的外来人口和流动人口。西城区各功能人口乘数估计见图 6-6。

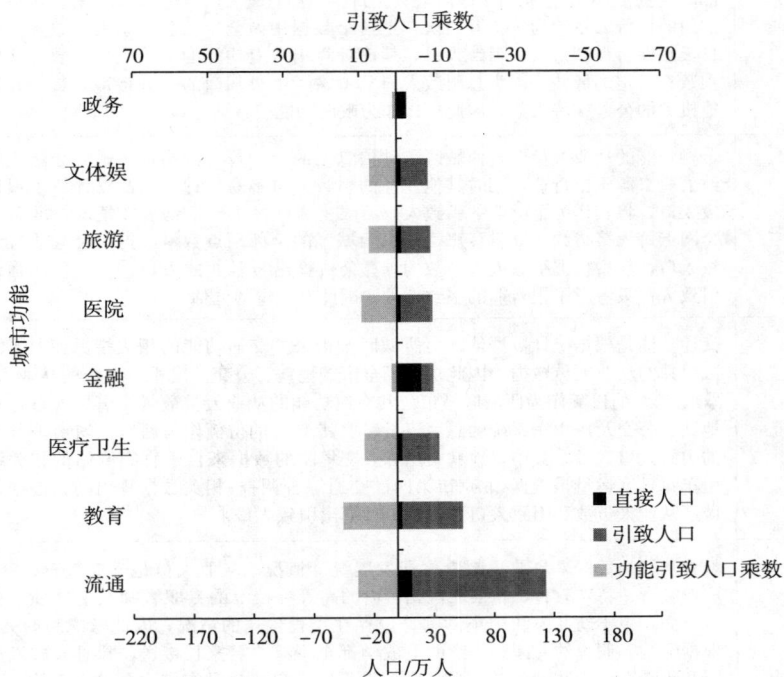

图 6-6　西城区各功能日均人口乘数估计①

① 根据《北京市统计年鉴》和西城区统计信息网以及其他官方统计数据，我们计算了每个功能的从业人员和直接引致人口，并得出了每天的人口乘数[(从业人员＋总引致人口)/从业人员]。由于数据方面我们只能估算出由从业人员引致的直接人口，无法获取为从业人员及其引致人口提供服务的其他相关隐性人口，因此这里估计的是各个功能每天的人口乘数的下限。同时，根据实际数据获取情况，若直接引致人口是全年总量，则除以工作日天数，可计算出每天的直接引致人口。

由于功能决定产业、产业决定人口，因此城市的功能定位与其相应的人口存在一定关联。城市功能会带来产业，产业从业人员将构成较为常态的人口；同时城市功能所提供的服务会吸引大量的瞬时流动人口（如接送在校/园生，到医院就诊或健康检查，以及公证办事等的流动人口），此时瞬时流动人口、从业人员之和即是该功能引致的总人口。由于数据限制，此处仅对西城区主要功能及与其相关的人口关系进行比较分析。图 6-6 中的功能引致人口乘数计算方法说明见表 6-13。

表 6-13　功能引致人口乘数计算方法说明

功能类别	计算方法和资料来源
政府功能	政府功能的从业人员数量取自西城区统计信息网的公共管理、社会保障和社会组织统计指标。全年总的引致人口是通过粗略计算得到的，根据统计信息显示，80 余个中央部门花费了 11.7 亿元用于政府公务接待，按照日均 1 000 元/人来计算，可以得出中央部门的招待人数约为 117 万人次，把这个数据用做全年的总引致人口数，再除以工作日天数即可得到每天的引致人口，从而计算出政府功能的引致人口乘数。这里的人口乘数有一定的低估，因为总引致人口只考虑了中央部门的公务接待人数，并未考虑其他机关的公务接待人数，因此可以作为政府功能引致的人口乘数的下限
金融功能	金融功能的从业人员取自西城区统计信息网的金融业统计指标。由于金融业的主要引致人口来源于银行业，同时其他业务的引致人口不易估计，因此仅计算了银行业的引致人口，将其作为金融业的引致人口下限。估算方法是根据现实情况，推算出银行每个网点每天接待约 400 名客户，乘以西城区的全部网点数量，得出金融业每天总的引致人口，然后根据引致人口乘数的计算公式算出金融业的人口乘数。再次强调，由于引致人口只考虑了银行业的引致部分，因此有一定的低估
交通功能	交通功能是根据统计数据估计出西城区城市公共交通功能的相关指标。由于没有西城区单独的从业人员数据，因此加总了全市的地铁、公交及出租车系统的从业人员数量，取其 10%的份额作为西城区城市公共交通功能的从业人员数量。引致人口计算了北京地铁、公交及出租车系统的总客流量，取其 10%的份额作为西城区城市公共交通功能的引致人口数量。其中，地铁集团和公交集团的数据来自于官方网站的相关统计，出租车每日客运量是根据《北京市第四次交通综合调查》相关数据算出的。根据估计的西城区从业人员数和引致人口数量即可计算出引致人口乘数
教育功能	教育功能的数据来自北京教育事业发展统计概况。从业人员是学前教育、基础教育、职业教育、特殊教育、在西城区辖区内的高等院校等的专职教师数量之和。总引致人口方面，由于幼儿园和中小学都普遍存在家长接送的情况，因此考虑瞬时人口流量。根据经验，假设幼儿园和小学的上放学都至少有一名家长接送，瞬时人口流量是幼儿园和小学在校生数的 2 倍，中学则假设瞬时人口流量是在校生数的 1.5 倍。因此，总引致人口是学前教育、基础教育、职业教育、特殊教育、在西城区辖区内的高等院校在校生数、幼儿园和中小学引起的瞬时人口流量之和。通过每天的总引致人口和从业人员数量，可以计算出教育功能的人口乘数。由于部分高等院校的数据没有获取，因此人口乘数有一定的低估

续表

功能类别	计算方法和资料来源
医疗卫生功能	医疗卫生功能的从业人员数来自于西城区卫生医疗统计资料汇编。在计算引致人口数量时，考虑到不管是门诊还是住院，通常都有病人家属陪护，因此我们假设门诊至少有一名家属陪同，住院至少有两名家属陪同，可以计算出总引致人口是门诊×2 人次＋住院×3 人次×住院天数之和。再把一年的总引致人口数平均到每个工作日，计算出每天的总引致人口数量，从而计算出医疗卫生功能的人口乘数效应。基于数据的全面性，还把西城区医院的数据单列出来，计算出医疗卫生（医院）的人口乘数效应，略高于总体情况
流通功能	流通功能的从业人员包括批发和零售、住宿和餐饮、邮政的从业人员数量，仓储的从业人员数量无法获得，考虑到西城区的仓储法人单位仅有 14 家，远小于其他 3 项，不会对结果造成很大的偏误，因此这里忽略掉仓储的从业人员数量。由于引致人口数量无法直接获得，通过其他渠道获得外地游客在西城区旅游消费的人均金额在 300 元左右，用西城区的社会消费品总零售额除以人均消费金额得到流通功能的全年总引致人口，再除以工作日天数，得出每天的引致人口，从而计算出流通功能的人口乘数。虽然这种计算方法有些粗糙，但不失为一种相对准确的考虑方式，可以提供一个比较直观的结果
旅游功能	旅游功能的从业人员和旅游人口数量在西城区统计信息网上有完整统计信息，通过计算即可得出旅游功能每天的人口乘数效应
文体娱乐功能	文体娱乐功能的从业人员和引致人口数量通过搜集统计信息里的各种文化和娱乐场所的数据资料得到。例如，从业人员数量包括公共图书馆、文化站、博物馆、档案馆、文化娱乐场所（歌舞娱乐场所/电子游艺厅/网吧/电影/营业性演出场所）等。引致人口方面，公共图书馆的人流量有直接统计信息，文化站的人口量根据文化站举办的展览个数和组织的文艺活动次数以及每场活动的人次进行大概估算，博物馆人流量考虑故宫游客人数和博物馆外宾参观人数，档案馆人流量包括利用档案人次和利用资料人次，电影院包括电影观众数量等，由于无法——对应地统计出所有场馆的人口流量，因此这里计算的总引致人口数量存在低估，可以作为文体娱乐功能所引致的人口乘数的下限

　　图 6-6 对西城区的教育、流通、医疗卫生、旅游、文化体育和娱乐业、金融、政务等多个功能引致的人口情况进行了对比。由于缺少西城区交通功能人口的详细数据，故利用全市数据进行估计，再根据经验，将西城区引致人口定为北京的 3 倍，得出交通功能的引致人口为 8.40。可以看出，在所有功能中，教育、流通的从业人员和瞬时流动人口都显著高于其他功能所带来的引致人口，教育功能引致的人口乘数高达 14.49，流通、医疗卫生、交通、旅游、文体娱乐的人口乘数也比较高，分别为 10.62，9.51（医院），8.40，7.42，7.29。这些功能引致了大量的人口流量，给交通、环境带来了巨大的压力，也是西城区"城市病"的根源所在。此外，我们还发现金融、政务功能引致的人口乘数并不高，分别为1.51 和 1.06，对资源环境压力较小。

　　依据人口乘数效应对各个功能依次排序，可以梳理出待疏解功能或子功能的轻重缓急。教育功能引致的人口乘数最高，这主要是由于学期教育和基础教育每天两次的接送，以及高校周边大量的流动人口。因此首先要考虑如何缓解这部分瞬时人流。可以通过统一的校车接送机制达到一定的缓解效果，高校则可以通过迁出部分年级等实现一定的缓解。人口乘数效应排第二名的则是流通功能，主要是其中的批发和零售环节引起的。参考此逻辑，我们可以分析出每个功能引致人口拥堵的子功能或者某项环节/业务，然后根据该功能的乘数因子以及现实的约束条件对功能疏解进行优先顺序排列，本章第五节将给出西城区非首都功能疏解的目录。

第五节 西城区非首都功能疏解目录

基于本章第三节和第四节对西城区非首都功能的逐个分析，同时参照第五章中的城市功能评价矩阵，本节从一个对象（非首都功能）、两个层面（不同功能类型和功能的不同流程）、三个维度（满足经济发展、满足生活需求、减缓负外部性）来对各个功能进行评价。

首先，金融业对西城区贡献巨大，规模远远领先于其他区县，贡献了西城区第三产业90％的税收。尽管该功能没有列入首都四大核心功能，但其自身已经发展成为西城区的支柱行业，不仅不应该对其迁移或淡化，反而应该强化其作为金融决策中心的定位（具体分析参见附录）。但是，金融交易环节实际上是可以疏解出去的，因为北京与上海、深圳相较，在金融交易方面相对薄弱，同时天津也因独特的地理位置有接棒京津冀地区金融交易中心的潜力。因此，本书建议强化金融决策环节，弱化金融交易环节。

其次是交通功能。西城区土地资源紧张，人流量车流量大，私人汽车数量飙升，同时多种其他城市功能（如医疗、教育）汇集在西城区导致交通需求量攀升，交通拥堵情况日益恶化。根据居民出行流程评价、出行计划，票务环节可以通过推广实时信息传递，通过施行京津冀一票通等方法得到优化。而交通枢纽和票务网点以及火车站都可以考虑精减和外迁来实现疏解人口，缓解环境压力。

教育功能一方面如本章第四节所说的可以实行校车制度减轻大量瞬时人口带来的交通堵塞和环境压力。同时还可以考虑把一部分学校迁到郊县等以达到疏解的目的，如可以把职业学校、特殊教育学校以及辅助性研发基地，校办企业等外迁。

通过分析，我们可以发现，每一项非首都功能都大体存在需要疏解的环节。我们通过城市功能矩阵对所有功能依次分析和评价，把子功能/环节区分为要保留的、要加强的，以及要疏解弱化的。通过对西城区产业发展存在的主要问题的讨论和评价，列出西城区非首都功能疏解目录，见表6-14。

表 6-14　西城区非首都功能疏解目录

功能疏解的重点环节		疏解方式
商贸功能	区域性交易市场	转移批发业态，调整升级零售业态
	仓储	外迁
金融功能	金融交易环节	外迁
行政功能	服务、辅助环节	外迁
交通功能	火车站(北京北站)	外迁
	交通枢纽和站点	精减
	票务服务网点	精减实体，推广电子化
	信息发布	加强实时发布，推广电子化
医疗功能	康复中心和疗养院	迁出
	专科疾病防治中心	迁出
	社区医院	提升完善
教育功能	职业教育	迁出
	特殊教育	迁出
	辅助性研发基地	迁出
	校办产业	迁出
	部分教学环节	迁出，建立分校
	校车管理	加强统一管理
生产功能	一般制造业或生产环节	禁止新增，外迁
	企业总部	精减，结构优化
娱乐功能	竞技性体育教学环节	外迁
	主题博物馆	整合，外迁
生态功能	生态修复	加强
	大气治理	抓紧推进区域联动
安保功能	防洪防涝	优化排水系统，维护排涝设施
	文保区防火	文保区防火设施建设
	巡逻与维稳	加强
	地下空间安全	加强部门联合执法
生活服务功能	通用电子化管理	加强供销社的信息化建设

➤ **专栏 6-12**

功能疏解、功能强化与"四个服务"的关系

西城区非首都功能疏解目录，是基于经济、社会、资源人口等多维度的城市功能评价矩阵，对西城区的各个功能进行全面分析和评价之后，总结出西城区需要疏解弱化的功能/环节清单，以及需要加强的功能/环节清单。这些功能疏解与功能强化的重点环节并不是非此即彼、矛盾对立的关系，而是相辅相成、共同服务于首都"四个服务"基本要求。

"四个服务"是指"为中央党、政、军领导机关的工作服务，为国家的国际交往服务，为科技和教育发展服务，为改善人民群众生活服务"，非首都功能疏解的目标就是落实好中央对北京的这四点要求，因此一切疏解和强化行为的最终落脚点和检验标准具体如下：是否做好了政治服务工作，是否为国家的国际交往提供高品质的服务，是否促进和弘扬了北京独一无二的传统文化特色，是否引领了全社会的科技创新浪潮，阻挠"四个服务"的各项功能和环节是否得到有效的处理或疏解，以及有助于提高"四个服务"品质的各种功能和环节是否得到有效加强。

为此，西城区在向北京周边"疏"出功能、技术、市场等资源的同时，更要注重加强符合"四个服务"定位的产业。例如，加强生态修复和推进区域联动的大气治理计划，有利于改善北京的空气质量，对改善人民群众的生活服务具有积极意义；优化交通功能、控制过境交通、优化站点设置、修整疏通道路，有利于为中央党政军领导机关提供优良的交通环境，提高行政效率；完善文化功能，促进文物、景点的维护和妥善运营，有利于弘扬我国文化，为国家的国际交往服务提供便利；加强巡逻与维稳以及地下空间安全，有利于提供一个更加安全的公共服务场所，也有利于改善人民群众的生活质量。

第六节 疏解效果分析

我们预计非首都功能疏解将会带来很明显的人口疏解效果。功能、子功能，或其下属产业的运行必然带来从业人口或接受产品、服务的人口，同时这些显性人口又会引致大量隐性人口，或者导致周边瞬时流动人口大量增加。当功能向外疏解后，功能下的产业及其配套产业的外迁将直接带动相关人口随产业向外迁移。因此，非首都功能的疏解不仅可以直接使得该功能的从业人口和消费人群疏解，而且会在人口的乘数效应的作用下，疏解辅助性从业人员和瞬时流动人口。例如，职业教育、研发性基地的疏解，一方面可以使得学生、教职人员迁出，另一方面可以使周边提供配套服务的企业、机构迁出，从而使相应的就业人员迁出；在医疗功能中，联合住院治疗模式、疗养院向京郊疏解也有相似作用，一方面使得医生和病患迁出核心区域，另一方面使得家属、陪护等人员迁出。

非首都功能疏解也将对地区经济发展起到促进作用。在非首都功能向外疏解的区域，功能疏解可以减少原有的资源利用，为核心功能的发展腾出资源和土地，从而促进区域内经济结构调整、升级，使西城区经济向首都"高精尖"的模式发展。例如，在生产过程的疏解过程中，原有企业遗留的土地、厂房将为土地稀缺的西城区提供新的可利用土地，为核心功能的发展提供空间。在非首都功能迁入的地区，也会为当地产业发展提供契机。在功能疏解以前，企业、机构、劳动力口的区位惯性使得产业在发展过程中不断向同一区域集聚，产业集聚形成的功能发展进一步提高了自身配套设施的完善，造成了产业的持续集聚。相应的优质劳动力、资源向功能区域流动使得周边地区同类功能的发展受到巨大限制。非首都功能的疏解恰恰可以人为地使得优质资源重新配置，在缓解自身压力的同时促进周边地区功能发展。再以医疗功能为例，医疗科研部门的迁出、养老院向京郊生态涵养区疏解，将会促进京津冀医疗协作。医疗科研人员和医务人员随之外迁，以及其携带的前沿诊疗技术、先进医疗设备将使得医疗功能欠发达地区有机会得到合作和扶持，从而提高医疗服务质量。

非首都功能疏解还将促进西城区环境改善。首先，功能疏解导致的人口疏解将有效减少区域内交通需求量，从而减少道路拥堵，减少汽车在拥堵过程中排放的尾气。许多功能都具有引致大量瞬时流动人口的特点。例如，教育功能中家长接送子女上下学；医疗功能中门诊挂号导致的就医高峰与出行高峰重叠；娱乐功能中大型文化活动导致的人口大量瞬时集聚等。因此，非首都功能疏解、机构分布优化将有利于减少瞬时人口，从而缓解环境高峰时段或节假日的交通压力。其次，带有环境污染性质的产业疏解，将直接改善区域内环境质量。一般制造业的疏解，如西城区内数量较多的书、报、刊印刷业疏解，将减少相关环境污染物的释放；电力、热力、燃气和水工业的限制和规范化，将促进地区环境质量的提高。最后，非首都功能疏解迁出后腾退的土地可以用于绿地建设或环境生态友好型产业发展，将促进地区环境改善和环境的持续性优化。

第七章 西城区产业分析与非宜产业目录

按照中央对京津冀协同发展的要求,各地区应立足于自身的比较优势,在现代产业分工中找准自身位置,重点发展具有相对优势和竞争力的产业。而这需要对各地区的优势产业与劣势产业进行有效识别。基于已有文献及我国城市发展现状,本章从本地贡献度、区域竞争力和资源环境压力三个维度构建了一套系统的产业协同分工评价体系,并利用战略象限图对西城区 15 个产业竞争力进行评价。在此基础上,总结归纳出西城区产业发展存在的主要问题及原因,并列出非宜产业目录。

第一节 产业协同分工思路

根据京津冀产业协同发展的要求,京津冀三地需要优势互补,分别加快产业转移与承接工作。其中对于具有较好基础的强势、优势产业,要集中力量进一步予以强化,并立足全国乃至世界,通过提升改造进一步增强其竞争力;对于不满足区域产业发展重点和要求的产业,可以通过区域协同在空间布局上进行优化,引导不适宜首都功能但具有较强竞争力的产业向周边区域转移扩散;对于不适宜京津冀区域功能定位、不满足能源环境要求的落后产业,要加大产能淘汰力度。

根据相关产业竞争力文献和我国城市发展现状,我们概括出城市产业竞争力的关键在于三个维度:首先,产业的存在是满足城市经济发展、产品生产与服务供给的需求,其经济性是其存在的基本要素,因此需要考虑产业对城市经济发展的贡献;其次,产业的存在还需要满足人们生活的需要,如产业可以满足劳动力就业,还可以使得人们通过就业来获得收入并消费,因此需要考察产业对城市社会服务功能的贡献;最后,产业生产活动往往会产生负的外部性,其生产过程会消耗大量资源能源,并排放出对人体健康和环境有害的污染物,因此产业对城市资源环境的压力必须要予以考虑。因此,我们将这三个维度作为城市产业竞争力的基础框架和一级指标,通过设定相应的二级指标和综合加权计算来获得京津冀地区每个城市每个产业的综合指数。产业竞争力与三个维度之间的关系如图 7-1 所示。

按照前述论述和比较,可以将京津冀不同城市不同产业进行细致比较和分区:对某个城市而言,不同的产业部门对城市自身发展具有不同的贡献,因此该

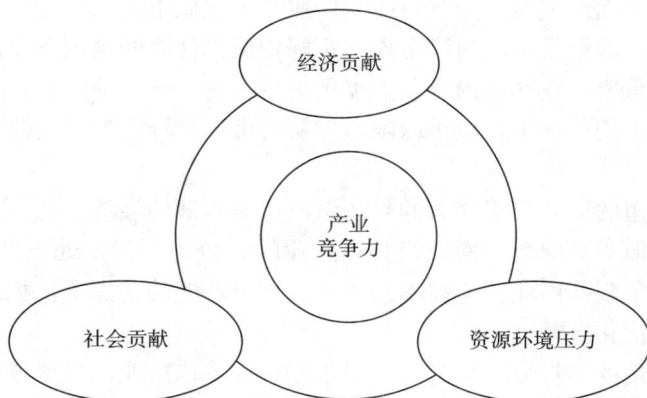

图 7-1 产业评价的三重维度

维度代表着该产业在本地的重要性；而对于某个产业而言，其发展水平与实力在京津冀区域范围内也有强弱之分，代表着该城市该产业在区域层面的竞争力和重要性。如果将所有城市、所有部门的本地贡献度和区域竞争力指数进行两两组合，可以得到如图 7-2 所示的战略象限，该战略象限将城市产业划分为四个象限区域。

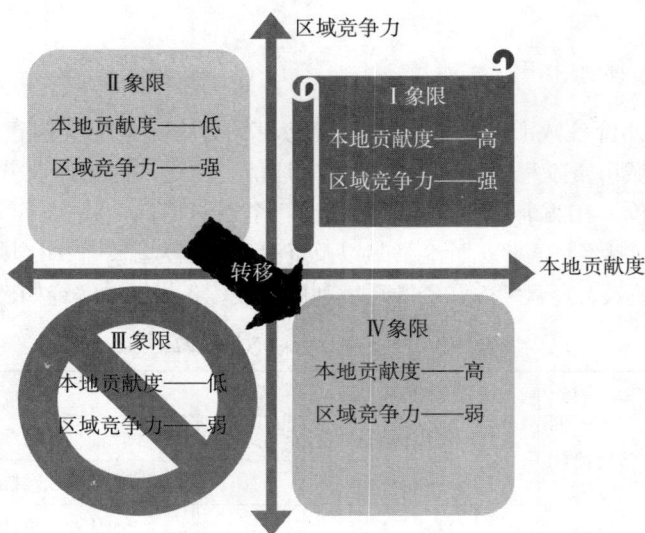

图 7-2 京津冀产业协同分工示意图

位于右上角的第 Ⅰ 象限代表该产业部门在城市内和区域内都是重要且富有竞争力的，对于这样的产业，在符合城市功能定位的前提下，应予以进一步扶持和做大、做强，从而形成城市的"名片式"产业，强化城市的功能定位。

位于左下角的第Ⅲ象限与第Ⅰ象限正好相反，代表的是该产业部门在城市内贡献很低且不重要，在区域内竞争力也很落后，对于这样的产业，在不违背城市功能和基本需求的前提下，应予以限制，从而可以将资源配置到效率更高的行业中去。

位于左上角的第Ⅱ象限代表的是，该产业对本地的经济、社会贡献较小或资源压力较大；但对京津冀层面而言，该产业的竞争力较强，处于区域领先位置，因此对处于该象限的产业，应在不违背本地城市功能的前提下，积极将其转移出去，实现空间优化。

位于右下角的第Ⅳ象限与第Ⅱ象限正好相反，该产业在当地重要性较高，可能是其支柱型产业，但在京津冀层面上，其竞争力较弱，因此对于这样的城市和产业，应该积极从竞争力更强的区域予以引进，从而强化该产业在地区中的角色和贡献。从产业功能互补的角度而言，第Ⅱ象限中竞争力较强而在当地不太重要的产业，都可以成为第Ⅳ象限引入的对象和目标。

第二节　产业协同分工评价体系与方法

一、指标体系构建

为了定量评价各城市各产业的综合情况，需要从两个维度构建指标体系。一是从该产业对城市贡献程度和重要性角度来评价，二是从区域产业分工与核心竞争力角度展开评价。在两个一级指标下面分设3个二级指标，其中，产业的本地贡献度的二级指标包括经济贡献、社会贡献以及资源环境压力。产业的区域竞争力的二级指标包括经济绩效、经营绩效和资源环境利用绩效。各指标的解释如表7-1所示。

表 7-1　产业竞争力核心指标解释

一级指标	二级指标	三级指标	单位	指标解释
产业的本地贡献度	经济贡献 C1	C1a 产出贡献率	%	产业增加值/城市增加值
		C1b 税收贡献率	%	产业税收/城市税收总额
	社会贡献 C2	C2a 就业贡献率	%	产业从业人员/城市从业人员
		C2b 收入贡献率	万元/人	产业从业人员工资与福利/从业人员数
	环境影响 C3	C3a 资源消耗贡献率	%	产业能源消费量/城市能源消费量
		C3b 污染贡献率	%	产业碳排放量/城市碳排放量

续表

一级指标	二级指标	三级指标	单位	指标解释
产业的区域竞争力	经济绩效 I1	I1a 劳均生产率	万元/人	产业增加值/从业人员数量
		I1b 劳均税收	万元/人	应交税/从业人员数量
	经营绩效 I2	I2a 资本金利润率	%	利润总额/资本
		I2b 营业利润率	%	营业利润/营业收入
	资源环境利用绩效 I3	I3a 单位能源增加值	万元/吨标准煤	产业增加值/产业能源消费总量
		I3b 单位碳排放增加值	万元/吨二氧化碳	产业增加值/产业碳排放量

其中，经济绩效主要考察每个产业的经济表现和效率，包括了两个指标，即产业单位从业人员的增加值（劳均生产率）、产业单位从业人员的税收（劳均税收）；社会贡献主要考察产业对城市社会的贡献，包括就业贡献和收入贡献两个指标，即产业从业人员占该城市就业人口比重、产业从业人员平均劳动收入；资源环境利用绩效主要考察产业对资源消耗的程度以及对环境污染的损害，包括产业单位增加值的能源消费、产业单位增加值的碳排放两个指标。

二、数据与变量处理

样本和数据基准年：根据可获得的数据和精度，我们采用全国第二次经济普查数据为计算依据，主要资料来源分别是《北京经济普查年鉴（2008）》、《天津经济普查年鉴（2008）》和《河北经济普查年鉴（2008）》，个别指标来源于《河北经济年鉴（2009）》和《天津统计年鉴（2009）》。

设定 2008 年为基准年，选择京津冀地区全部 40 个地级市（市辖区）进行分析。由于北京崇文区、宣武区在 2010 年行政区划调整中分别并入东城区和西城区，为便于理解，将原始数据中崇文区和东城区合并为新东城区，将宣武区和西城区合并为新西城区。这一调整使得最终分析的城市为 38 个，其具体分布如表 7-2 所示。

表 7-2　京津冀城市界定　　　　　　　　单位：个

省、直辖市	地级市（市辖区）	数量
北京	东城区（2010 年与崇文区合并）、西城区（2010 年与宣武区合并）、朝阳区、海淀区、丰台区、石景山区、房山区、通州区、顺义区、昌平区、大兴区、怀柔区、平谷区、门头沟区	14

续表

省、直辖市	地级市（市辖区）	数量
天津	和平区、河东区、河西区、南开区、河北区、红桥区、东丽区、西青区、津南区、北辰区、武清区、宝坻区、滨海新区	13
河北	石家庄市、唐山市、秦皇岛市、邯郸市、邢台市、保定市、张家口市、承德市、沧州市、廊坊市、衡水市	11

产业的选择主要依据数据可得性，目前选择了工业、建筑业，以及第三产业的 14 个行业，包括：①交通运输、仓储和邮政业；②信息传输、计算机服务和软件业；③批发和零售业；④住宿和餐饮业；⑤金融业；⑥房地产业[1]；⑦租赁和商务服务业；⑧科学研究、技术服务和地质勘察业；⑨水利、环境和公共设施管理业；⑩居民服务和其他服务业；⑪教育业；⑫卫生、社会保障和社会福利业；⑬文化、体育和娱乐业；⑭公共管理和社会组织。

在表 7-2 设定指标中，各行业从业人员数量、应交所得税、应交增值税、城市从业人员总数、职工工资与福利指标均可从相应统计年鉴中直接获取，而对于产业增加值、产业能源消费总量、一次能源消费量相关的产业碳排放量则需要进一步估计。

服务业产业增加值主要依据收入法计算现价增加值，其方法为

$$增加值＝劳动者报酬＋生产税净额＋固定资产折旧＋营业盈余 \qquad (7\text{-}1)$$

京津冀三地经济普查年鉴中公布了分行业的能源消费量，为了获得各城市分行业能源消费量，根据该行业内各城市增加值所占比重进行数据分析，从而得到各城市分行业能源消费数据，并由此估计出各城市分行业的一次能源所致的碳排放量，即

$$CO_2 = \sum_i fuel_i \times coef_i \qquad (7\text{-}2)$$

能源品 $fuel_i$ 主要包括电力、汽油、柴油、天然气、液化石油气、煤炭、热力。在估计碳排放时，化石能源消耗所致的碳排放计算主要参照排放因子 $coef_i$，其参数主要参考 IPCC（Intergovernment Panel on Climate Change，即政府间气候变化专门委员会）排放参数以及国家统计局公布的能源品平均发热量，最后设定的二氧化碳排放系数如下：原煤是 1.98 千克二氧化碳/千克，汽油是 2.988 千克二氧化碳/千克，柴油是 3.163 千克二氧化碳/千克，天然气是 2.187 千克二氧化碳/立方米，液化石油气是 3.169 千克二氧化碳/千克。

---

① 由于房地产业数据缺失，本章第三节未进行西城区房地产业分析。

对于二次能源，如电力和热力，尽管在其使用中没有排放二氧化碳，但是其生产过程却排放了二氧化碳，因此对间接排放也要一并考虑。热力供应的二氧化碳排放因子尚无官方公布的数据，在此参照《中国民用航空企业温室气体排放核算方法与报告指南》(试行)、《中国钢铁生产企业温室气体排放核算方法与报告指南》(试行)，暂按 0.11 吨二氧化碳/吉焦计算。电力也是产业重要能源之一，根据国家发改委气候司《2011 中国区域电网基准线排放因子》，京津冀所在的华北电网在 2007～2009 年加权平均排放因子为 0.980 3 吨二氧化碳/兆瓦时。

三、指标权重与赋值

为了将多个指标综合起来，需要设定每个指标在整个评价体系中的权重。根据相关的研究文献，同时结合专家对不同指标重要性的评价，权重设置如下：每个一级指标权重为 1/2，即产业对城市贡献度、产业区域竞争力两个维度同等重要；对于二级指标，考虑到国家对资源环境的严格要求，将经济贡献、社会贡献、资源环境压力的权重分别设置为 3/12、4/12 和 5/12；每个三级指标权重各为 1/2。

由于每个指标的单位和取值大小有差异，因此需要将不同指标进行标准化处理才能形成无量纲、可加总的综合指标，此时该指标可用于同一行业的不同城市间比较，也可用于同一城市的不同行业比较。此处采用 0～1 离差标准化，即对原始数据进行线性变换，具体的转换函数为

$$x^* = 100 \times \frac{x - \min}{\max - \min} \tag{7-3}$$

其中，x 为原始数据；$\max$ 和 $\min$ 分别为最大值和最小值。转换后的 x^* 取值位于 [0，100]。对每个指标再根据确定的权重进行加权求和，从而即可得到每个城市各产业的竞争力指数分值。

第三节 西城区产业评价

1. 西城区工业分析

根据上述计算，分别可以计算出西城区工业对于西城区的贡献度指数 C、在京津冀地区的竞争力指数 I，天津由于数据不完整，没有参与比较，最终有 25 个城市参与了比较，其二维分布见图 7-3。

从图 7-3 中可以看出，西城区的工业对于本地贡献度指数为 0.46，在参与比较的 25 个城市中排序为第 6 名；从京津冀行业竞争力来看，西城区工业竞争力得分为 0.7，在所有参与比较的京津冀城市中排第 1 名，属于最领先水平。从

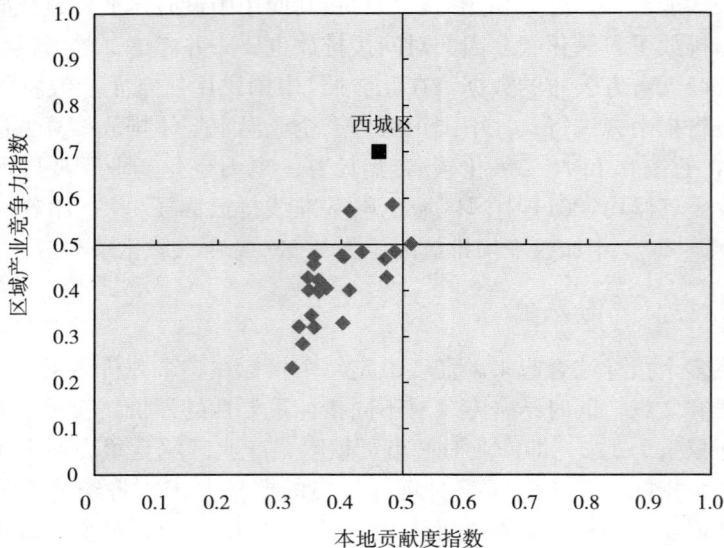

图 7-3　2008 年西城区工业本地贡献度及区域竞争力指数

图 7-3 中的分布位置可以判断，西城区的工业位于第Ⅱ象限，表明其对本地贡献度一般，而区域竞争力很强。

西城区工业发达，在整个区域内属于“优质资产”，但由于自身在西城区的重要性并非核心产业，而且工业发展与北京首都核心功能定位、西城区功能定位等不一致，因此建议将西城区工业进行区域转移，这有利于其他相关对口地区的产业获得快速发展。对于不具生产性的总部经济可以适当予以保留和发展。

2. 西城区建筑业分析

根据上述计算，分别可以计算出西城区建筑业对于西城区的贡献度指数 C、在京津冀地区的竞争力指数 I，天津由于数据不完整，没有参与比较，最终有 25 个城市参与了比较，其二维分布见图 7-4。

从图 7-4 可以看出，西城区的建筑业对于本地贡献度指数为 0.5，在参与比较的 25 个城市中排序为第 12 位；从京津冀行业竞争力来看，西城区建筑业竞争力得分为 0.41，在所有参与比较的京津冀城市中排第 10 名，同样居于中游水平。从图 7-4 中分布位置可以判断，西城区的建筑业位于第Ⅲ、Ⅳ象限，表明其对本地贡献度一般，而区域竞争力较弱。

根据此前的推断，如果落在第Ⅲ象限，意味着禁止或者限制行业。西城区的建筑业对本地贡献不高，而产业竞争力在区域范围内低于平均水平，因此建议进行产业限制，对已有产业加大其转移力度，从而保障西城区核心功能的实现。

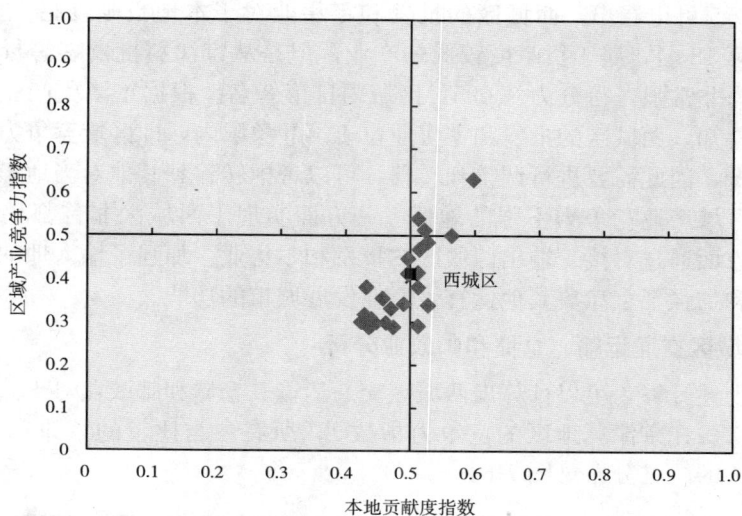

图 7-4　2008 年西城区建筑业本地贡献度及区域竞争力指数

3. 西城区批发和零售业分析

根据上述计算，可以分别计算出西城区批发和零售业对于西城区的贡献度指数 C、在京津冀地区的竞争力指数 I，天津由于数据不完整，没有参与比较，最终参与比较的城市为 25 个，其取值分布见图 7-5。

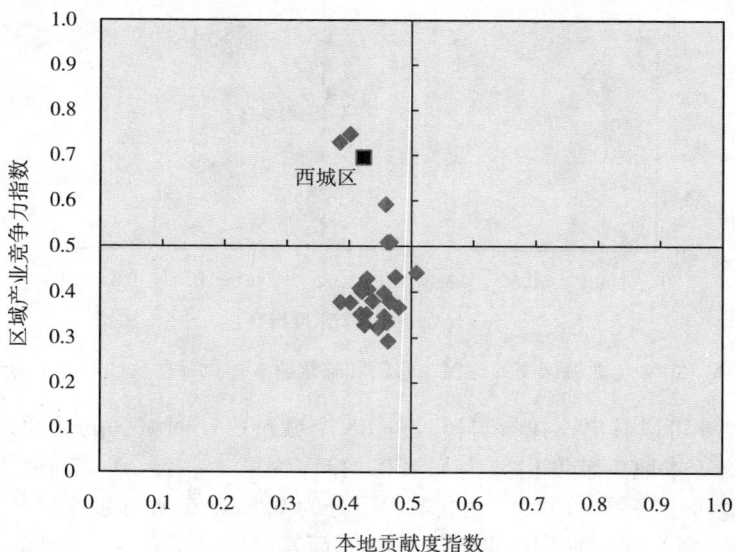

图 7-5　2008 年西城区批发和零售业本地贡献度及区域竞争力指数

从图 7-5 可以看出，西城区的批发和零售业对于本地贡献度指数为 0.423，其排序为第 18 名，属于贡献度较低的产业，但是从京津冀批发零售行业竞争力来看，实力非常强，得分为 0.695，区域内排第 3 名。根据京津冀产业协同分工关系可以得知，西城区的批发和零售业位于第 Ⅱ 象限内，即区域竞争力强，但本地贡献度低，因此需要进行调整和转移，可以考虑转移到其他对当地影响和贡献较大但是区域产业竞争力不强的地区。一方面实现了西城区非首都核心功能转移，另一方面通过对接、输出西城区的批发和零售业，加强了输入地的产业竞争力，支持和加强了京津冀其他适宜该产业发展城市的功能。

4. 西城区交通运输、仓储和邮政业分析

根据上述计算，可以计算出西城区交通运输、仓储和邮政业对于西城区的贡献度指数 C、在京津冀地区的竞争力指数 I，所有参与比较的京津冀城市共 38 个，其最终的二维分布见图 7-6。

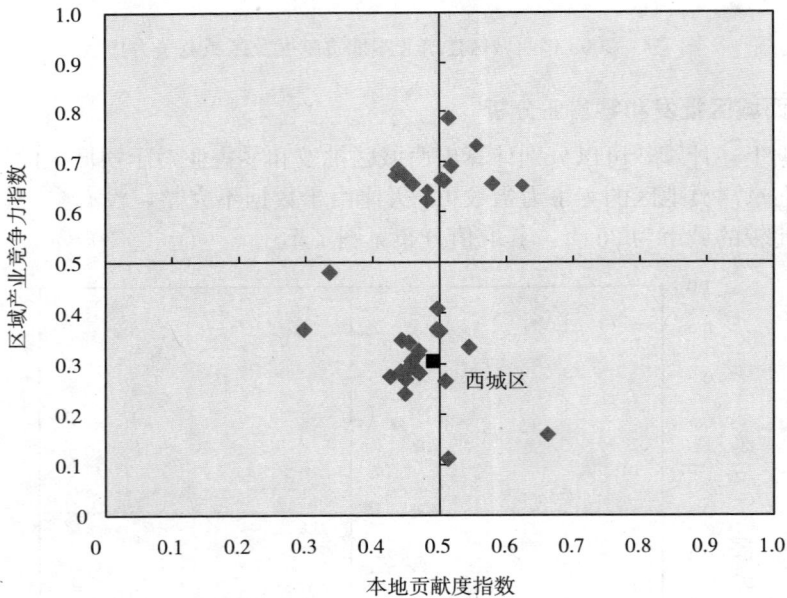

图 7-6　2008 年西城区交通运输、仓储和邮政业本地贡献度及区域竞争力指数

从图 7-6 可以看出，在参与比较的 38 个城市中，西城区的交通运输、仓储和邮政业对于本地贡献度指数为 0.489，排序为第 15 名，其贡献度中等；从京津冀行业竞争力来看，西城区的竞争力得分为 0.31，在所有参与比较的 38 个城市中排第 25 名，居于平均水平以下。整体而言，西城区的交通运输、仓储和邮政业位于第 Ⅲ 象限，即本地贡献度不高、区域竞争力较低。

由于西城区交通运输、仓储和邮政业并非核心产业，且其竞争力不强，考虑到西城区自身功能定位，以及交通运输、仓储和邮政业自身的交通拥堵、环境污染等问题，可以考虑将其产业进行限制和转移。

5. 西城区金融业分析

基于同样方法，计算出西城区金融业对于西城区的贡献度指数 C、在京津冀地区的竞争力指数 I，天津由于数据不完整，没有参与比较，最终有 25 个城市参与了比较，其二维分布见图 7-7。

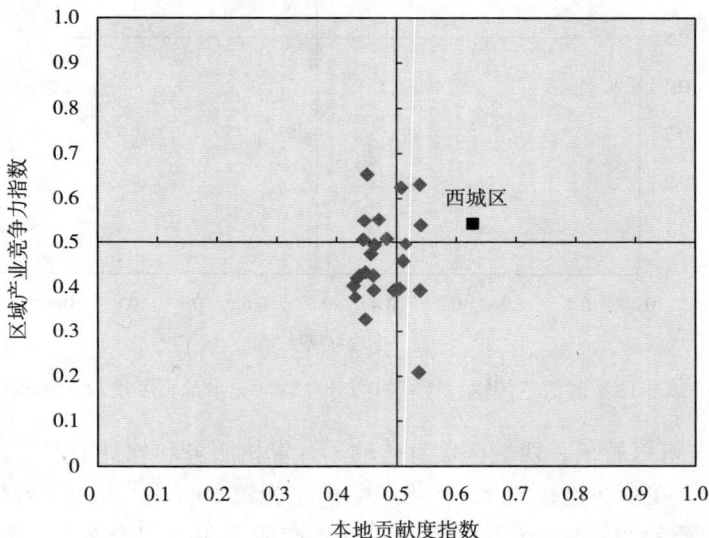

图 7-7　2008 年西城区金融业本地贡献度及区域竞争力指数

从图 7-7 可以看出，西城区金融业对于本地贡献度指数为 0.63，在参与比较的 25 个城市中排序为第 1 位；从京津冀行业竞争力来看，西城区金融业竞争力得分为 0.54，在所有参与比较的京津冀城市中排第 6 名，居于领先水平。从图 7-7中的分布位置可以判断，西城区的金融业位于第 I 象限，表明其对本地十分重要，而且其区域竞争力很强。

根据此前的推断，如果落在第 I 象限，意味着对该产业应予以更多支持和强化。西城区的金融业不仅对本地贡献很高，而且已经成为北京的城市"名片"，对北京首都核心功能的发挥起正向促进作用。"金融街"的发展和完善更是被纳入《北京市主体功能区规划》，因此对于西城区的金融功能和相关产业，建议给予更多支持，使其成为核心产业，带动和促进京津冀其他相关产业的发展。

6. 西城区信息传输、计算机服务和软件业分析

基于同样方法，计算出西城区信息传输、计算机服务和软件业对于西城区的贡献度指数 C、在京津冀地区的竞争力指数 I，天津由于数据不完整，没有参与

比较，最终有 25 个城市参与了比较，其二维分布见图 7-8。

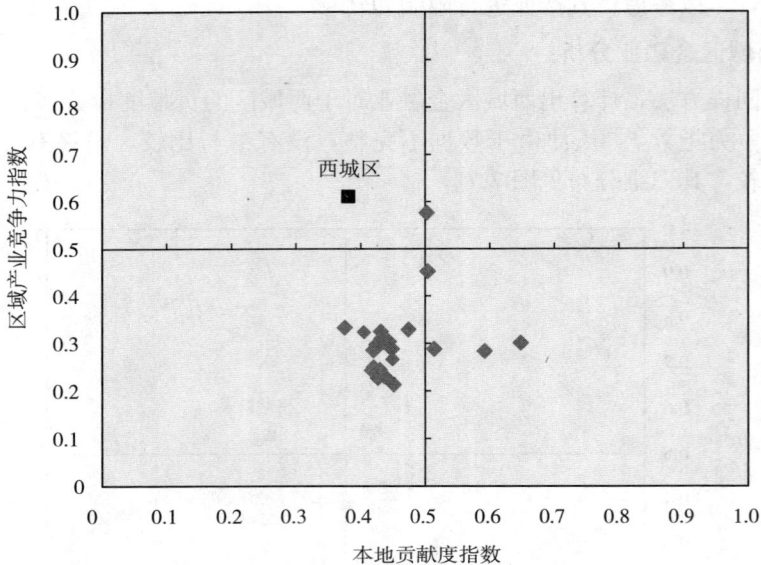

图 7-8　2008 年西城区信息传输、计算机服务和软件业本地贡献度及区域竞争力指数

从图 7-8 可以看出，西城区信息传输、计算机服务和软件业对于本地贡献度指数为 0.38，在参与比较的 25 个城市中排序为第 24 位；从京津冀行业竞争力来看，西城区信息传输、计算机服务和软件产业竞争力得分为 0.61，在所有参与比较的京津冀城市中排第 1 名，居于领先水平。从图 7-8 中的分布位置可以判断，西城区的信息传输、计算机服务和软件业位于第 II 象限，表明其对本地贡献度不高，但区域竞争力很强。

同样的，对于处于第 II 象限的产业，由于其对本地贡献较低而在区域内竞争力很强，因此应转移到那些对当地贡献更大、区域竞争力不足的地区，从而实现功能互补，并带动其他区域的产业协同发展。基于此，建议西城区对于信息传输、计算机服务和软件业同样采取功能弱化、区域转移的策略。

7. 西城区住宿和餐饮业分析

西城区住宿和餐饮业对于西城区的贡献度指数 C、在京津冀地区的竞争力指数 I 分布如图 7-9 所示。由于天津数据不完整，没有参与比较，最终有 25 个城市参与了比较。

从图 7-9 可以看出，西城区住宿和餐饮业对于本地贡献指数为 0.61，在参与比较的 25 个城市中排序为第 4 位；从京津冀行业竞争力来看，西城区住宿和餐饮业竞争力得分为 0.52，在所有参与比较的京津冀城市中排第 5 名，居于较高

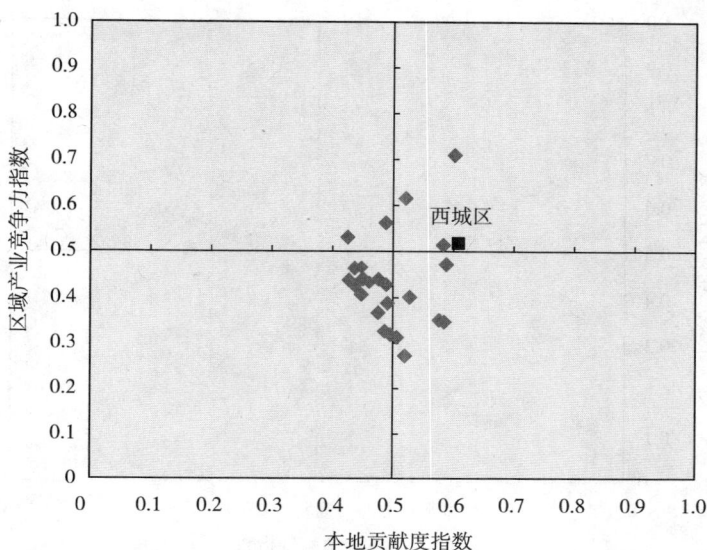

图 7-9 2008 年西城区住宿和餐饮业本地贡献度及区域竞争力指数

水平。从图 7-9 中的分布位置可以判断，西城区的住宿和餐饮业位于第 I 象限，表明其对本地贡献度较高，区域竞争力也较强。

按照此前的逻辑和定义，西城区的住宿和餐饮业不仅对本地影响和贡献较大，同时在区域内也处于较为领先地位。考虑到北京的"政治中心""国际交往中心"功能，西城区发展住宿和餐饮业也可以更好地服务于中央党政军群领导机关，并满足国际外事活动等需求，因此从这一角度出发，可以适当鼓励和扶持高水平的住宿和餐饮业发展，但对本行业的低水平企业应予以逐步淘汰。

8. 西城区租赁和商务服务业分析

西城区租赁和商务服务业对于西城区的贡献度指数 C、在京津冀地区的竞争力指数 I 分布如图 7-10 所示。由于天津数据不完整，没有参与比较，最终有 25 个城市参与了比较。

从图 7-10 可以看出，西城区租赁和商务服务业对于本地贡献度指数为 0.71，在参与比较的 25 个城市中排序为第 2 位；从京津冀行业竞争力来看，西城区租赁和商务服务业竞争力得分为 0.5，在所有参与比较的京津冀城市中排第 2 名，居于较高水平。从图 7-10 中的分布位置可以判断，西城区的租赁和商务服务业位于第 I、IV 象限之间，表明其对本地贡献度较高，而其区域竞争力也较强。

西城区的租赁和商务服务业对本地影响和贡献较大，是西城区较为重要的产业之一，同时在京津冀区域范围内也具有一定竞争力。因此从这一角度出发，建议适度发展租赁和商务服务业。

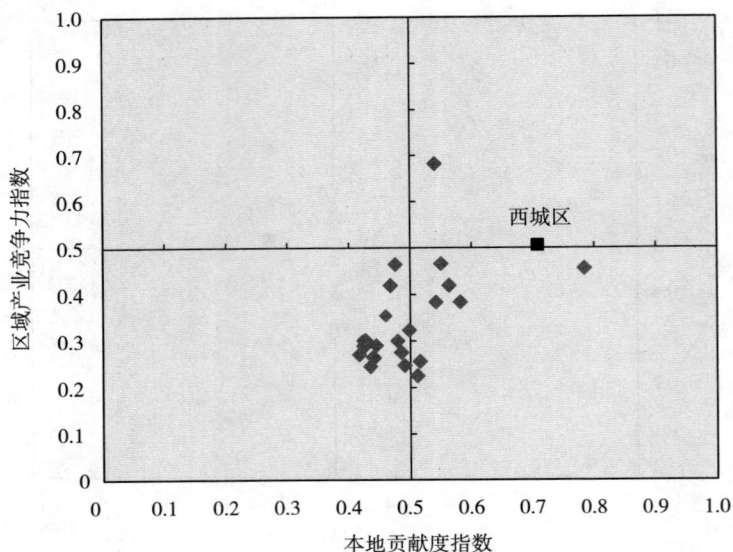

图 7-10 2008 年西城区租赁和商务服务业本地贡献度及区域竞争力指数

9. 西城区科学研究、技术服务和地质勘察业分析

西城区科学研究、技术服务和地质勘察业对于西城区的贡献度指数 C、在京津冀地区的竞争力指数 I 分布如图 7-11 所示。由于天津数据不完整，没有参与比较，最终有 25 个城市参与了比较。

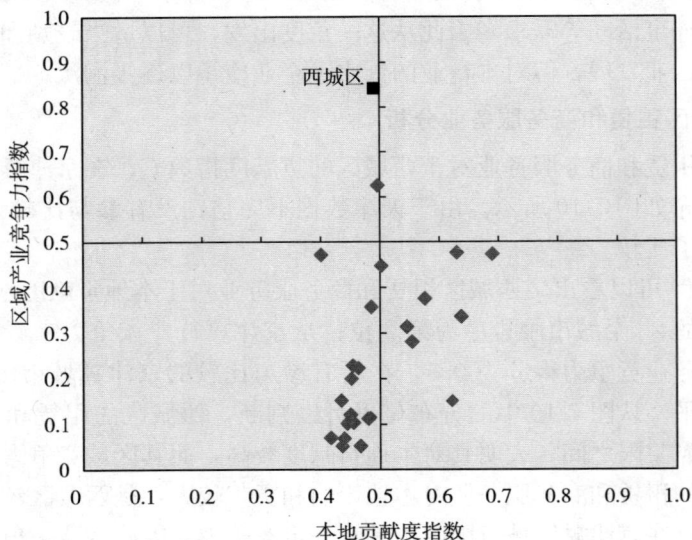

图 7-11 2008 年西城区科学研究、技术服务和地质勘察业本地贡献度及区域竞争力指数

从图 7-11 可以看出，西城区科学研究、技术服务和地质勘察业对于本地贡献度指数为 0.49，在参与比较的 25 个城市中排序为第 10 位；从京津冀行业竞争力来看，西城区科学研究、技术服务和地质勘察业竞争力得分为 0.84，在所有参与比较的京津冀城市中排第 1 名，居于较高水平。从图 7-11 中的分布位置可以判断，西城区的科学研究、技术服务和地质勘察业位于第 II 象限，表明其对本地贡献度一般，而其区域竞争力很强。

西城区的科学研究、技术服务和地质勘察业并不是其较为重要的产业，但在京津冀区域范围内却具有极强的竞争力。因此从这一角度出发，建议适度发展科学研究、技术服务和地质勘察业。

10. 西城区水利、环境和公共设施管理业分析

西城区水利、环境和公共设施管理业对于西城区的贡献度指数 C、在京津冀地区的竞争力指数 I 分布如图 7-12 所示。由于天津数据不完整，没有参与比较，最终有 25 个城市参与了比较。

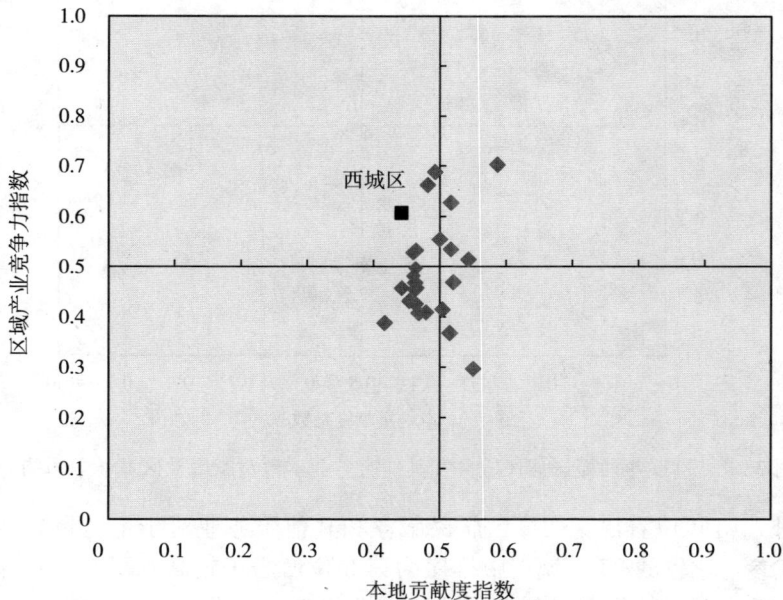

图 7-12 2008 年西城区水利、环境和公共设施管理业本地贡献度及区域竞争力指数

从图 7-12 可以看出，西城区水利、环境和公共设施管理业对于本地贡献度指数为 0.44，在参与比较的 25 个城市中排序为第 24 位；从京津冀行业竞争力来看，西城区水利、环境和公共设施管理业竞争力得分为 0.61，在所有参与比较的京津冀城市中排第 5 名，居于较高水平。从图 7-12 中的分布位置可以判断，西城区的水利、环境和公共设施管理业位于第 II 象限，表明其对本地贡献度相对

较低，而其区域竞争力相对较强。

西城区的水利、环境和公共设施管理业并不是其较为重要的产业，但在京津冀区域范围内却具有较强的竞争力。因此应转移到那些对当地贡献更大，而区域竞争力不足的地区，从而实现功能互补，并带动其他区域的产业协同发展。基于此，建议西城区对于水利、环境和公共设施管理业采取功能弱化、区域转移策略。

11. 西城区居民服务和其他服务业分析

西城区居民服务和其他服务业对于西城区的贡献度指数 C、在京津冀地区的竞争力指数 I 分布如图 7-13 所示。由于天津数据不完整，没有参与比较，最终有 25 个城市参与了比较。

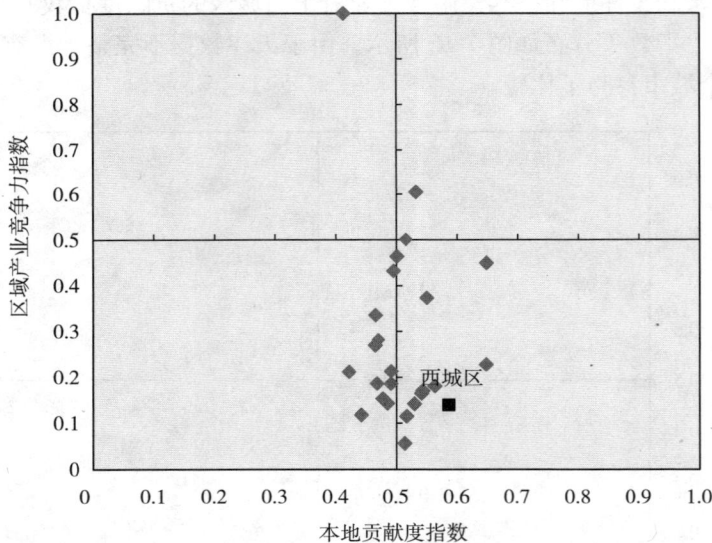

图 7-13　2008 年西城区居民服务和其他服务业本地贡献度及区域竞争力指数

从图 7-13 可以看出，西城区居民服务和其他服务业对于本地贡献度指数为 0.59，在参与比较的 25 个城市中排序为第 3 位，居于较高水平；从京津冀行业竞争力来看，西城区居民服务和其他服务业竞争力得分为 0.14，在所有参与比较的京津冀城市中排第 22 名，竞争力很弱。从图 7-13 中的分布位置可以判断，西城区的居民服务和其他服务业位于第 IV 象限，表明其对本地贡献度相对较高，但其区域竞争力较低。

西城区的居民服务和其他服务业是其较为重要的产业，但在京津冀区域范围内却缺乏竞争力。因此，应更多地吸引有利于居民服务和其他服务业发展的资源，开展生活服务业优化升级，发展集约化和品牌化的社区生活服务业。

12. 西城区教育业分析

西城区教育业对于西城区的贡献度指数 C、在京津冀地区的竞争力指数 I 分布如图 7-14 所示。由于天津数据不完整，没有参与比较，最终有 25 个城市参与了比较。

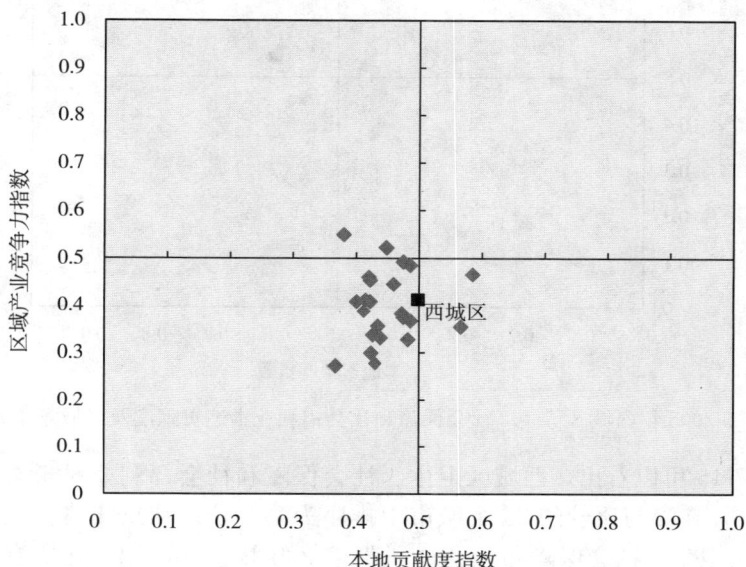

图 7-14　2008 年西城区教育业本地贡献度及区域竞争力指数

从图 7-14 可以看出，西城区教育业对于本地贡献度指数为 0.5，在参与比较的 25 个城市中排序为第 3 位；从京津冀行业竞争力来看，西城区教育业竞争力得分为 0.41，在所有参与比较的京津冀城市中排第 10 名，居于较高水平。从图 7-14 中的分布位置可以判断，西城区的教育业位于第Ⅲ、Ⅳ象限之间，表明其对本地贡献度一般，而区域竞争力较弱。

根据此前的推断，如果落在第Ⅲ象限，意味着禁止或者限制该行业，可对西城区新增高等教育办学规模，以及新设普通高等学校、中等职业学校、非学历教育机构的扩建采取禁止性措施。西城区的教育业对本地贡献不高，而产业竞争力在区域范围内低于平均水平，因此建议进行产业限制，对已有产业加大其转移力度，从而保障西城区核心功能的实现。

13. 西城区卫生、社会保障和社会福利业分析

西城区卫生、社会保障和社会福利业对于西城区的贡献度指数 C、在京津冀地区的竞争力指数 I 分布如图 7-15 所示。由于天津数据不完整，没有参与比较，最终有 25 个城市参与了比较。

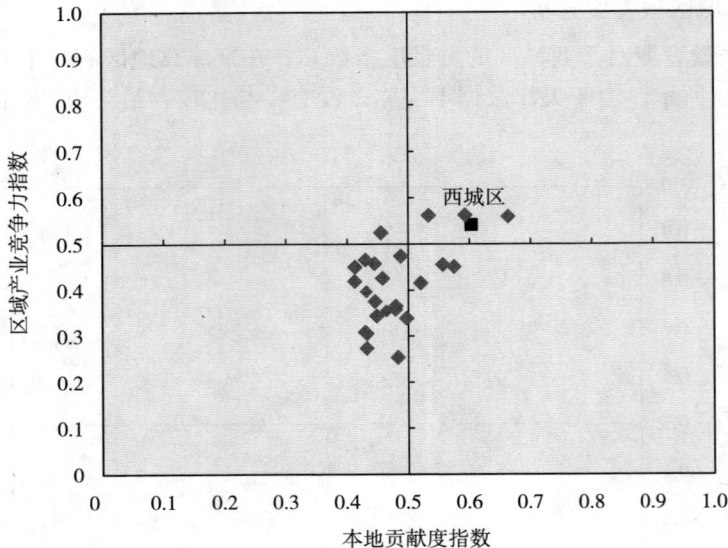

图 7-15　2008 年西城区卫生、社会保障和社会福利业本地贡献度及区域竞争力指数

从图 7-15 可以看出，西城区卫生、社会保障和社会福利业对于本地贡献度指数为 0.6，在参与比较的 25 个城市中排序为第 2 位；从京津冀行业竞争力来看，西城区卫生、社会保障和社会福利业竞争力得分为 0.54，在所有参与比较的京津冀城市中排第 2 名，居于较高水平。从图 7-15 中的分布位置可以判断，西城区的卫生、社会保障和社会福利业位于第 I 象限，表明其对本地贡献度较高，其区域竞争力也较强。

西城区的卫生、社会保障和社会福利业对本地影响和贡献较大，是西城区的较为重要的产业之一，同时在京津冀区域范围内也属于具有一定竞争力的。根据此前的推断，如果落在第 I 象限，意味着对该产业应予以更多支持和强化。建议给予更多支持，大力发展该产业，从而带动和促进京津冀其他相关产业的发展。

14. 西城区文化、体育和娱乐业分析

西城区文化、体育和娱乐业对于西城区的贡献度指数 C、在京津冀地区的竞争力指数 I 分布如图 7-16 所示。由于天津数据不完整，没有参与比较，最终有 25 个城市参与了比较。

从图 7-16 可以看出，西城区文化、体育和娱乐业对本地贡献度指数为 0.64，在参与比较的 25 个城市中排序为第 1 位；从京津冀行业竞争力来看，西城区文化、体育和娱乐业竞争力得分为 0.62，在所有参与比较的京津冀城市中排第 3 名，居于较高水平。从图 7-16 中的分布位置可以判断，西城区的文化、体育和娱乐业位于第 I 象限，表明其对本地贡献度高，区域竞争力强。

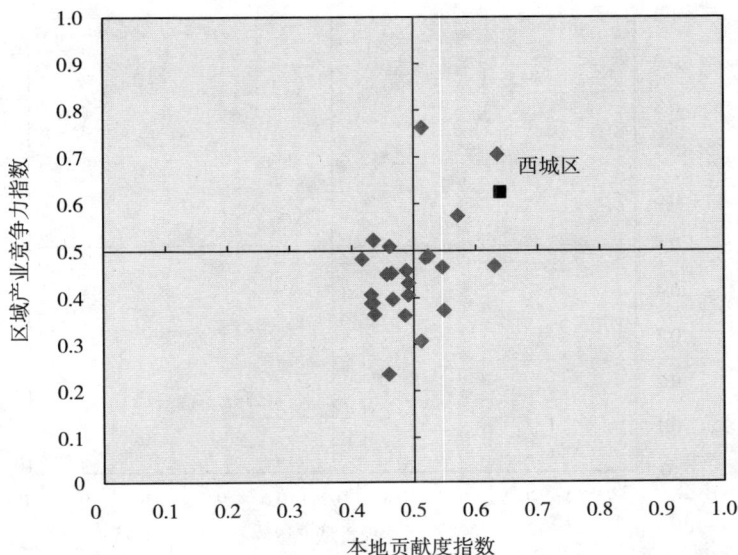

图 7-16 2008 年西城区文化、体育和娱乐业本地贡献度及区域竞争力指数

根据此前的推断，如果落在第Ⅰ象限，意味着对该产业应予以更多支持和强化。西城区的文化、体育和娱乐业对本地影响和贡献较大，是西城区较为重要的产业之一，同时在京津冀区域范围内也属于具有一定竞争力的。故建议给予更多支持，使其成为核心产业，从而带动和促进京津冀其他相关产业的发展。

15. 西城区公共管理和社会组织分析

西城区公共管理和社会组织对于西城区的贡献度指数 C、在京津冀地区的竞争力指数 I 分布如图 7-17 所示。由于天津和河北数据不完整，没有参与比较，最终只有北京 14 个区参与比较。

从图 7-17 可以看出，西城区公共管理和社会组织对于本地贡献度指数为 0.48，在参与比较的北京 14 个区中排序为第 2 位；从京津冀行业竞争力来看，西城区公共管理和社会组织竞争力得分为 0.67，在所有参与比较的北京的 14 个区中排第 3 名，居于较高水平。从图 7-17 中的分布位置可以判断，西城区的公共管理和社会组织位于第Ⅱ象限，表明其对本地贡献度不高，但其区域竞争力较强。

西城区在北京的特殊地位使其直接服务于首都"政治中心"功能，由图 7-17 可以看出，西城区在北京区县中的竞争力指数处于前列，因此要进一步强化其服务政治中心的功能，加大对公共管理和社会组织的支持力度。

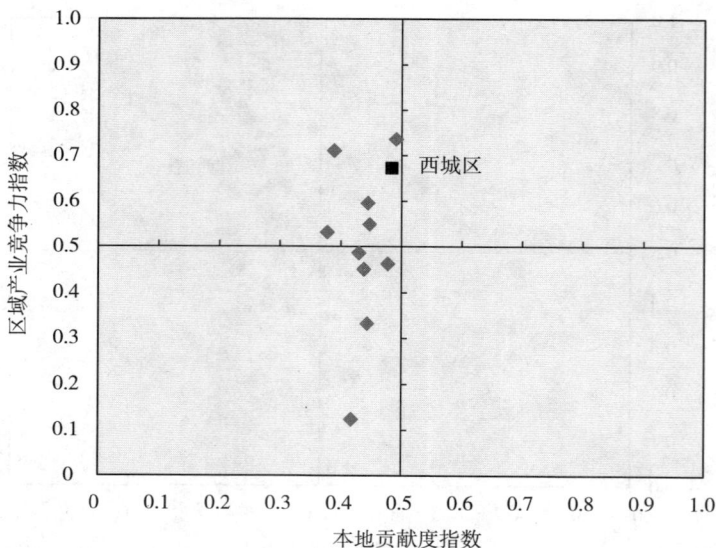

图 7-17   2008 年西城区公共管理和社会组织本地贡献度及区域竞争力指数

第四节   西城区产业发展存在的主要问题

根据本章第三节分析，并遵循服务西城区首都核心功能良好运转的产业发展要求，西城区在产业发展上存在以下三方面的问题。

1. 产业结构与西城区核心功能战略定位不一致

产业的发展与功能的发挥两者互相影响，城市基本功能的实现需要产业的支持，但是产业的不当发展带来人口的过度聚集又会影响功能的正常发挥。住宿和餐饮业及居民服务和其他服务业是西城区实现城市基本功能的必要产业；金融业是西城区财政收入的主要来源，为其核心功能的运转提供了保障。而批发和零售业，交通运输、仓储和邮政业，教育业等服务功能的聚集有碍于西城区核心功能的良好运转。

2. 产业发展对西城区的本地贡献有限

评价各产业对城市的贡献程度和区域竞争力。产业的本地贡献度包括经济贡献、社会贡献以及资源环境压力。产业的区域竞争力包括经济绩效、经营绩效和资源环境利用绩效。分析表明，工业，批发和零售业，信息传输、计算机服务和软件业，水利、环境和公共设施管理业等产业，尽管具有较强的竞争力，但对西城区整体贡献较小。建筑业，交通运输、仓储和邮政业，区域竞争力较弱，也没有对西城区的发展做出可观的贡献。因此，大部分不符合服务西城区首都核心功能良好运转的产业发展要求的产业，同时也是对西城区贡献较小的产业。例如，高耗能、高耗水的工业和建筑业，以及经济绩效较低的批发和零售业，信息传输、计算机服务和软件业，教育业，交通运输、仓储和邮政业。西城区产业发展战略象限图见图7-18。

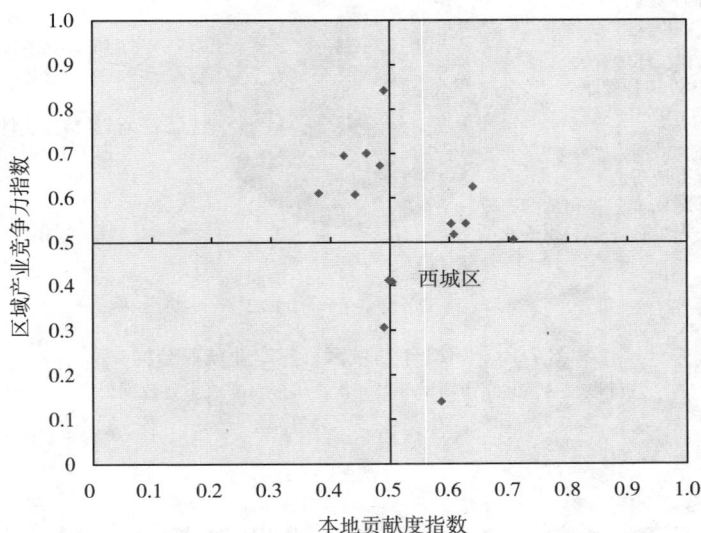

图 7-18　西城区产业发展战略象限图

第一象限——金融业，住宿和餐饮业，卫生、社会保障和社会福利业，文化、体育和娱乐业；
第二象限——工业，批发和零售业，信息传输、计算机服务和软件业，科学研究、技术服务
和地质勘察业，水利、环境和公共设施管理，公共管理和社会组织；第三象限——交通
运输、仓储和邮政业；第四象限——居民服务和其他服务业；混合象限——建筑业，
租赁和商务服务业，教育业

3. 产业发展与人口不协调

2013 年，西城区批发和零售业法人单位与个体经营户从业人员共达到196 971人，占西城区第三产业从业人员比重的 17.27%。由于批发和零售业对从业人员教育水平要求较低，因此吸引了大量年轻、受教育程度低的常住外来人口。2013 年西城区第三产业就业结构如图 7-19 所示。

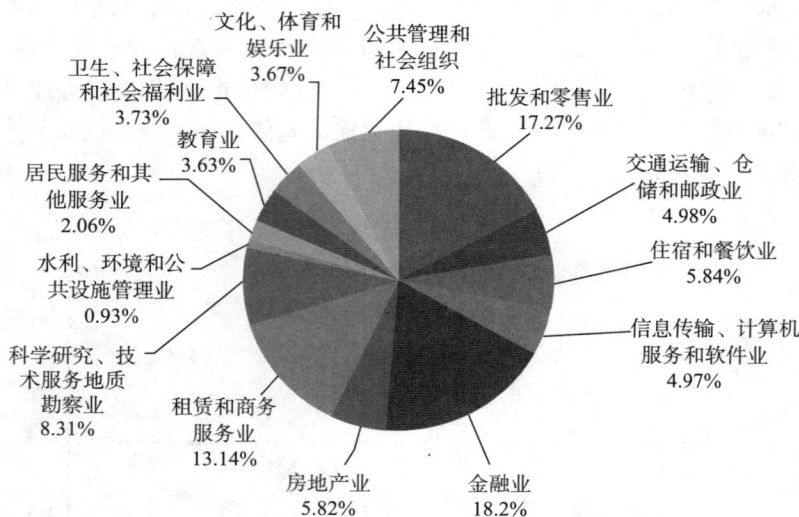

图 7-19 2013 年西城区第三产业就业结构

资料来源：《北京市西城区第三次全国经济普查主要数据公报》

第五节 西城区产业发展问题的原因

按照"深入贯彻落实习近平总书记关于明确首都城市战略定位、调整疏解非首都核心功能、构建'高精尖'的经济结构、明晰北京非宜发展产业、缓解人口资源矛盾"的讲话精神和总体要求，以"在京津冀协同发展的大背景下，与首都核心功能一致、与人口资源环境相协调、与自身功能区战略定位相统一"为原则，西城区的战略功能定位应该是"服务首都政治中心、强化首都文化中心、打造首都金融名片"。但是在现实情况中，西城区目前的功能定位存在与其应有的战略定位不符的地方，而且产业布局也存在不尽合理之处。具体来说，西城区产业发展问题存在的原因可以归结为以下几个方面。

一是城市规划遗留问题因素。在北京成为新中国首都之后，由于国内城市规划理论的相对落后和时代局限性与城市本身发展的复杂性和曲折性，当时的城市规划缺乏一定的高瞻远瞩。更重要的是，在改革开放之后，北京经济高速腾飞、城市变化日新月异，但城市功能的规划具有一定的迟滞，导致西城区的功能布局缺乏应有的合理性和突出特点，进而导致对西城区的产业发展缺乏一定的引导和约束。

二是西城区功能繁杂，核心功能定位不突出、必需功能承载过重。在合理的城市规划中，城市各区内部除满足常住居民基本生活需求的功能之外，可以适当地突出发展特色核心功能。而西城区目前不仅具有行政和金融等核心功能，还存在服装和小商品等批发零售市场、会展等服务功能；在常住居民日常生活必需功能中，医疗、教育和交通相对过度聚集、承载量过大。通常来说，在城市发展过程中，产业是依托于功能定位的。因而西城区的功能繁杂，核心功能定位不突出必然带来产业布局结构的不合理和混乱，而必需功能（如教育、医疗和交通）的过度聚集不仅会带动中低端餐饮和住宿服务产业，更会引致大量的流动人口，给城市资源和环境造成巨大的压力。

三是西城区独特的文化禀赋和区位地理因素。一方面，西城区拥有丰富的历史文化遗址，著名的景点有北海、陶然亭公园、北京大观园、醇亲王花园、恭王府花园等；另一方面，西城区在地理上濒临天安门、故宫、景山等"来京必去"的旅游景点。目前中国旅游市场方兴未艾，来京旅游人数居高不下，西城区就相对"被动"地承接了旅游的服务功能，从而派生出小餐馆、小旅馆、小三轮等低端的旅游配套产业，并承接了大量的流动人口。

四是产业调控政策机制因素。在不同时期，北京和西城区都曾相继出台若干产业调控政策。但是，这些政策大多以指导性为主，系统性和约束性不足，需要进一步强化和完善。另外，西城区产业发展调整问题不仅在于对"增量"的控制，更主要的是在于已有"存量"的混乱和不合理，这也给产业调整带来了巨大的困难。而更重要的是，此前的产业调整政策也缺乏各相关部门的统一行动和配合、缺乏大范围区域的协调机制，这使得产业调整难以有突破性的进展。

第六节　西城区非宜产业目录

基于前文对西城区产业竞争力的分析，根据对西城区产业发展存在的主要问题的讨论，以及北京《关于调整不符合首都战略定位产业的指导意见》和《不符合首都战略定位的产业目录》，本节列出西城区非宜产业目录，见表 7-3。

表 7-3　西城区非宜产业目录

产业	依据	管理措施
工业	非首都功能战略定位 本地贡献有限	禁止投资和建设生产性的工业项目（非生产性的工业总部除外）
建筑业	非首都功能战略定位 本地贡献有限	禁止投资、建设和经营
批发和零售业	非首都功能战略定位 本地贡献有限 发展与人口不协调	疏散部分已有批发市场，禁止投资建设批发市场；禁止新设立营业面积在 1 万平方米以上的零售商业设施

续表

产业	依据	管理措施
交通运输、仓储和邮政业	非首都功能战略定位 本地贡献有限 发展与人口不协调	适当减少公交站点和枢纽点，禁止投资建设省际公路客运站；禁止建设市商务委规划之外的城市物流配送节点；邮政业禁止投资和建设(便民服务网点除外)
住宿和餐饮业	非首都功能战略定位 发展与人口不协调	加快规划中小型住宿和餐饮的升级改造，打造高级和星级住宿餐饮标准；禁止投资建设和经营直营连锁规模少于20家直营店的餐饮业(市和区确定的特色商业街区除外)
信息传输、计算机服务和软件业，科学研究、技术服务、地质勘察业	非首都功能战略定位 本地贡献有限	适当转移至其他区县高新技术开发区，禁止建设呼叫中心、数据处理和存储服务中的银行卡中心、数据中心；禁止投资建设数据处理和存储服务中的数据处理服务
教育业	非首都功能战略定位 本地贡献有限 发展与人口不协调	疏散部分教育人流，分校迁移或分学部迁移；禁止高等学校扩建
卫生、社会保障和社会福利业	非首都功能战略定位 发展与人口不协调	疏解医院部分功能，可分院转移或分科室转移；禁止医院新增占地或新增床位规模

第八章　结论和政策建议

本章旨在为西城区疏解非首都功能和实现产业协同提供政策建议和参考。此前章节分别阐述了西城区在京津冀协同发展大背景下的功能定位与产业发展情况，梳理了国际都市功能疏解与城市功能定位经验和北京城市功能形成的历程，构建了城市功能和产业协同分工分析的框架与体系，并运用该框架和体系对西城区的现有功能与产业进行了系统评价，从而识别出西城区待疏解的功能(产业)、需要保留的功能(产业)和待加强的功能(产业)。接下来，本章将集中探讨非首都功能疏解与产业协同发展的对策，包括疏解的主要内容、目标群体和目标方向、疏解的重点领域与工程、疏解的路径安排、疏解的政策工具及其评价、政策执行的保障措施。

第一节　功能疏解与产业协同的思路、原则与目标

一、指导思想

在现阶段，北京疏解非首都功能与实现产业协同，要以习近平总书记"2·26"讲话精神为行动指南，深入贯彻落实科学发展观，明确目标、思路和方法。以解决中心城区"城市病"问题为核心，紧密结合"互联网＋"思维，以调整、提升经济结构和空间结构，加快转变经济发展方式为主线，立足北京发展实际，置身京津冀协同大环境，有序推进非首都功能疏解与产业协同发展的重大工程，探索北京人口资源环境协调可持续发展的道路，积累跨行政区域城市群实现协同发展的经验，促进区域协调发展。

二、基本原则

(1)政府引导、市场配置的原则。在全面推进社会主义市场经济体制改革的大环境中，任何有关经济社会发展的政策都需要厘清政府和市场的关系。在疏解非首都功能与产业调整的过程中，政府更应该注重总规划和引导，按照区域综合特征谋划城市功能战略定位，并按照经济的办法制定相应政策，以引导功能与产业的调整和重新布局。但是，功能疏解的主体是企业，最终还是要靠市场力量来

配置资源。

（2）顶层设计、重点推进的原则。首都城市的可持续发展难题是在城市发展中逐步形成的，解决起来也不可能一蹴而就，需要顶层设计、统筹谋划、综合治理，制定非首都功能疏解与产业调整的长期规划。与此同时还需要攻坚克难、重点推进，"既有战略上的总体考虑，又有战术上的分步实施"，设立阶段性目标，突破疏解非首都功能与产业调整的障碍。

（3）有舍有得、进退并重的原则。需要正确认识疏解、腾退和发展之间的关系，腾退只是疏解的一面，是为更高质量的发展腾出空间，而疏解的另一面则是加强。对于不符合首都功能定位的功能，要坚决"舍"，严格遵循新增产业的禁止和限制目录，大力疏解和腾退。同时，又要从完善城市功能、构建"高精尖"经济结构的要求出发，加强首都功能的建设、强化为首都功能服务的配套功能，并确保功能优化的财政资金支持。

（4）区域协同、合作共赢的原则。疏解西城区非首都功能，解决西城区的产业发展问题，不能仅靠自身力量，必须放眼于京津冀大背景，在北京乃至京津冀范围内谋划、统筹、推进。因此，要明晰西城区在大区域内的优势和劣势，加强北京与天津和河北的深化合作，进一步统一认识、统筹协调。需要认识到，疏解非首都功能与京津冀协同发展是相辅相成的，京津冀三地需要把握机遇，创新优势互补机制和协同发展模式，从而推动产业升级和提质增效、实现合作共赢。

➤ **专栏 8-1**

功能疏解与功能引入的辩证统一

首先，疏解非首都功能与首都自身发展并不是非此即彼、矛盾对立的，而是相辅相成、辩证统一的关系。

疏解非首都功能是"腾笼换鸟"，以及助力京津冀区域落后地区与发达地区"双升级"的过程。如何疏解不符合首都功能定位的功能和产业——"腾笼"确为一大难题。但是，在疏解非首都功能的过程中，北京不仅需要"瘦身"，更需要"健身""强身"。在"腾笼"之后，如何"换"来符合首都功能定位、引领首都可持续发展、增强首都区域辐射的"鸟"，则是更为重要也急需破解的难题。

为此，西城区在向北京周边"疏"出功能、技术、市场等资源的同时，更要注重疏补结合，发展更加符合首都功能定位的"高精尖"产业，在多层次、多方面、多领域追求"高精尖"，努力形成高端引领、创新驱动、绿色低碳的产业体系。从而切实推动产业优化升级，提高经济发展的质量效益，更快实现可持续的内涵式发展，更好服从服务于首都城市战略定位，更高质量体现"四个服务"。必须按照习近平总书记"2·26"讲话的要求，以明确首都城市战略定位为基础，切实推进调整疏解非首都功能，优化三次产业结构，突出产业发展的高端化、服务化、集聚化、融合化、低碳化。

西城区坚持走"高精尖"的产业发展道路，必须紧紧围绕产业发展的"五化"，着力以技术创新引领产业转型升级、高端发展。

一要强化科技创新功能，抓住新一轮科技和产业革命的重大机遇，进一步推进高端产业功能区建设，着力培育电子信息、生物医药和新材料等高端化战略性新兴产业。

二要体现服务化，大力发展生产性服务业，在产学研用合作、产业链协同创新、标准化促进、品牌培育、国际合作等方面积极搭建多元化、开放式的服务平台，同时发挥首都科技资源与金融资源丰富的综合优势，切实加强金融服务对科技创新和成果转化的支持。

三要实现集聚化，加强开发区和产业园区特别是专业园区建设，坚持高端龙头项目带动和产业链条驱动，积极打造具有国际竞争力的产业集群，全面提升高技术制造业和战略性新兴产业的综合实力。

四要积极探索建立"科技＋文化＋设计"为核心特征的发展模式，围绕工业设计、建筑设计、集成电路设计、服装设计等建设设计创意产业基地、设计创意园区，提升首都产业核心竞争力和城市品质，推动首都科技创新中心辐射全国。

五要深入贯彻落实国家《大气污染防治行动计划》和《北京市 2013—2017 年清洁空气行动计划》，把节能减排作为产业低碳化发展的重要抓手，充分发挥标准引领和技术支撑作用，推动节能环保先进技术研发和推广，深入开展企业清洁生产改造，切实推进北京产业低碳化、持续健康发展。

其次，非首都功能疏解后，对于西城区引入哪些新功能、新产业，政府应转变观念，不再代替市场来决策，而是设定基本规则和原则。

"腾笼"之后，在引入的功能选择上，应依据必要的原则有序进行。首先，引入的功能（产业）不应是已疏解、待疏解的非首都功能（产业）；其次，引入的功能（产业）不应与首都功能相冲突和矛盾；最后，引入的功能（产业）应有助于首都功能的强化、服务于首都功能的发挥，或者与西城区未来的功能发展一致。

根据此前对西城区各功能的评价分析，提出新引入功能应具备的三个基本特征：一是新引入的功能应具有集聚化、融合化特征（突出城市主导功能的作用，增强区域辐射能力）；二是新引入的功能应具有服务化、高端化特征（服务于本地生产活动和居民生活，经济附加值较高，生产技术水平先进）；三是新引入的功能应具有低碳化特征（资源环境压力小）。

在引入新功能、新产业时，政府应遵循以下三个原则：一是先加强后培育，即先加强首都功能和西城区城市主导功能，再培育"高精尖"、文化创意、科技、设计等具有地方特色的城市特殊功能；二是重精干忌膨胀，即保证功能及相应产业在量上的适当和质上的高端；三是小政府大市场，即新引入政府在引入新功能、新产业过程中，要转变此前"一手包办"的观念，切忌为市场出谋划策，切忌以静态的眼光看待市场的新变化，转而构建基础性的原则和框架，为市场主体提供良好的制度环境。只要符合原则和功能定位，新产业就能发展，鼓励市场主体在这一框架内自由竞争。因此，政府的主要定位和工作重点是引导和扶持符合原则的新功能、新产业，而功能（产业）的再配置和发展由市场主导。

三、总体目标

解决首都城市病问题，为首都发展做好"四个服务"，建设世界一流宜居城市。西城区功能叠加，人口资源环境矛盾趋紧，"大城市病"问题日益突出，非首都功能疏解的直接目标即解决首都"城市病"问题。一方面，通过疏解非首都功能与优化产业结构，既通过功能减法合理控制人口规模，又通过功能优化科学调整人口结构，还通过功能布局有序引导人口分布。另一方面，疏解非首都功能也是推进首都治理体系和治理能力现代化建设的突破口，通过疏解非首都功能为首都功能腾出优化空间，不断提高城市治理能力和治理水平。从而，不仅解决首都"城市病"问题，还在解决问题的同时确实发挥西城区为中央党政军领导机关的工作服务、为国家的国际交往服务、为科技和教育发展服务、为改善人民群众生活服务的重要功能。

统筹人口、资源和环境，实现协调可持续发展。功能、产业与人口息息相关，功能调整牵一发而动全身。通过疏解非首都功能，西城区将推动功能科学再定位，通过功能定位瞄准产业规划和人口带动，从而既调整升级经济结构，又引导人口合理分布。在疏解非首都功能的过程中，需要统筹人口、资源和环境，积极探索大都市人口经济密集地区可持续发展的新模式，实现内涵集约式新发展。

以疏解非首都功能为契机，积极推进京津冀区域协同发展。京津冀协同发展已上升为国家重大战略，其本质在于以实现区域协同发展为目标，以区域创新要素自由流动为基础，突破发展瓶颈，释放发展潜能。疏解非首都功能不仅是破解"城市病"的必然要求，而且有助于推动京津冀一体化发展，京津冀协同发展为疏解非首都功能提供了机遇。以疏解非首都功能为契机，加快建设区域交通网络，推进产业联动发展和公共服务共建共享，从而逐步缩小京津冀区域内发展差距，推进京津冀区域产业协同发展，形成新的增长极。

第二节　功能疏解的主要内容、目标群体和目标方向

一、功能疏解的主要内容

从 2014 年城市自然环境的承载能力看，北京"六分山区、四分平原"，是典型的资源输入型城市，70％的电、40％的成品油、98％的煤炭和 100％的石油天然气全部依赖外部供应。与此同时，中心城区功能过度集中，2014 年全市 71％的产业活动单位和 71.8％的从业人员都集中在中心城区。在"寸土寸金"的西城区，小烟酒、小五金等"七小"业态 6 756 户，商品交易市场主体 91 家、经营商户近两万户。多年来，中心城区致力于优化经济结构和空间结构，但是内部承载空间不足、外部配套条件不够一直是制约中心城区经济提质增效的重要因素，而疏解不符合首都功能定位的产业可以腾出宝贵的空间资源。

那么，什么是非首都功能？北京尤其是中心城区目前需要疏解的功能主要有哪些？北京目前已经明确全国政治中心、文化中心、国际交往中心、科技创新中心的城市定位，凡不属于"四个中心"战略定位的功能均属于非首都功能。从经济效益角度说，要大力清退低效益、低附加值、低辐射的经济产业，着力培育高附加值、高辐射的"高精尖"产业；从人口调控目标出发，要强力疏解或转型升级聚人多的业态以及过度膨胀的公共服务部门。

（1）疏解"支撑首都、城市功能，但矛盾突出"的社会公共服务功能。医疗功能、教育功能和行政功能等社会公共服务功能虽然不是概念上的首都功能，却是支撑首都功能运行不可或缺的基本条件。然而，医疗和教育功能的优质资源在北京尤其是中心城区相对集中，导致外来人口聚集、公共服务供需紧张。其根本原因就在于公共服务资源的区域间配置不均衡，而功能疏解则要求扩大区域医疗、教育的合作，通过整体搬迁或者办分院、分校等方式向周边地区疏解，实现京津冀区域医疗和教育资源的互联互通。与此同时，北京已集中了大量国家中央行政机关，而部分市属行政功能在区位上的共存扰乱了其他首都功能的正常发挥。而建立行政副中心，采用分散疏解方式，构建"一城多点"的疏解格局。疏解行政功能尤其是行政辅助功能既有利于首都核心功能最大限度地发挥作用，也给其他功能的疏解起了带头表率作用。而就交通功能来说，交通一体化作为京津冀协同发展的三个重点领域之一，中心城区可以借此契机疏解不合理的交通枢纽或站点。

（2）疏解"不支撑首都、城市功能且不符合首都功能定位"的功能。在既不属于首都功能也不属于支撑首都功能的基本功能的其他功能中，要大力疏解生产功能中一般制造业和高端制造业的生产环节，疏解商贸功能中的区域性交易市场和

物流基地，疏解生活服务业中的小门面、小发廊等聚人多、占地多的生活服务业，疏解金融功能的交易环节。与此同时，要积极推进京津冀在城市功能识别、区域规划、产业转移、基础设施对接等方面的协同合作，加快产业结构调整，积极推进京津冀区域协同发展。

二、功能疏解的目标群体

人口调控是非首都功能疏解的重要方面，习近平总书记在强调疏解非首都功能时就曾指出，要有效控制人口规模，增强区域人口均衡分布。根据《京津冀协同发展规划纲要》，北京 2020 年人口总量要控制在 2 300 万人，截至 2014 年北京人口已达 2 151.6 万人，人口调控任务依然艰巨。西城区作为北京城市功能核心区，人口变动强度很大。如何把握人口变化的新特点，甄别潜在的新问题，在促使人口规模下降的同时，使人口的素质结构与空间布局趋于合理，是西城区在疏解非首都功能中需要重点关注并妥善解决的问题。

从城市发展和产业布局的规律来说，在第二产业转向新城的同时，将出现新一轮第三产业向中心城区的集聚（景体华，2008）。目前，现代服务业已经成为西城区的主导产业。与此相对应的，西城区的人口变化呈现出新的特征：在居住人口下降的同时，就业人口迅速增加。居住人口与就业人口的变化呈反向趋势，意味着两者在用地关系上的分离，这种分离引起了交通流量的剧增。而从西城区第三产业进一步集聚的态势来看，其作为工作地功能将会进一步强化。在这种情况下，疏解人口的政策思路就不能仅仅盯着流动人口和外地人口，户籍人口的疏解也应该是人口政策的基础。

针对户籍人口，一方面要持续清退、规范管理七小业态。定期对七小业态进行合规合标检查，使其安全标准、卫生标准和环境标准等达到一般生活服务业的营业准入门槛，对于不合规或营业后违规的七小业态，不予颁发或吊销营业执照。鉴于西城区首都功能核心区的地位，该区域的各项标准应高于北京其他区县（除东城区），检测、排查和执法力度应该加强。另一方面，要抓住全市启动棚户区改造的机遇，把保障房建设、旧城保护、老旧小区综合整治、简易楼腾退修缮与棚户区改造统筹起来，向区外输出优质的医疗、教育等资源，建设配套齐全、环境优美、生活便利、舒适宜居的保障性住房，鼓励户籍人口迁出。然而，这要求极大的财政投入，而且建设周期较长，还会面临居民迁出意愿不足的阻碍，需要极大提高网格化和精细化管理水平。

针对外来人口和流动人口，一要坚持每季度一次的流动人口执法检查，不断推进流动人口信息化管理，提升各街道流动人口管理工作的规范化建设；二要加强以房管人，通过加强对出租房屋特别是地下室的管理，实现对流动人口的实时管理；三要强化以业控人，以产业结构调整和发展来控制人口总量增长速度，让适合中心城区的产业，如金融、科技出版和文化创意产业等，进入合适的区域发展，见表 8-1。更重要的是，流动人口或外来人口总是依托于产业，或者被西城的优质医疗和教育资源(尽管竞争很激烈，实际很拥挤)所吸引，流动人口疏解的重点在于以业控人，难点在于疏解部分社会公共服务功能。

表 8-1 疏解户籍人口和外来/流动人口

针对人口	疏解措施	评价
户籍人口	清退、规范管理"七小"业态	需提升精细化管理水平
	棚户区改造、区外保障性住房、定向安置房	财政负担大，建设周期长
流动/外来人口	以房管人	需提升出租房尤其是地下室管理水平
	以业控人	需强化产业负面清单
	信息化管理	需提升管理水平

三、功能疏解的空间分布

如前所述，疏解非首都功能并不仅仅是为了解决北京的"城市病"问题，而且与京津冀协同发展相互支撑，是推动京津冀协同发展的重要原动力。而反过来，京津冀协同发展也为疏解非首都功能提供了良好机遇和平台。从区位特征看，北京周边被河北固安等 14 个县市以及天津的武清、蓟县环绕，河北、天津是承接非首都功能的天然选择。分离北京非首都功能并做适度的空间疏解，是京津冀三地的共同期望。而对于西城区来说，除了向津冀疏解之外，还可以向北京非首都功能核心区疏解。

向北京非首都功能核心区疏解非首都功能是西城区的首要选择。按照北京主体功能区规划，西城区作为首都功能核心区之一，是首都功能的重要承载区。然而，中心城区功能过度集中导致人口资源环境矛盾加剧、内部承载空间不足，一直是制约西城区经济提质增效的重要因素。另外，北京内部区域发展不协调、南北差距拉大的问题一直存在。因此，向北京非功能核心区疏解非首都功能是西城区的首要选择，这不仅可以腾出宝贵的空间资源，使西城区专注于"四个服务"，带动产业和人口转移、促进人口更合理分布，缓解中心城区的拥堵问题，还可以进一步增强北京功能区域间协调，推动北京西部地区加速转型、南城地区更快发展。例如，向北京生态涵养区疏解疗养院，向周边区县疏解特殊教育或教育的部分环节。

向津冀疏解西城区非首都功能有助于优化强化首都功能的辐射。一方面，北京作为首都也是京津冀区域的核心，在长期发展中既带动津冀地区的发展，也通过"虹吸"效应在周边形成大面积的贫困洼地，首都城市应有的辐射作用大大受限。而非首都功能落户津冀地区，将大大增加区域间要素自由流动，突破发展瓶颈、释放发展潜能，有助于加快突破京津冀区域间壁垒，打破首都功能辐射的枷锁。另一方面，津冀地区为西城区疏解非首都功能提供了更广阔的空间和平台，可以大大拓展疏解的规模和深度，使得留在西城区的首都功能获得更多的发展资源和空间，得到更好发挥，具有更强的辐射作用。大体来说，可以向河北疏解区域性交易市场和仓储，向天津疏解金融决策和监督外的其他金融功能环节，同津冀开展医疗合作并逐步疏解。

第三节　功能疏解的重点领域与工程

基于前面识别的需要重点疏解的功能以及各功能的子功能，我们划出各个功能疏解的重点领域；同时，基于前期规划和其他资料，进一步提出一些具体的功能疏解工程。

区域性交易市场和仓储环节是商贸功能疏解的重点。北京批发市场体系种类齐全、规模庞大，一些交易市场不仅为北京城市运行服务，还是全国性商品集散地，特别是服装、小商品、电子、美容美发用品批发市场。这些小商品交易市场及配套仓储大多属于初级商业形态，其批发和零售需求却仍然存在。但"城市病"问题导致转型升级加快，因此需要向外转移部分批发业态，并按照城市功能定位调整升级部分批发和零售业业态。然而，区域性交易市场迁出面临商户迁出意愿不足的阻碍，而业态调整升级周期较长，整体难度较大。

北京中心城区的各类大型批发市场，是疏解非首都功能的突破口。例如，2014年动批市场总摊位减少1 300个，占总数的10%。但是，商户利益诉求多元、主动搬迁动力不足，周边市场发育水平低、承接地政策吸引力不足，批发市场外迁面临多重阻力。我们认为，疏解批发市场更需要以市场调节为主要手段，以就地升级转型为重点，以增强周边地区商贸流通竞争力为驱动。建议以动批和官批等大型批发市场为抓手，严厉打击假冒伪劣产品，提高摊位经营成本，同时引入品牌店、电商化经营模式，引导产业优化产业链。

交易环节是金融功能疏解的重点，而金融决策则应该是加强的环节。从全球来看，国际上纽约、伦敦、东京、巴黎这些大都市都是本地区乃至全球重要的金融中心。无论从金融行业对西城区、北京经济的贡献，还是从西城区、北京政府对金融行业的定位来看，金融决策都属于首都功能。因此，西城区应该依托政治中心的区位条件，最大化利用金融业的既有优势，汇聚金融机构总部，注重发展金融决策与金融监管，强化其作为金融决策中心的作用。

更进一步的，为了有力支撑京津冀区域打造世界级城市群，未来西城区还应该积极推进重点金融工程，包括金融创新和研发机构、资产管理、跨境信息交流和支付结算，从而扩大中国的国际金融影响力、增强国家金融软实力。与此相对应的，可以将金融交易、金融机构电子银行、数据中心、呼叫中心等劳动密集的后台服务环节疏解到津冀地区，鼓励津冀地区发展金融租赁、汽车金融、住房金融、专业货币兑换、货币经济、券商直投等各类新型机构，形成层次明确、多元互补的区域金融市场。

北京北站、部分交通枢纽、票务服务网点是交通功能疏解的重点，而交通信息化和有效管理需要加强。西城区虽然交通功能发达，但是土地资源紧张、人流量车流量大，再加上城市公交线路和站点的布局不合理，交通拥堵成为最大的城市问题之一。因此，要迁出占地空间极大的北京北站，精减交通枢纽和站点，优化公共交通系统；同时，可以撤出部分票务服务网点，而大力推广电子票务系统，并增强交通信息实时发布。然而，火车站部分运力迁出需要对接建设，交通枢纽和站点精减需要重新规划和布局调整，二者都需要全市协调，投入大量资金，且周期较长。相比之下，票务服务网点精减、交通信息发布电子化管理，资金和时间投入相对较少，较为容易。

交通一体化是京津冀协同发展三大先行领域之一。在交通协同发展中，国道、省道、铁路还有港口、机场等有关基础设施建设已经启动了第一批 99 个大项，主要目的是对北京的中心功能进行疏解。在这样的背景之下，西城区应致力于疏通瓶颈路、错位路、断头路，继续完善提升"环路相连、六横六纵"的西城现代交通网。其中，地下停车场建设、精减站点、拥挤站点增加人流引导通道和站点管理服务人员、交通信息实时发布平台建设是工作重点。

为核心行政职能提供支撑、服务及辅助作用的职能部门是行政功能疏解的重点，而行政办事效率也需提升。西城区不仅是大量国家机关与中央党政机关的聚集地，也是区内各级行政机关的所在地。这些行政机关在为各项功能的良好运行提供保障的同时，也造成了中央与地方功能发挥的混乱。因而西城区为更好地承担国家政治中心功能应尽可能为党政机关日常工作和行使职责提供一个良好的环境，需要对区内行政功能做出调整。

总的来说，行政事业单位的决策部门通常具有枢纽作用，对各类职能的执行起着统领作用，因此决策部门难以进行分散。因此应首先对非紧密型行政性、事业性辅助服务机构和企业总部优先疏解，包括服务中心、信息中心、行业协会、研究院所、培训机构、学术类社团、报社、出版社、杂志社等。加快通州行政副中心的建立，做好行政功能向外疏解的承接工作，确保各项功能有序正常运行。而对于疏解工作，一方面需要政府"大刀阔斧"对应疏解功能进行疏解引导，另一方面也需要利用市场化手段。考虑采取提高行政企事业单位的扩张门槛的政策措施，提高企事业单位的经济成本，制定严格的环境、资源与服务标准。而对于疏解难度较大的部门，应结合服务类型、人口规模、地域范围、功能定位等因素，探索信息服务的多部门共建共享，实现资源整合，提高服务效率。同时，行政功能自身办事效率低下，造成其他功能发展受阻。因此，应完善行政服务体系，提升政务服务效能，推进各类服务的规范化建设。

康复中心、疗养院、专科疾病防治中心是医疗功能疏解的重点，而社区医院环节则需要加强。大量优质医疗资源在西城区高度聚集，引致大量外来就业人口，也带动了为此服务的住宿和餐饮业的混乱发展。疏解医疗功能，需要下大决心，在保障基本医疗需求的基础上，坚决迁出康复中心、疗养院和专科疾病防治中心。这方面难度是显而易见的，大医院的特殊管理体制和利益链障碍极大。与此同时，需要相应提高社区医院建设水平，根据社区服务群体的特点打造有区域特色的社区医院，加快完善"社区首诊、分级就诊、双向转诊"纵向有序的就医秩序和医疗、康复、护理有序衔接的服务模式，从而增强医疗资源的高效利用。这部分则需要更多的财政投入，也具有较大难度。

就医疗功能疏解的重点工程来说，医疗协同发展政策规划频频推出，医疗机构跨区医疗合作探索越来越多。政策规划方面，"京津冀协同发展疾病预防控制工作合作框架协议"和"京津冀突发事件卫生应急合作协议"签订，"疾病防控一体化"合作平台、重大疫情联防联控、突发事件紧急医疗卫生救援等将联合展开、稳步推动。医疗机构跨区医疗合作方面，北京大学第三医院与河北承德市妇幼保健院成立跨区域医疗联合体；北京积水潭医院和张家口崇礼县医院将合作建立创伤骨科医院；北京儿童医院吸纳河北省儿童医院作为成员、共建北京儿童医院河北儿科研究所；解放军总医院与涿州签订保障基地项目，涵盖医学院、培训中心、肿瘤放射治疗中心、康复医学中心等功能。我们预计，伴随着京津冀协同发展规划落地，医疗卫生协同发展专项规划也将紧随其后，三地医疗资源共建共享机制将切实建立，可以探索试行跨省市医师多点执业交流、重点推行参合人员异地就医信息即时查询和即时结算。

职业教育、特殊教育、辅助性研发基地、校办产业和部分教学环节是教育功能疏解的重点，而校车管理则需要统一加强。西城区集中了较多的优质教育资源，而教育不仅仅是教学，也涵盖行政、后勤、基建、科研等环节。教育的各个环节以及为这些环节服务的产业，会带来大量的人口流动，特别是上下学与上下班高峰重叠时会极大地加剧交通压力。因此，在保证本区学前教育和义务教育的基础上，西城区要坚决迁出不匹配、不符合中心城区功能定位的教育类型或环节，包括职业教育、特殊教育、辅助性研发基地、校办产业和部分教学环节。此外，为了加强学前教育和义务教育建设以及缓解交通压力，可以推进校车统一管理。然而，迁出的各个方面面临教育管理体制的障碍，需要较高层次行政统一协调各方利益，难度很大。而校车统一管理不仅有资金压力，还面临事故权责划分的难题，推动难度也较大。

　　除了上述重点环节外，西城区可以继续推行名校办分校等方式，扩大优质教育的辐射；继续推行学区制，进一步降低推优比例；先推进区内四所职业高中合并，再推动合并后职高向河北疏解，打破重点职高西城"遇冷"而河北"欲求不可得"的不合理局面。

　　一般制造业或生产环节是生产功能疏解的重点，而企业总部则需要优化提升。西城区内的工业企业很少，主要以满足市政设施需求和印刷业为主，吸纳的从业人口较少。对于生产功能，要严格遵循《北京市新增产业的禁止和限制目录（2014年版）》，除了保留必要的满足市政设施需求的电力、热力、燃气和水的生产和供应行业，西城区的生产功能需要全面禁止扩张，并着手压缩、疏解。同时，在区内设立与工业部门相关联的研发、销售和结算等总部类型企业，在优化区域产业结构的同时缩小对财政、税务部门的影响。从工业企业原本较少和目录清单较为严格的现状来看，生产功能疏解阻力较小、难度不大。

　　竞技性体育教学环节是娱乐功能需要疏解的环节，而主题博物馆则需要整合或迁出。西城区拥有众多历史文化遗迹，文化功能基础设施较为齐全，包括各种博物馆、图书馆、文化馆、体育馆，各种展览和文艺活动十分丰富。然而，西城区作为首都功能核心区，土地资源稀缺，娱乐功能除了满足居民基本的需求之外，不适宜建设大型娱乐场所，更不应该重复建设。因此，要迁出竞技性体育教学环节，腾出必要的体育场所供居民日常娱乐；同时，整合主题博物馆，以集约利用土地资源，确实无法整合且人流量不大的博物馆则可以迁出。

　　就整合主题博物馆来说，可以尝试将南礼士路科技馆、安华桥路科技馆与青少年科技馆合并；将平安里西大街京剧艺术博物馆、地安门东大街艺术馆、西直门外大街经典境界艺术馆、恭俭二巷景舜逸艺术馆和北京师范大学实验中学艺术馆合并；将西直门外大街印钞造币博物馆和德胜门东大街古钱币博物馆合并；等等。

　　生态修复、大气治理是生态功能疏解中需要进一步加强的环节。生态功能是西城区经济社会和谐发展的重要支撑，也是建设宜居城区的关键环节。从生态功能环节来说，西城区自身的生态功能得到有效发挥，园林绿化和市容卫生的各个环节也都表现良好。但在环境污染治理尤其是大气治理方面则推进缓慢，急需切实可行的区域联动防治规划和区域生态补偿机制。这里的难点在于，要在维持原有生态功能投入的基础上，加大生态修复的力度，并可能面临对外围城市的生态补偿资金压力，难度较大。

　　防洪防涝、文保区防火、巡逻与维稳、地下空间安全是安保功能疏解需要重点加强的环节。西城区内有多处历史文化古迹和重要行政机构，防洪排涝需要全覆盖、密切监测、安全隐患及时排查，防火和灭火则需要加强监控和应急抢救准备。作为首都功能核心区，西城区人员密集、流动性强，易发生刑事案件，因此公安机关应当加强执法力度、及时有效维护社会秩序。此外，西城区土地资源紧张，而地下室空间利用混乱、安全隐患大，需要公安、消防、安全生产等部门对地下空间开展经常性联合执法检查。毫无疑问，安保功能的疏解及重点加强，需要投入更多的人力和资金，有一定的财政压力，但难度不大。西城区功能疏解重点环节评价表见表 8-2。

表 8-2　西城区功能疏解重点环节评价表

功能疏解的重点环节		疏解方式	主要阻碍	疏解难度
商贸功能	区域性交易市场	转移批发业态，调整升级零售业态	商户迁出意愿不足，调整升级见效慢	较大
	仓储	外迁	阻碍较小	一般
金融功能	金融交易环节	外迁	金融集团阻碍	较大
行政功能	服务、辅助环节	外迁	部门间协调存在难度，对接难度较大	一般
交通功能	交通基础设施	提升完善，加强管理	人流车流控制难，管理水平有限，人力和物力投入不足	一般
	火车站（北京北站）	外迁部分运力	对接建设资金投入很大	很大
	公共交通枢纽和站点	精减，整顿秩序	交通规划与区域协调困难	很大
	票务服务网点	精减实体，推广电子化	阻碍较小	一般
	信息发布	加强实时发布，推广电子化	电子化管理人才培养和资金投入较大	较小
医疗功能	康复中心和疗养院	迁出	既有利益阻碍	较大
	专科疾病防治中心	区域合作，部分迁出	医疗管理体制障碍	很大
	社区医院	提升完善	财政资金投入	较大
教育功能	职业教育	迁出	阻力较小	很小
	特殊教育	迁出	阻力较小	较小
	辅助性研发基地	迁出	教育管理体制障碍	较大
	校办产业	迁出	校方利益关联阻碍	较大
	部分教学环节	迁出，建立分校	需多方统筹，投入建设资金	一般
	校车管理	加强统一管理	财政资金投入压力	较大
生产功能	一般制造业或生产环节	禁止新增，外迁	企业迁出意愿不足	一般
	企业总部	精减，结构优化	阻力很小	很小

续表

功能疏解的重点环节		疏解方式	主要阻碍	疏解难度
娱乐功能	竞技性体育教学环节	外迁	利益主体迁出意愿不足	一般
	主题博物馆	整合，外迁	需统筹各方	一般
生态功能	生态修复	加强	财政资金投入	一般
	大气治理	抓紧推进区域联动	区域协调，对外围城市的生态补偿资金投入	较大
安保功能	防洪防涝	优化排水系统，维护排涝设施	财政资金压力	较小
	文保区防火	文保区防火设施建设	财政资金压力	一般
	巡逻与维稳	加强	更多人力、资金投入	较小
	地下空间安全	加强部门联合执法	更多人力、资金投入	一般

第四节 功能疏解的路径安排

如前所述，疏解非首都功能是一个系统工程，不可能一蹴而就。而在对功能疏解的重点领域与工程中也可以看到，功能疏解的不同领域或不同环节所面临的主要阻碍不同、疏解难度也不一样。此外，非首都功能疏解是一个动态过程，在疏解的实践中可能需要随时调整疏解策略，而西城区用于非首都功能疏解的资源也是有限的。这就需要对上述非首都功能疏解的重点领域和工程区别对待，按照功能疏解的主要阻碍、难度大小和急迫性等，在时间尺度上落实功能疏解的路径安排，安排结果如下。

在短期，功能疏解的重点包括疏解区域性交易市场、仓储、行政服务与辅助环节、一般制造业、职业教育、特殊教育，加强交通管理（包括票务服务与信息发布）、大气治理和生态修复、巡逻和维稳。其原因在于，区域性批发市场疏解在此之前已经启动并取得了初步成果，示范效应较为明显；通州行政副中心的建立正在积极稳妥、抓紧推动；职业教育和特殊教育契合正在进行的教育改革，而且西城区内该类教育数量少，疏解难度小；交通票务服务和信息发布的硬件条件已经具备，加强软件管理相对较为容易；大气治理和生态修复则是十分紧迫的，需要在短期内快速启动，并在中长期循序推进；加强巡逻和维稳，则要考虑到短期内疏解非首都功能对相关产业就业和部分利益群体带来的冲击，功能疏解需要稳定的社会环境作为保障。

在中期，功能疏解的重点包括疏解金融交易环节、辅助性教育研发产业或校办产业、部分教学环节（包括竞技性体育教学环节），加强大气治理和生态修复、社区医院服务、文保区防火建设管理。这一时期的重点相对于短期来说所需资金投入更多、难度更大。例如，金融交易环节的疏解需要基础设施建设和技术支撑以保证顺利转移承接，校办产业或辅助性教育环节也面临迁出选址、利益相关方博弈协调等问题，加强社区医院服务需要突破资金障碍并相应配备医疗设施和技术人员，文保区防火建设则需要详细的规划统筹和物资筹集，这些都需要一定的资金和时间投入，但所需投入相对来说在中期内可以得到满足。

在长期，功能疏解的重点包括疏解北京北站、部分公交枢纽站点、康复中心和疗养院、专科疾病防治中心，强化大气治理和生态修复、地下空间安全管理。相较于短期和中期的功能疏解重点，长期的重点是难度最大的，也是需要在短期和中期内逐渐创造和累积条件的，更是西城区长远发展必须推动的。例如，在长期内看，疏解中心城区的北京北站是必然的，而精减西城区内的交通枢纽和站点也是十分必要的，但这两项都属于十分巨大的系统工程，不仅需要大量资金投入，更需要多方协调和更高层级的规划统筹；康复中心和疗养院、专科疾病防治中心转移到远郊区县是符合这类资源属性要求的，但是需要大量资金投入，也需要配合推动医疗体制改革，以及与迁出地协商谈判，即需要在长期内循序展开和推进。

第五节　政策工具集及其评价

在明确非首都功能疏解的思路、目标、方向和重点领域等之后，本节对功能疏解可用的政策工具进行梳理和评价，主要从行政性、经济性和法律性三个领域展开。总的来说，西城区疏解非首都功能或功能环节，可以从以下主要方面展开。

第一，根据京津冀协同发展规划，完善西城区功能定位与发展规划。发展规划是长期发展必由之路，既包括《京津冀协同发展规划纲要》，也包括西城区新功能定位与发展规划。但规划的协调统筹周期长、难度大，而且利益纠葛复杂，可行性有赖于规划的具体实施细则。

第二，适时调整新增产业的禁止和限制目录，严格落实负面清单。负面清单既包括《北京市新增产业的禁止和限制目录》，也包括《西城区新增产业的禁止和限制目录》。一般来说，消除隐性壁垒要与实行"负面清单"的管理模式同步推进，在项目核准、行政管理、公共财政、金融支持等方方面面的配套改革需要及时跟进。负面清单会造成经济损失，增加产业监控成本，新增迁出、安置成本。但是，市级和区级负面清单相配合，且负面清单管理模式较为成熟，推行难度不大、可行性较高

第三，以地划功能、以地控产业。土地政策是指西城区土地再规划，包括厘

清西城区功能用地现状、协调收回产权不明土地和科学利用新规划,这就产生土地排查成本、回收成本、整合成本,而且土地再整合难度大、排查回收成本高,可行性一般。

第四,定向减少税收优惠,或可针对专项功能设立专项疏解资金。税收政策特指西城区与津冀地区接洽,对不符合西城区功能定位的产业形成税收优惠"洼地"。这无疑会造成经济损失,并新增与其他地区协商成本,但若与京津冀区域性税收政策相协调,可行性较大。对体制障碍导致的疏解难度较大的功能如医疗和教育,可以设立专项疏解资金。然而,专项资金会极大增加财政负担,而且可能会导致新的资源浪费。更重要的是,设立专项资金的利益纠葛复杂,需要破除体制障碍的成本较大,可行性很小,很难推动。

第五,细化城市管理条例,推进城市管理精细化。在法规性政策工具方面,要积极细化城市管理条例,为精细化和网格化城市管理提供法律支持。同时,以"互联网+"构建城市管理网络服务平台,推动现代化智慧城市建设。虽然会新增立法成本,导致更多人力、物力投入,但在中长期有利于优化城市管理建设。

第六,提高行业准入门槛,完善行业作业标准和一票否决权。合理提高行业准入门槛,试点推行一票否决权,切实完善和强化行业的作业标准、安全标准、环保标准、消防标准,虽然推行缓慢,但精细化城市管理是更宜居城市建设的必然方向,需要增加更多人力、物力投入,需要明确监管主体,加强部门联合执法。

功能疏解政策工具集评价表见表 8-3。

表 8-3　功能疏解政策工具集评价表

政策工具		政策内涵	政策成本	可行性
行政性	发展规划	《京津冀协同发展规划纲要》	协调统筹周期长、难度大	利益纠葛复杂,有赖于行政壁垒破除,可行性存疑
		西城区新功能定位与发展规划	需承接京津冀规划,自主性受限	需要区内外配合,更需要京津冀区域统筹
	负面清单	《北京市新增产业的禁止和限制目录》	造成经济损失,增加产业监控成本,新增迁出、安置成本	全市推进,可行性较大
		《西城区新增产业的禁止和限制目录》	造成经济损失,增加产业监控成本,新增迁出、安置成本	依据《北京市新增产业的禁止和限制目录》制定,可行性较大
	土地政策	摸清西城区功能用地现状,协调收回产权不明土地,整合再规划、科学利用	土地排查成本、回收成本、整合成本	难度大、成本高,可行性一般

政策工具		政策内涵	政策成本	可行性
经济性	税收政策	与津冀地区接洽，对不符合西城区功能定位的产业形成税收优惠"洼地"	造成经济损失，新增与其他地区协商成本	区域性税收政策，可行性较大
	政府补贴	对积极配合功能疏解的企业予以一定的迁出补贴	增加财政负担，新增与其他地区协商成本	取决于政府决心和财政支持，可行性一般
	专项资金	对体制障碍而导致疏解难度较大的功能如医疗和教育，设立专项疏解资金	增加财政负担，破除体制障碍的成本	利益纠葛复杂，破除体制障碍难度很大，可行性很小
法规性	城市管理条例	细化城市管理条例，为精细化和网格化城市管理提供法律支持	新增立法成本，更多人力、物力投入	有利于中长期城市管理建设，可行性较大
	大气污染防治法	推动区域联动执法	协调成本，或增加生态补偿支出	需要明确执法主体，完善区域间生态补偿机制，可行性一般
	行业标准	提高行业准入门槛，完善行业作业标准和一票否决权	增加监管成本，更多人力、物力投入	需明确监管主体、加强部门联合执法，可行性一般

第六节　政策执行的保障措施

在对西城区疏解非首都功能可用的政策工具进行了梳理和评价之后，我们需要明确这些工具得以实施的保障措施。同时，疏解非首都功能是系统工程，非西城一区之力可为，因此需要区别保障措施中西城区独自可为的，以及需要与其他区县或上级行政机关协调的。在下列保障措施中，法律法规编制、功能疏解总体规划和资金保障需要更高级行政机关协调统筹，坚持依法行政、编制西城区疏解细则、统筹区内各部门协调参与和引入第三方评估则是西城区可以独力为之的。

建立完备的功能疏解法律法规。功能疏解工作需要建立在法治的轨道上，完备的法律法规是功能疏解顺利展开的重要保障。一要重视政策的连续性和法律的阶段性，二要强调法律法规之间的相互配套，三要结合限制性法规与鼓励性法规。在疏解非首都功能的城市治理过程中，一方面要明确城市治理规划方案，城市规划具体内容以法律条文形式确定下来，严格按照相关法律执行，保质保量分阶段地进行城市治理，并根据具体情况和进度，对相关法律法规进行修订。另一方面，要明确规定各机构、各利益团体的职责和权限，将城市治理的各项工作公开透明化，操作执行规范化（田惠敏和张丹，2014）。

强化政府职能和法治意识，坚持依法行政。疏解非首都功能在本质上是一种变革，需要靠法律来调整规范和引领推动。只有在法治的约束下，才可以完善行政运作机制、提高行政效率，才能让市场作用在疏解非首都功能过程中得以体现。这就要求，既要推进政府职能转变和管理方式创新，严格执行功能疏解的相关规划和法律法规，进一步规范行政审批和行政执法行为，加大依法行政执法力度。又要推动政府依法履行政府职能，加强西城区政府制定实施发展战略、规划、政策、标准等职能，强化公共服务、市场监管、社会管理、环境保护等方面职责，全面提高执行力和执行效果。在内部统筹协调的前提下，要增加一线执法队伍的能力水平建设，提升城市精细化管理水平，理顺街道办事处和专业部门的职责关系，创新执法体制机制。

编制科学的功能疏解规划与细则。科学制定和实施功能疏解规划，是实现科学疏解的前提和依据，"只有编制好规划才能谈功能，没有规划只能谈项目"。第一，"打扫干净屋子再请客"，要全面了解西城区经济社会发展现状，科学把握西城区在京津冀区域中的功能定位，从而理顺西城区功能与产业的发展方向，尽快编制西城区功能疏解规划。第二，要通盘梳理西城区与京津冀其他区市县的合作备忘，开展区域协同创新改革综合试点，优先布局功能疏解重点任务。第三，要尽快研究功能疏解对接地的对接机制，包括税收、人事管理、户籍指标等方面，在财税、投资、金融、社保、人口等多方面，出台有针对性的配套措施。

统筹兼顾部门参与，调动各方力量。第一，功能疏解不是一区一县之力可为的，不仅需要京津冀区域统筹，更需要区县间合作、部门间协调。这就要求各个区县根据自身特点制订非首都功能疏解计划，要求完善政府部门之间综合协调机制，要求加强相关部门协作联动、共同参与、密切配合以形成政策合力。第二，功能疏解要综合运用法律、行政、经济等多种手段，完善法制环境，健全市场体制，调动社会各个层面的力量共同参与。第三，功能疏解需要更高水平城市综合管理作为保障。可借鉴上海金山区的城市综合管理创新经验，形成"一元化统筹领导、常态化综合管理、现代化信息支撑、社会化力量参与"的大联动社会管理新模式，真正实现资源的优化组合，提升城市综合管理效能。

落实功能疏解的资金保障和管理监督。无论是疏解非首都功能，还是构建"高精尖"产业结构、加强城市环境建设等，都需要资金支持和保障。因此，需要西城区政府财政部门全面做好非首都功能疏解资金管理工作，精心组织、统筹安排、规范管理，以促进非首都功能疏解各方面政策的落实。这就要求，既要多渠道筹措功能疏解资金，保证功能疏解资金来源稳定，包括财政预算专项安排、上级专项转移支付、引入社会资本等；又要建立健全功能疏解资金管理制度，确保功能疏解相关资金的规范募集、合理使用，保障相关信息的公开透明，确保功能疏解相关资金及时到位，提高功能疏解相关资金的使用效益。

注重多环节的第三方独立政策评估。第三方评估不仅可以成为政策制定的科学的评判依据，从而对政策执行者形成有力的监督作用。在京津冀协同发展框架下展开的非首都功能疏解，区域之间协调必然存在利益的重新分配，需要协调各方利益，在利益均衡点上制定顶层设计，只有这样才能真正落实功能疏解措施，而第三方独立政策评估正是协调各方利益的关键环节。进一步的，非首都功能疏解涉及的公共政策种类繁多、影响深远，利益相关方不但关注政府制定什么样的政策，更关注政府如何实施这些政策、这些政策产生会什么样的结果，这就需要多环节、全方位的政策评估来监督其运行，包括对政策方案、政策执行、政策终结等全流程各个环节的评估。

参 考 文 献

鲍冀馨 . 2014. 北京城市定位高精尖　土地资源将优先解决交通等问题[J]. 城市规划通讯，
　　(10)：9.

毕于榜 . 2010. 城市功能探析[J]. 消费导刊，6：227，229.

蔡昉，王德文，王美艳 . 2003. 工业竞争力与比较优势——WTO框架下提高我国工业竞争力的
　　方向[J]. 管理世界，2：58-63，70.

曹祎，罗霞 . 2014-11-25. 基于打车软件使用率的出租车运营速度分析[J/OL]. 重庆交通大学
　　学报（自然科学版）. http://www.cnki.net/kcms/detail/50.1190.U.20141125.1030.
　　002.html.

车维汉 . 2004. "雁行形态"理论研究评述[J]. 世界经济与政治论坛，3：88-92.

陈刚，刘珊珊 . 2006. 产业转移理论研究：现状与展望[J]. 当代财经，(10)：91-96.

陈刚，张解放 . 2001. 区际产业转移的效应分析及相应政策建议[J]. 华东经济管理，2：24-26.

陈红川 . 2010. 高新技术产业竞争力评价实证研究[J]. 软科学，(8)：21-23，29.

陈红儿，陈刚 . 2002. 区域产业竞争力评价模型与案例分析[J]. 中国软科学，1：100-105.

陈菁 . 1998. 堪培拉的固废处理系统[J]. 中国环境管理，4：25.

陈柳钦 . 2009. 基于产业视角的城市功能及其优化协调[J]. 上海城市管理职业技术学院学报，
　　1：3-7.

陈柳钦 . 2011. 城市功能及其空间结构和区际协调[J]. 中国名城，1：46-55.

陈卫平，赵彦云 . 2005. 中国区域农业竞争力评价与分析——农业产业竞争力综合评价方法及
　　其应用[J]. 管理世界，3：85-93.

陈晓声 . 2002. 产业竞争力的测度与评估[J]. 上海统计，9：13-15.

戴宏伟 . 2003. 区域产业转移研究——以"大北京"经济圈为例[M]. 北京：中国物价出版社 .

戴宏伟，马丽慧 . 2002. 借势与造势——京津冀产业梯度转移与河北产业结构优化[J]. 经济论
　　坛，18：6-7.

戴宏伟，田学斌，陈永国 . 2003. 区域产业转移研究[M]. 北京：中国物价出版社 .

丁一文 . 2013. 国外首都圈发展规律及其对我国"首都经济圈"建设的启示[J]. 河南大学学报
　　（社会科学版），4：63-73.

高宜程，申玉铭，王茂军，等 . 2008. 城市功能定位的理论和方法思考[J]. 城市规划，10：
　　21-25.

郭凡生 . 1984. 评国内技术的梯度推移规律——与何钟秀、夏禹龙老师商榷[J]. 科学学与科学
　　技术管理，12：19-22.

郭京福 . 2004. 产业竞争力研究[J]. 经济论坛，14：32-33.

哈妮丽 . 2012. 探索体制机制创新　推进首都经济圈建设[J]. 投资北京，4：36-38.

韩士元 . 2003. 城市经济功能构成及演进规律[J]. 城市，4：47-49.

何钟秀 . 1983. 论国内技术的梯度转递[J]. 科研管理，1：18-21.

黄莹，甘霖 . 2012. 继承、发展与创新——对北京城市功能定位和发展目标的深化认识[J]. 北

京规划建设，1：23-25.

黄祖辉，张昱．2002. 产业竞争力的测评方法：指标与模型[J]. 浙江大学学报（人文社会科学版），4：147-153.

纪良纲，晓国．2004. 京津冀产业梯度转移与错位发展[J]. 河北学刊，6：198-201.

纪晓岚．2004. 论城市的基本功能[J]. 现代城市研究，（9）：34-37.

贾若祥．2002a. 地区产业竞争力理论研究[J]. 资源·产业，3：44-46.

贾若祥．2002b. 地区产业竞争力评价方法及其应用——以济南、青岛为例[J]. 中国科学院研究生院学报，2：116-120.

贾若祥，刘毅．2003. 产业竞争力比较研究——以我国东部沿海省市制造业为例[J]. 地理科学进展，2：195-202.

姜博，王媛．2014. 东北地区城市功能联系演进的时空格局分析[J]. 经济地理，8：68-74.

蒋清海．1988. 也谈国内的"梯度理论"[J]. 开发研究，5：3-6.

金碚．1996. 产业国际竞争力研究[J]. 经济研究，11：39-44，59.

金碚．1997. 中国工业国际竞争力——理论、方法与实证研究[M]. 北京：经济管理出版社．

金碚．2003. 竞争力经济学[M]. 广东：广东经济出版社．

金碚，李钢，陈志．2007. 中国制造业国际竞争力现状分析及提升对策[J]. 财贸经济，3：3-10，128.

景体华．2008. 直面北京发展模式转型挑战[J]. 数据，1：18-19.

李菁，黄大全．2014. 学前教育资源空间分布现状与优化——以北京市西城区为例[J]. 学前教育研究，5：3-10，29.

李子祥．2014. 京津冀一体化下的北京城市功能定位研究[J]. 中国经贸导刊，23：22-23，35.

栗宁．2009. 漫谈世界五大都市圈[J]. 地理教育，2：13.

刘国亮，薛欣欣．2004. 比较优势、竞争优势与区域产业竞争力评价——以山东省制造业为例[J]. 产业经济研究，3：35-41.

刘建军，袁小培．2013. 城市功能演进的内在逻辑[J]. 河南工业大学学报（社会科学版），3：85-90.

刘满平．2004."泛珠江"区域产业梯度分析及产业转移机制构建[J]. 经济理论与经济管理，11：45-49.

刘涛，仝德，李贵才．2015. 基于城市功能网络视角的城市联系研究——以珠江三角洲为例[J]. 地理科学，3：306-313.

刘艳．2004. 论东部产业集群对西部开发的影响——对传统"梯度转移"理论的一种质疑[J]. 经济问题探索，1：22-25.

卢明华，李国平，孙铁山．2003. 东京大都市圈内各核心城市的职能分工及启示研究[J]. 地理科学，2：150-156.

孟力，闫威，虞冬青，等．2015. 京津冀协同发展战略周年聚焦[J]. 天津经济，（3）：16-23.

穆荣平．2000. 高技术产业国际竞争力评价方法初步研究[J]. 科研管理，（1）：50-57.

庞亚君．2015. 中心城市功能的内涵特征与发展演变[J]. 环球市场信息导报，6：30-34.

裴长洪．1998. 利用外资与产业竞争力[M]. 北京：社会科学文献出版社．

戚义明 . 2014-02-22. 站在复兴大业更高起点——十八大以来习近平同志关于经济工作的重要论述[EB/OL]. http://news. xinhuanet. com/politics/2014-02/22/c _ 126175088. htm.

仇方道，朱传耿 . 2003. 区域产业竞争力综合评价研究[J]. 国土与自然资源研究，3：7-9.

任宗哲 . 2000. 城市功能和城市产业结构关系探析[J]. 电子科技大学学报（社科版），2：32-34.

沈满洪 . 2010. 推进生态文明建设的战略构想[J]. 浙江经济，12：24-27.

石洋 . 2008. 国际科技园区高调创新[J]. 国际融资，1：12-17.

孙玉娟，李强，王金增 . 2007. 河北省产业转移与提高产业竞争力的优劣势分析[J]. 商场现代化，25：312.

田惠敏，张丹 . 2014. 疏解非首都核心功能的城市治理研究[J]. 中国市场，45：42-45.

汪涛，上官浩峰 . 2003. 城市现代化发展及演进规律研究[J]. 城市发展研究，5：43-48.

王剑，薛娟，孙智勇 . 2011. 世界城市功能区空间结构演变浅析——以纽约、东京、伦敦为例[J]. 北京财贸职业学院学报，2：22-27.

王林生 . 2013. 国际重要首都城市与北京文化战略比较分析[J]. 西部学刊，(7)：29-32.

王齐 . 2011. 借鉴欧洲先进经验，提升古城发展水平[J]. 中国工程咨询，9：61-63.

王书汉 . 2006. 现代城市功能结构的优化思路[J]. 鞍山师范学院学报，5：16-18.

王彦芳 . 2015. 城市功能分工演进与经济发展关系研究[J]. 北京城市学院学报，1：1-6.

王至元，曾新群 . 1988. 论中国工业布局的区位开发战略——兼评梯度理论[J]. 经济研究，1：66-74.

温薷 . 2015-04-01. 非首都功能产业实施水电差别定价[EB/OL]. http://epaper. bjnews. com. cn/html/2015-04/01/content _ 569315. htm? div=—1.

夏友富，沈晓川 . 1989. 梯度理论——东部重心论与沿海地区经济发展战略的思考[J]. 对外经济贸易大学学报，1：1-9.

夏禹龙，刘吉，冯之浚，等 . 1983. 梯度理论和区域经济[J]. 科学学与科学技术管理，2：5-6.

谢丽霜 . 2005. 产业梯度转移滞缓原因及西部对策研究[J]. 中央民族大学学报，5：11-16.

徐飞鹏，范俊生 . 2014-05-11. 把核心区率先建成国际一流的和谐宜居之区[N]. 北京日报 .

徐立凡 . 2015-02-12. 疏解北京非首都功能需激发内在动力[N]. 新华每日电讯 .

殷书良 . 2005. 实施"文化兴区"战略建设和谐社会首善之区[J]. 前线，10：28-30.

于连莉，王宁，牛雨 . 2006. 城市中心区交通发展对策研究[J]. 规划师，(S2)：49-51.

余川江，邓玲 . 2012. 中国四大经济区区域产业竞争力评价[J]. 华东经济管理，11：36-42.

臧学英，于明言 . 2010. 京津冀战略性新兴产业的对接与合作[J]. 中国发展观察，8：30-32.

翟烜，赵鹏 . 2015-04-24. 京津冀发展规划或 4 月底下发[EB/OL]. http://mp. weixin. qq. cn.

张继良，胡荣华 . 2010. 区域产业竞争力评价体系研究——基于江苏产业转型升级背景[J]. 产业经济研究，6：72-80.

张学良 . 2013. 2013 中国区域经济发展报告[M]. 北京：人民出版社 .

张玉庆，臧学英 . 2009. 滨海新区和天津城市功能定位的理论依据与实践意义[J]. 港口经济，11：12-15.

赵娇 . 2010. 世界城市空间演进规律及其启示[J]. 开放导报，5：107-110.

周炼石 . 1996. 评梯度推移理论与政策在中国的实践[J]. 上海经济研究，5：12-15.

周年兴，俞孔坚，李迪华 . 2004. 信息时代城市功能及其空间结构的变迁[J]. 地理与地理信息科学，2：69-72.

朱春奎 . 2003a. 区域产业竞争力评价指标与方法[J]. 江西行政学院学报，1：62-64.

朱春奎 . 2003b. 产业竞争力的理论研究[J]. 生产力研究，6：182-183.

朱媛媛，曾菊新 . 2013. 中国中部地区六个中心城市功能优化研究[J]. 地理与地理信息科学，6：73-77，94.

Akamatsu K. 1935. Waga kuni yomo kogyohin no susei[J]. Shogyo Keizai Ronso，13：129-212.

Cho D S. 1994. A dynamic approach to international competitiveness：the case of Korea[J]. Asia Pacific Business Review，1(1)：17-36.

Dunning J H. 1997. Trade，location of economic activity and the MNE：a search for an eclectic approach[A]. *In*：Ohlin B，Hesselnorn P O，Wijkman P J. The International Allocation of Economic Activity[C]. London ：MacMillan.

Kojima K. 1978. Japanese Direct Foreign Investment：A Model of Multinational Business Operations[M]. London：Croom Helm.

Lewis W A. 1954. Economic development with unlimited supplies of labour[J]. The Manchester School，22(2)：139-191.

Porter M E. 1990. The competitive advantage of nations[J]. Harvard Business Review，68(2)：73-93.

Vernon R. 1966. International investment and international trade in the product cycle[J]. The Quarterly Journal of Economic，80(2)：190-207.

附录　西城区功能评价

附录一　金融功能

金融在现代经济发展中扮演着非常重要的角色，随着经济全球化的不断深入，一国的金融服务的发展水平是国家竞争力的重要体现。从全球来看，国际上纽约、伦敦、东京、巴黎这些大都市都是本地区乃至全球重要的金融中心，金融业的发展为这些城市的发展注入了源源不断的活力。对于北京来说，金融业的发展对于京津冀一体化的国家战略有着重大的促进作用，一体化战略需要在京津冀范围内进行一些产业的迁移，无论是迁出地所需进行的拆迁还是迁入地所需的土地的规划，其厂房建设均需大量的资本，随之而来的是源源不断的融资需求，而北京本地的成熟的金融服务业可以就近提供高质量的融资服务。

一、金融功能经济贡献巨大，产业规模领先其他区县

2012 年年底，西城区金融业的总资产达到 63.5 万亿元，约占同期整个北京的 77.3%，规模远远领先于其他区县，中资银行存款余额为 23 856.87 亿元（附图 1-1），占本市比例高达 33.7%。

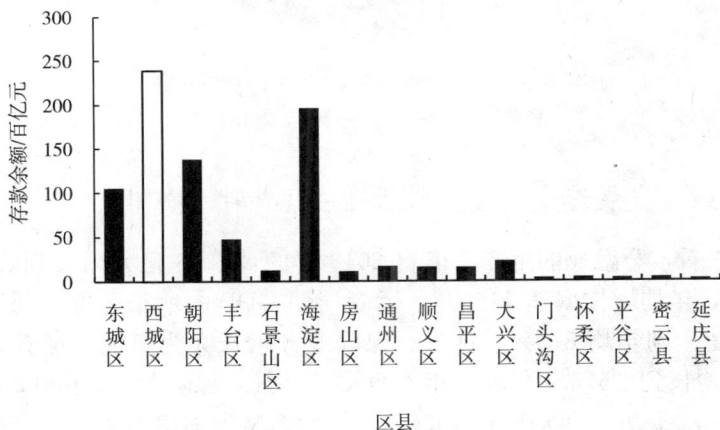

附图 1-1　2012 年北京中资银行存款余额

资料来源：《北京区域统计年鉴 2013》

在西城区内部，金融业贡献巨大。在 2012 年，金融业共有 349 家单位，实现 GDP 1 102.2 亿元，占整个西城区的 42.50%（附图 1-2），占西城区第三产业产值的 47.5%；全年实现利润 2 921.3 亿元，占企业实现利润的 58.8%；实现收入 5 245.2 亿元，区内占比达 30.5%；金融业全年上交国税税收 2 161.0 亿元（附图 1-3），占西城区总国税收入的 83.3%；上缴地税 207.1 亿元（附图 1-4），占全区地税收入的 40.6%。从业人员数量为 181 301 人，在岗职工工资达到 244 703 元，位居所有行业的第一位。从资产、创造 GDP、收入、利润、税收等指标看，金融业均位居西城区首位，大部分指标接近或超过总量的一半。

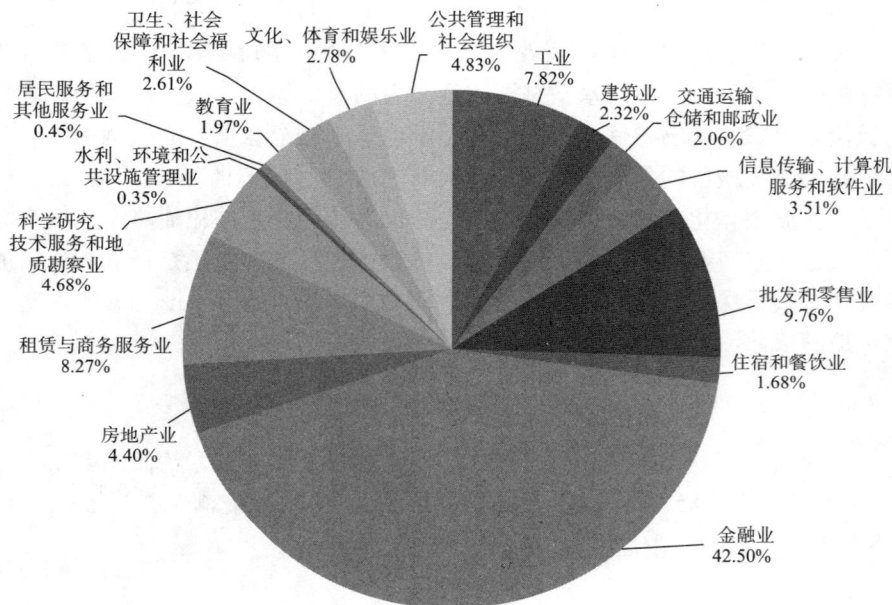

附图 1-2　2012 年西城区 GDP 生产总值比重
资料来源：《西城区统计年鉴 2013》

二、金融业发展速度迅速，银行业占据大半壁江山

从纵向来看，金融业的生产总值自 2010 年的 826.3 亿元增长到 2013 年的 1 206.7 亿元，年均增长率达 11.8%，远超同期 GDP 的增长速度，同期金融业资产增长速度达到年均 8.3%。证券、保险业务增长尤为迅速，证券业资产由 2 810.1 亿元增长到 4 575.4 亿元，年均增长 17.6%，保险业资产由 9 202.5 亿元增长到 12 458.2 亿元，年均增长 10.6%。因而，从发展潜力来看，金融业以其增长速度领先于众多产业，未来金融业必将在西城区的发展中起到更大作用。

从行业内部来看，银行业处于绝对领先地位。截止到 2012 年年底，银行业

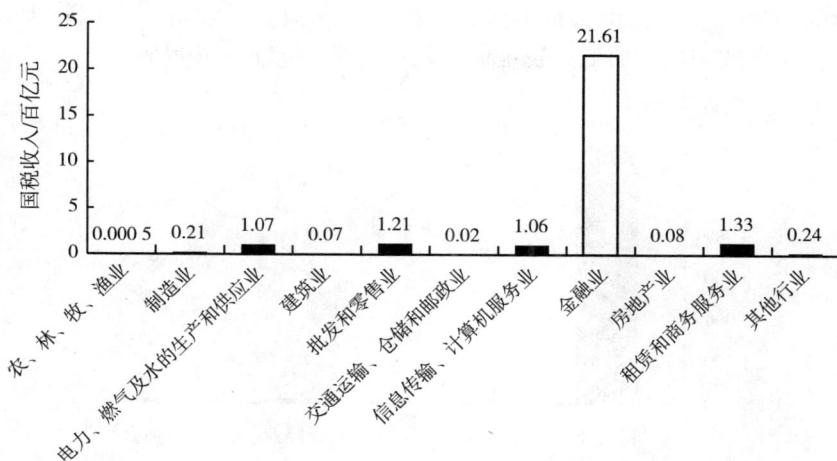

附图 1-3 2014 年西城区国税收入情况

资料来源:《西城区统计年鉴 2013》

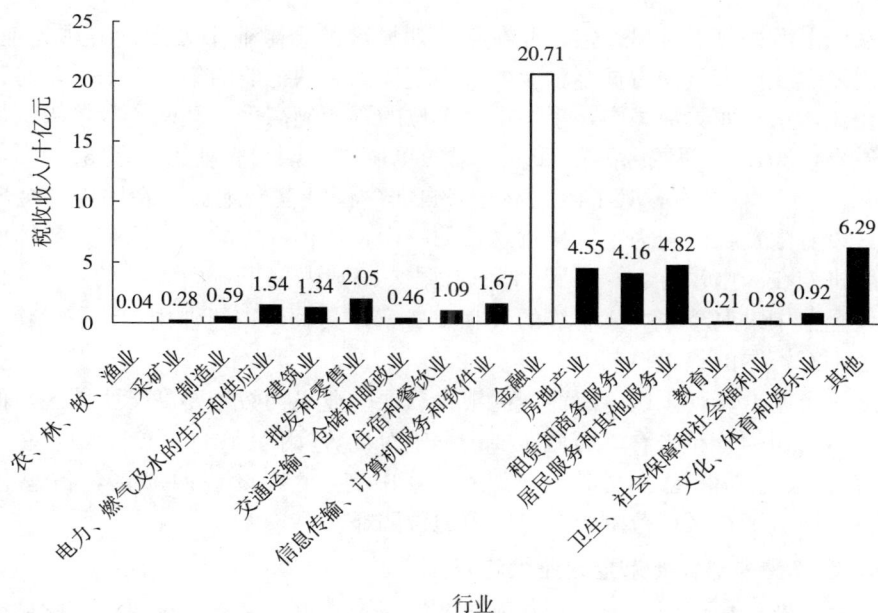

行业

附图 1-4 2012 年西城区地税税收收入情况

资料来源:《西城区统计年鉴 2013》

的总资产为 60.89 万亿元(附图 1-5),占整个金融业资产的 95.7%;单位数有 102 个,在整个金融业内部占比为 29.2%;银行业从业人员有 122 483 人,占整个行业的 66.9％。而其他如证券业、保险业、其他金融业资产占比较少，单位数与银行业大致相当或略低于银行业，从业人员数远低于银行业。

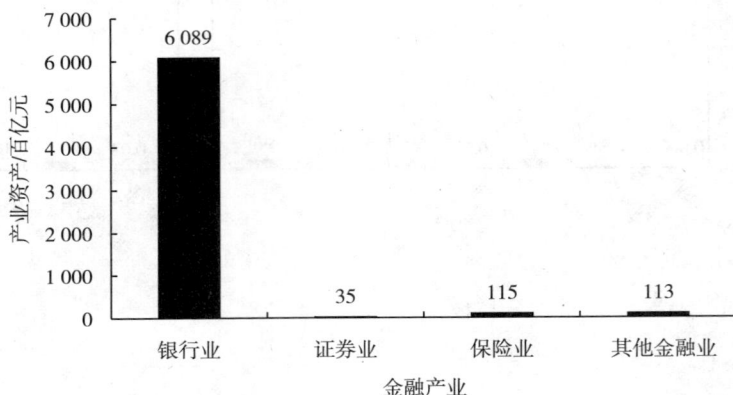

附图 1-5　2012 年西城区金融产业资产分布
资料来源：《西城区统计年鉴 2013》

从以上数据可以看出，银行业在整个西城区的金融业中处于绝对领先地位，资产规模、从业人员均占据金融业的大半壁江山。从行业的集中度来看，与其他三者相比，银行业更加集中，平均单个单位的资产额高出一至两个数量级。从企业性质看，2012 年西城区的三百多家金融单位中，国内企业占据了 87.7％，外资金融机构仅有 43 家，其中绝大部分来自非中国港澳台地区。在国内的金融机构中，以有限责任公司为主，接近总数的一半，值得一提的是，国有、集体所有的金融机构在区内仅有 20 家，而股份有限公司则占据了业内收入的 70％以上。在这些企业中隶属于中央或省级的共有 112 家，其收入占行业内收入的 94.3％，体现了国有资本的绝对控制力。

从全市来看，朝阳区、海淀区的银行、保险业机构数量要高于西城区，但从总行、总公司的分布来看，西城区要占据绝对优势（附图 1-6）。2012 年，总部设在北京的银行、保险公司共有 42 家，其中有 34 家设在西城区，占总量的 81.0％。西城区在区域范围内金融决策地位明显。

1. 京津冀内部，北京金融业优势明显

从京津冀区域内部来看，在金融服务业上，北京地区发展更成熟，区域内部优势明显。2012 年年末，整个北京的金融机构存款余额达到 77 876 亿元，河北达到 33 665 亿元，而天津仅有 19 676 亿元，在存款余额规模上，北京是河北的两倍多，是天津的三倍多（附图 1-7）。从金融机构的数量上来看，北京拥有 1 805 家法人单位，河北拥有 2 488 家，天津拥有 2 366 家，北京虽然数量上不占优势，但单个金融机构的资产远高于河北和天津，金融服务业的集中度更高，发展更加

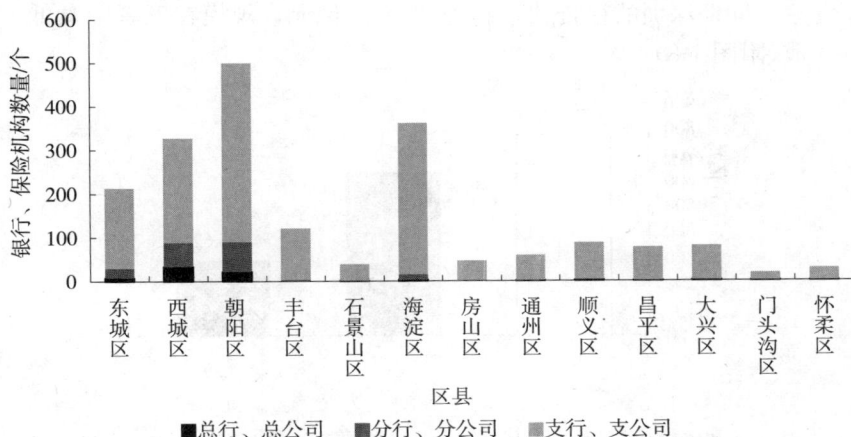

附图 1-6　2012 年北京各区县银行、保险机构情况
平谷区、密云县、延庆县数据缺失，故未列出
资料来源：《北京区域统计年鉴 2013》

成熟。在吸纳就业人数上，2012 年，北京共有 37.56 万人从事与金融相关的工作，这一数字在天津为 7.82 万人，而在河北则为 24.64 万人，金融业从业人数北京要高于河北与天津。

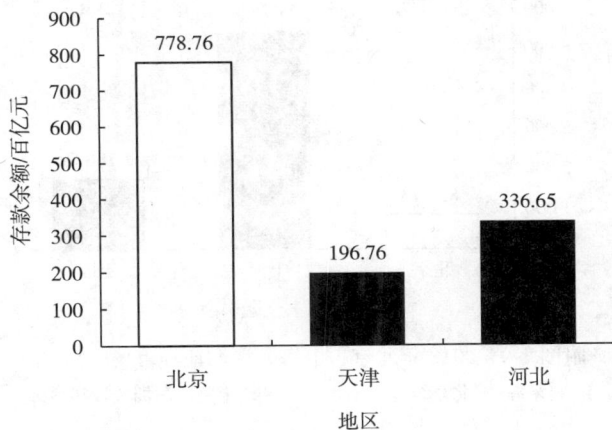

附图 1-7　2012 年京津冀金融机构存款余额
资料来源：《北京统计年鉴 2013》《天津统计年鉴 2013》《河北省统计年鉴 2013》

2. 与上海、深圳相比，北京在金融决策领域更占优势

长期以来，北京、上海、深圳作为中国的三大金融中心得到了广泛承认，从不同的指标来看，三大金融中心各有优劣。

从资产规模上看，2012 年，上海金融机构的存贷款余额达到 63 555 亿元，略低于北京。同期深圳的存贷款余额为 29 662 亿元，规模在三者中最低，不到北京的 4 成（附图 1-8）。

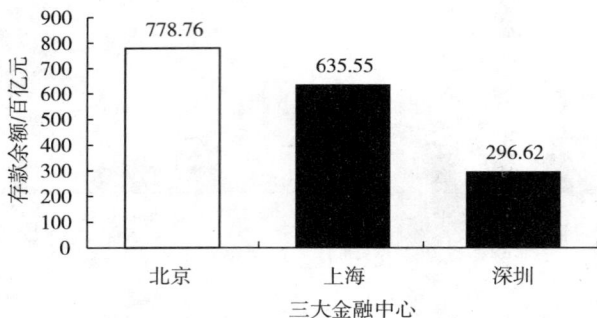

附图 1-8 2012 年北京、上海、深圳金融机构存款余额
资料来源：《北京统计年鉴》《上海统计年鉴》《深圳统计年鉴》

从市场交易量上看，上海与深圳更占优势，2012 年上海的证券交易量达到 547 535 亿元，而同期北京的证券交易量仅为 85 413 亿元，上海的证券交易量约为北京的 6.4 倍。深圳在 2012 年的证券交易量也达到了 178 659 亿元，是北京的两倍多（附图 1-9）。

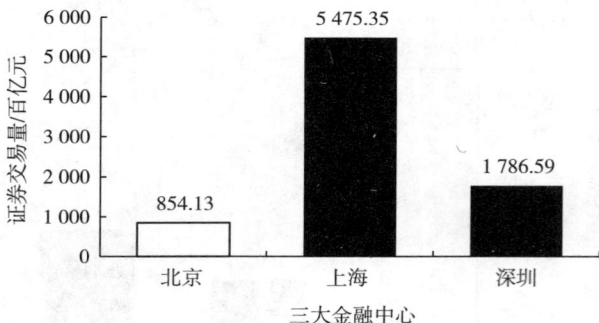

附图 1-9 2012 年北京、上海、深圳证券市场交易量
资料来源：《北京统计年鉴》《上海统计年鉴》《深圳统计年鉴》

从保费收入来看，北京的保费收入在三者中最高，2012 年达到 923.1 亿元，上海的保费收入在 2012 年为 820.64 亿元，略低于北京，而深圳在 2012 年的保费收入仅为 401.27 亿元，总量上不足北京的一半（附图 1-10）。

从数据上来看，北京与上海、深圳相比，在交易市场上占劣势，上海拥有上海证券交易所、上海期货交易所、全国银行间货币与债券市场等多个交易场所，涵盖金融领域的各个范围，行业层次丰富，现代金融市场体系的建设在国内最为完善。深圳与上海相比，虽然相对较弱，但深圳证券交易所在中小企业、新兴技

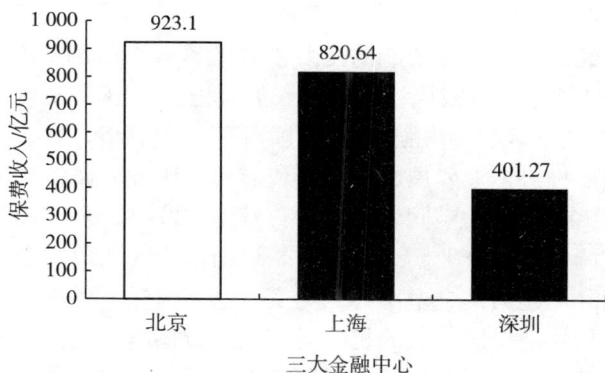

附图 1-10　2012 年北京、上海、深圳保费收入

资料来源：《北京统计年鉴》《上海统计年鉴》《深圳统计年鉴》

术产业方面持续深耕，特色优势明显，又因其与香港较为临近，可与香港形成良性互动。北京与上海、深圳相比，其优势在于依托其首都的政治中心地位，汇聚着中国几乎所有的金融决策与监管机构，大量金融机构将其总部设在北京，几乎所有的金融政策、法律法规和规章制度都出自北京的"金融街"。因此北京应当强化其作为金融决策中心的作用，并对金融市场的层次性进行补强，建立有特色的金融交易场所，与上海、深圳形成互补互动，共同为中国经济的发展做贡献。

3. 政府规划中，金融业地位历来占据重要位置

从金融业的产业定位来看，《北京市"十二五"时期金融业发展规划》指出："十二五"时期，首都金融业在金融创新、债券市场、股权投资、金融人才等领域的全国领先地位基本确立，北京作为国家金融管理中心的地位得到进一步巩固提升，具有国际影响力的金融中心城市框架基本形成。北京将建设并巩固其作为国家金融创新中心、国家支付清算中心、国家债券市场管理中心、全国股权投资中心、全国财富管理中心、全国金融人才中心的地位与作用。北京提出进一步提升首都金融的创新力、辐射力和影响力，使得金融对首都科学发展的服务能力进一步提升，金融生态环境进一步优化。在金融发展的重点任务上提出了以下八大目标：健全组织体系，提升产业竞争力；增强市场功能，提升资本辐射力；发展科技金融，提升创新引领能力；完善产业金融，提升经济贡献力；加强环境营造，提升金融软实力；优化产业布局，提升空间承载力；建设人才队伍，提升资源集聚力；深化开放合作，提升国际影响力。并为实现这些目标，制定了一系列政策支持。例如，在市级层面，建立健全规划实施的指导协调机制，在区县层面，加强区县政府服务金融能力建设；完善首都金融改革发展政策支持体系，制定金融要素市场建设支持政策，构建合理的政策实施反馈机制；强化规划宣传机制、实施机制、评估机制。

西城区作为北京金融服务功能的主要承载地区，在《北京市西城区国民经济和社会发展第十二个五年规划纲要》指出，要建立具有国际影响力的金融中心，提出全面实施"服务立区、金融强区、文化兴区"三大战略，并在继承原有发展格局的基础上，按照推进产业发展、提升环境品质、服务人民生活的原则，全力构建"一核、一带、多园区"的空间发展布局。其中，"一核"是指以"金融街"为中心区，以德胜科技园、广安产业园为辐射区，以白塔寺、西单和南闹市口地区为配套区，并具有国际影响力的金融中心。为实现这一目标，西城区政府通过功能街区产业发展促进局这一全国独有的机构对街区进行调整，完成了"金融街"集团改制。通过区划调整，"金融街"加快了拓展速度，形成了南北连片发展的格局。借助德胜科技园和广安产业园的政策和空间优势，金融街实现了产业溢出，逐步构建起一个跨越中心城区南北的大金融辐射圈。

综上所述，无论从金融行业对西城区、北京经济的贡献，还是西城区、北京政府对金融行业的定位来看，金融行业都属于首都功能，不仅不应该对其迁移或淡化，反而应该强化金融服务业在区域内的地位。从行业内部看，银行业在西城区金融业内部居于主导地位，近几年其他金融服务行业虽然得到了快速发展，但在规模上仍无法与银行业相比，因而在下一步的规划中，可以适当引导其他金融产业的发展，实现行业功能的多元化，从而更好地为京津冀乃至全国提供优质服务。

附录二 服务功能

2014 年，西城区实有市场主体 93 870 户，其中企业 53 840 户、个体工商户 40 030 户。行业分布主要集中在零售及服务业。西城区为更好地满足社区居民生活需求，通过试点先行，采用多种规划、政策、资金等手段，搭建复合性社区服务平台体系，推动生活服务型网点的可持续发展。同时，成立了领导小组，共同推行生活服务业的发展提升。

根据国民经济行业分类代码，居民服务功能所涵盖的产业包括家庭服务、托儿所服务、洗染服务、理发及美容服务、洗浴服务、保健服务、婚姻服务、殡葬服务和其他居民服务业。就西城区服务功能具体情况来看，"七小"商户大量充斥。这类商户虽然在一定程度上满足了附近居民的生活需求，但存在安全隐患多、环境脏乱差与资源空间利用不均衡等问题，给环境、资源与社会秩序带来巨大压力。同时，由于从业门槛低，吸引了大量外来务工人员，不利于人口的调控。可见，"七小"商户妨碍了西城区生活服务功能向更高层次提升，不利于现代宜居生活服务体系的构建，不符合西城区首都核心区的功能定位。生活服务功能作为城市基本功能，是一个城市发展必不可少的。针对当前"七小"状况的存在，应加强监督管理，挤压"七小"门店生存空间。同时，加强高质量生活网点的建设，最大限度地利用空间资源。

附录三 居住功能

城市的居住功能是人们之所以留在城市的先决条件之一。随着经济社会的不断发展，城市的宜居性在规划中的作用日益受到重视，国际上的一些大都市均将城市的宜居性纳入规划中。

从统计数据看，2013 年，西城区全社会固定投资总额为 213 亿元，房屋建筑施工面积为 269.1 万平方米，商品房施工面积为 173.4 万平方米，商品房销售面积为 34.2 万平方千米，房地产开发投资为 114.8 亿元。从各项指标看，西城区位于北京各区县比较靠后的位置，考虑到各区面积及人口不同，利用城镇村及工矿用地和户籍人口数进行平均，得到如下的数据。

从基础设施投资上看，西城区单位面积的基础投资金额位居北京前列，而人均基础设施投资则位于北京各区县最后一名（附图 3-1 和附图 3-2）。

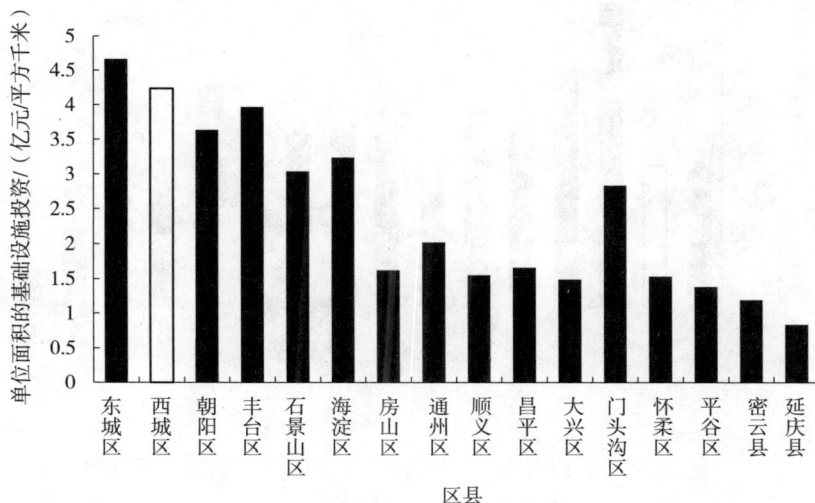

附图 3-1 2013 年北京各区县单位面积的基础设施投资
资料来源：《北京区域统计年鉴 2014》

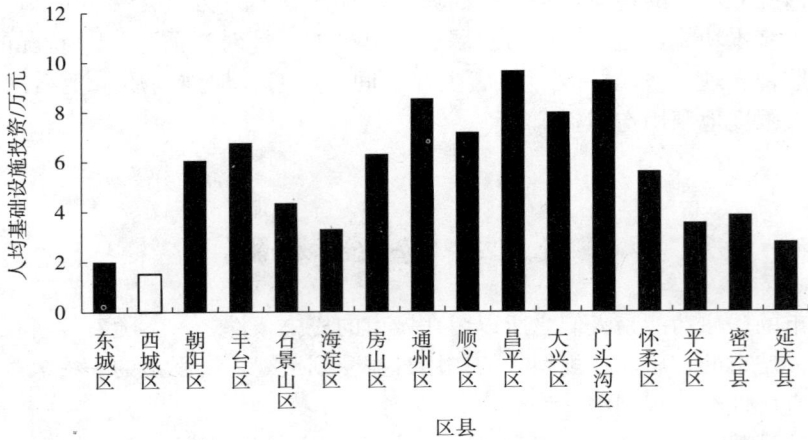

附图 3-2　2013 年北京各区县人均基础设施投资

资料来源：《北京区域统计年鉴 2014》

　　从房屋建筑施工面积上看，西城区在单位面积上指标位于全市中游，而在人均指标上则排名倒数第一（附图 3-3 和附图 3-4）。

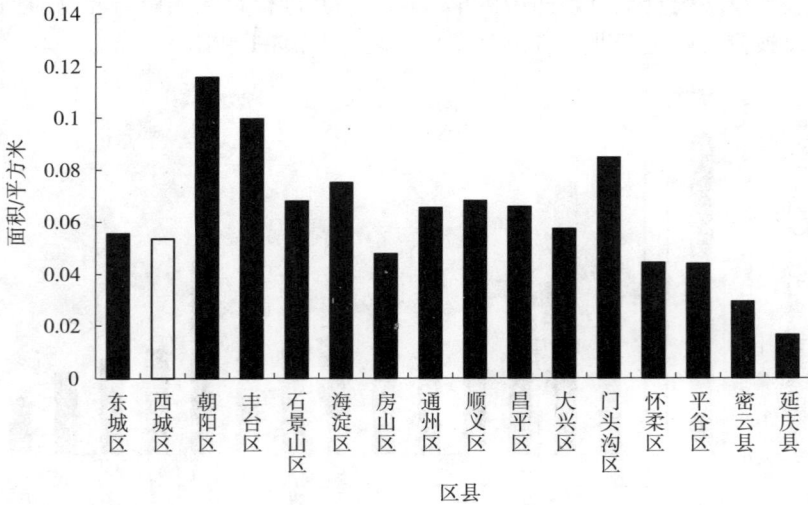

附图 3-3　2013 年北京各区县单位面积房屋建筑施工面积

资料来源：《北京区域统计年鉴 2014》

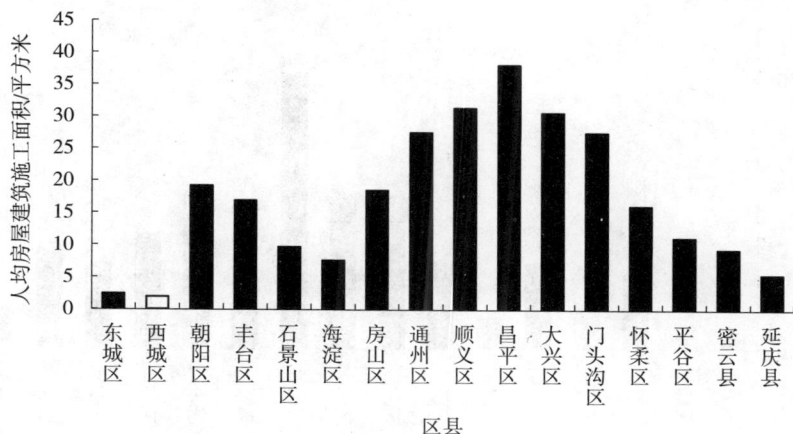

附图 3-4　2013 年北京各区县人均房屋建筑施工面积
资料来源：《北京区域统计年鉴 2014》

从房屋建筑竣工面积上看，西城区在单位面积上指标排名见附图 3-5，在人均指标上排名见附图 3-6。

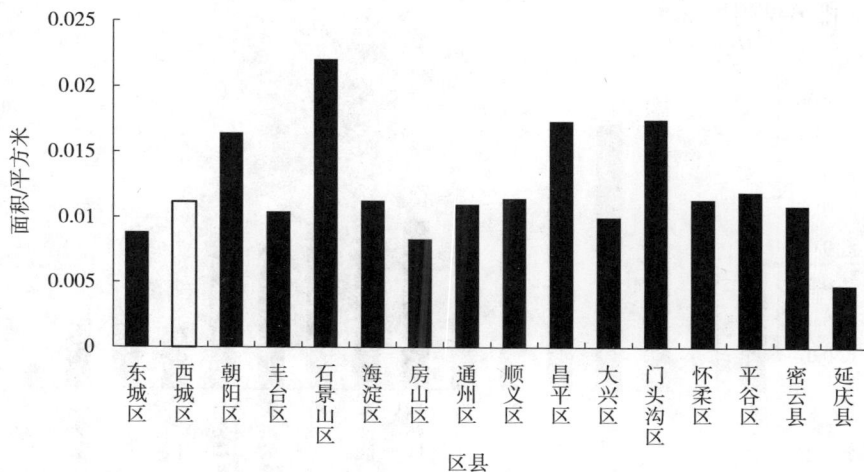

附图 3-5　2013 年北京各区县单位面积上房屋建筑竣工面积
资料来源：《北京区域统计年鉴 2014》

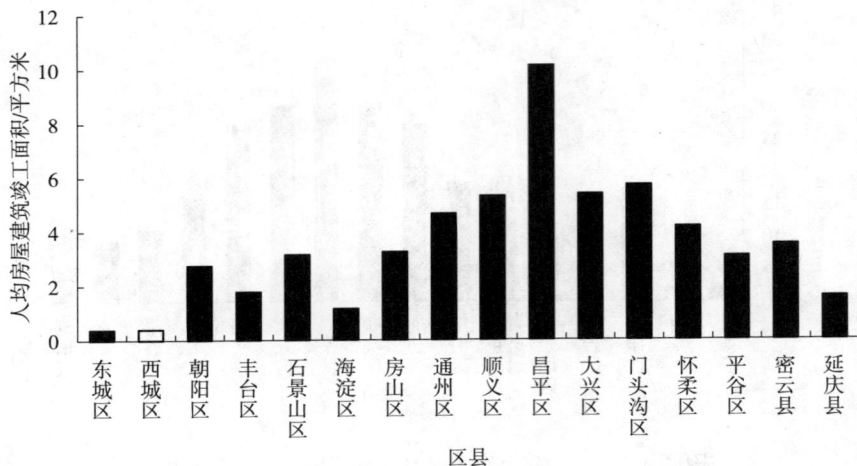

附图 3-6　2013 年北京各区县人均房屋建筑竣工面积

资料来源：《北京区域统计年鉴 2014》

　　从商品房施工面积上看，西城区在单位面积上指标排名见附图 3-7，在人均指标上排名见附图 3-8。

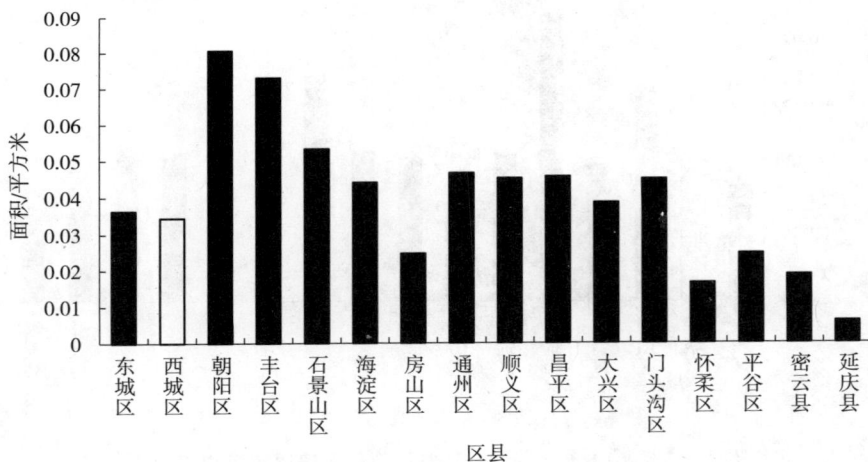

附图 3-7　2013 年北京各区县单位面积上商商品房施工面积

资料来源：《北京区域统计年鉴 2014》

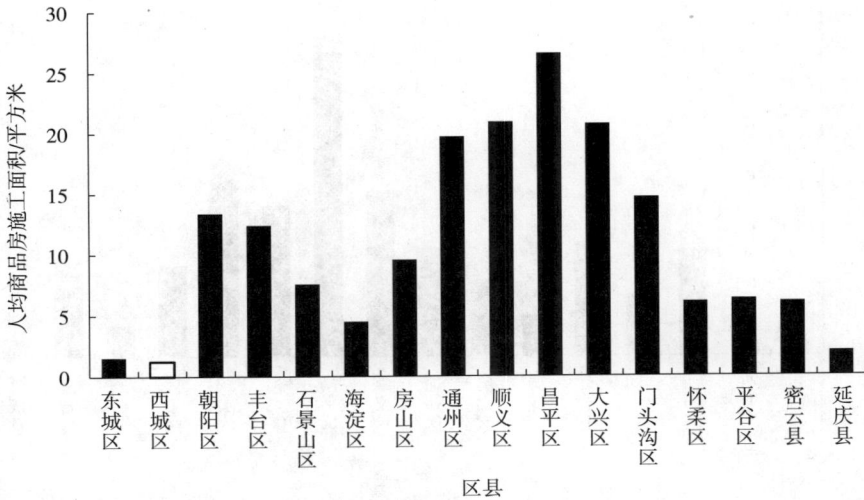

附图 3-8　2013 年北京各区县人均商品房施工面积
资料来源：《北京区域统计年鉴 2014》

从商品房竣工面积看，西城区在单位面积上指标排名见附图 3-9，在人均指标上排名见附图 3-10。

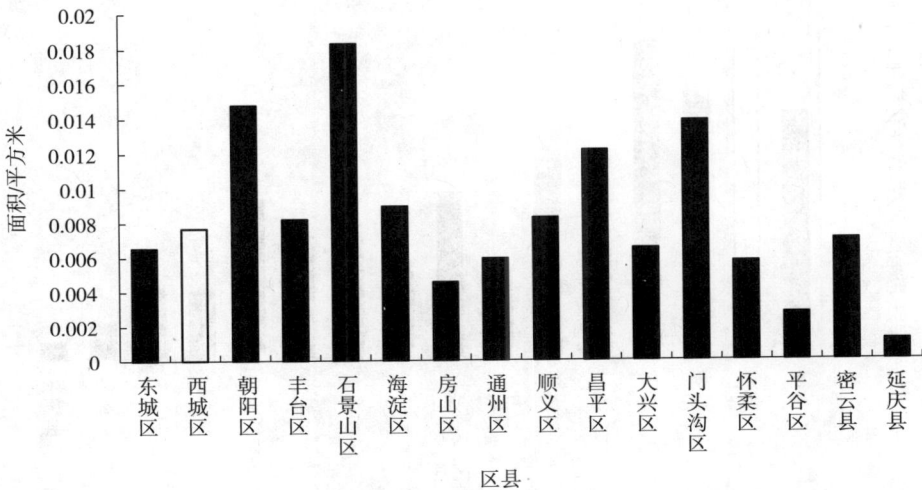

附图 3-9　2013 年北京各区县单位面积上商品房竣工面积
资料来源：《北京区域统计年鉴 2014》

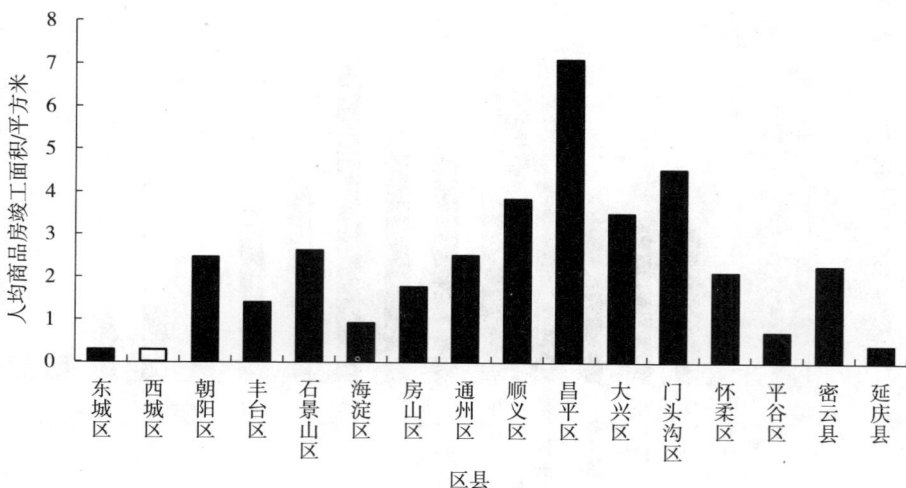

附图 3-10　2013 年北京各区县人均商品房竣工面积

资料来源：《北京区域统计年鉴 2014》

　　从房地产开发投资看，西城区在单位面积上的开发投资位居北京第二，仅次于丰台区，而人均指标位居北京各区县的下游水平（附图 3-11 和附图 3-12）。

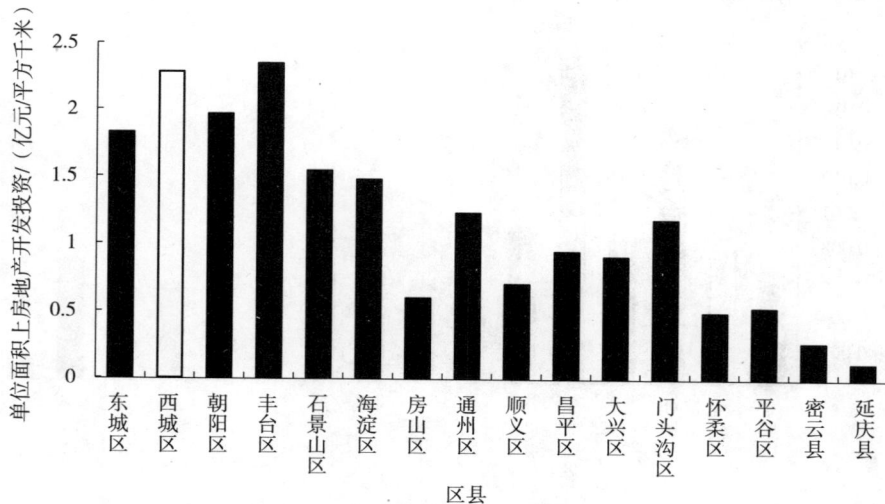

附图 3-11　2013 年北京各区县单位面积上房地产开发投资

资料来源：《北京区域统计年鉴 2014》

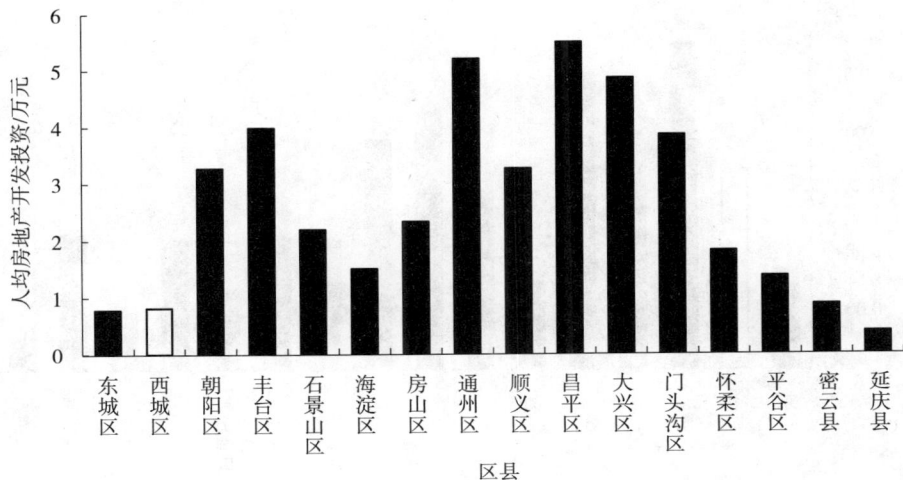

附图 3-12　2013 年北京各区县人均房地产开发投资
资料来源：《北京区域统计年鉴 2014》

从商品房、住宅的销售面积两个指标看，西城区在单位面积上的指标均优于其在人均上的指标，前者处于区域内的中上游，后者位居末端（附图 3-13～附图 3-16）。从上述统计数据看出，西城区在与居住功能相关的各指标上，单位面积上的表现要好于人均上的表现。人均指标基本占据倒数一、二名的位置。这一方面反映出西城区的居住功能确实在整个北京处于较为落后的水平，另一方面也说明，西城区并不以居住功能作为区域内的主导，从其国民经济产业的产值来看，西城区的主要支柱产业为金融等商务服务业，受经济利益的驱动，在建筑的兴建方面会优先考虑商务中心、写字楼等收益较高的建筑，此外由于西城区面积狭小，现有土地已得到充分开发，因此很难进行大规模的居民小区的建设。但从发达国家的城市规划经验看，在城市中心地带规划一定的居住区可以增强中心区功能的多样性，防止其在夜晚变为"死城"。

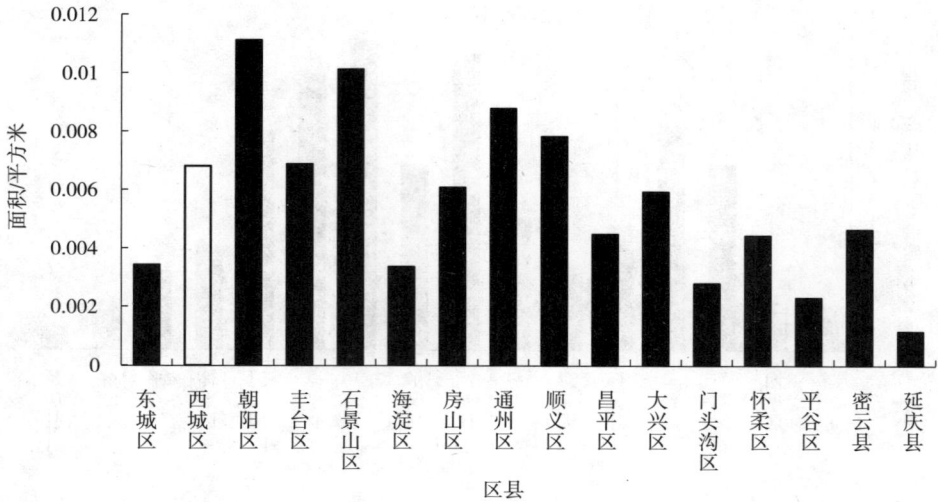

附图 3-13　2013 年北京各区县单位面积上商品房销售面积

资料来源：《北京区域统计年鉴 2014》

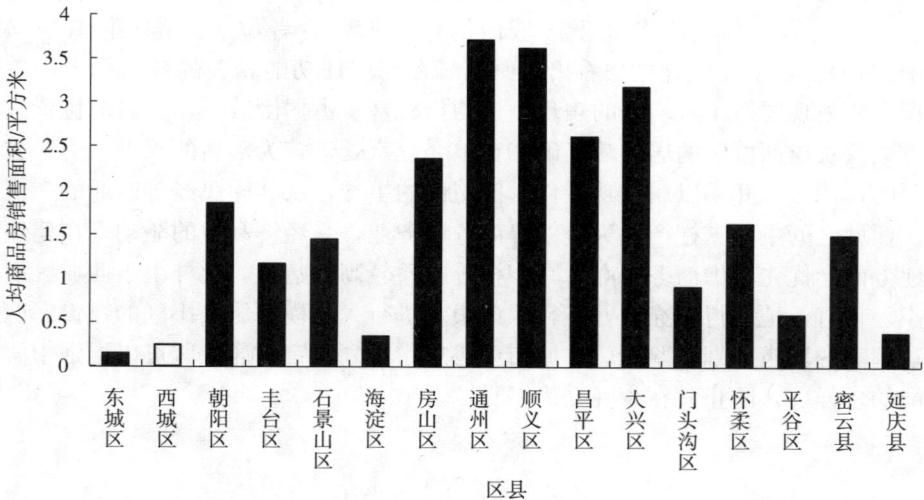

附图 3-14　2013 年北京各区县人均商品房销售面积

资料来源：《北京区域统计年鉴 2014》

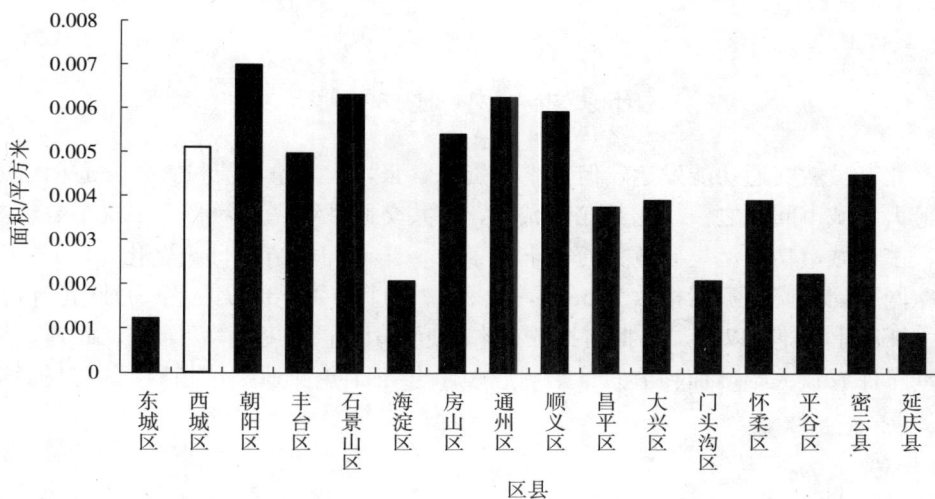

附图 3-15　2013 年北京各区县单位面积上住宅销售面积

资料来源：《北京区域统计年鉴 2014》

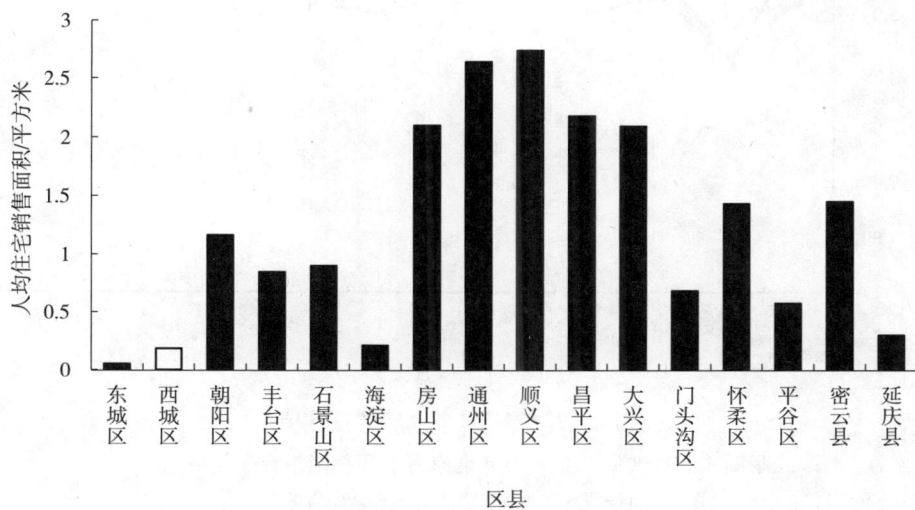

附图 3-16　2013 年北京各区县人均住宅销售面积

资料来源：《北京区域统计年鉴 2014》

附录四　交通功能

北京虽然交通功能发达，但其土地资源紧张，人流量车流量大，交通拥堵成为最大的城市问题之一。尤其在西城区，公共交通系统完备，私人小汽车数量飙升，多种城市功能汇集导致交通需求量攀升，交通拥堵情况日益恶化。2010 年，道路网平均日交通拥堵指数为 6.14，比 2009 年上升了 13.6%。除 2 月（春节）及 7 月和 8 月（暑假）以外，月拥堵指数基本接近或达到"中度拥堵"等级。此外，受机动车保有量大幅增加和节假日影响，2010 年下半年交通拥堵指数增幅明显（附图 4-1）。

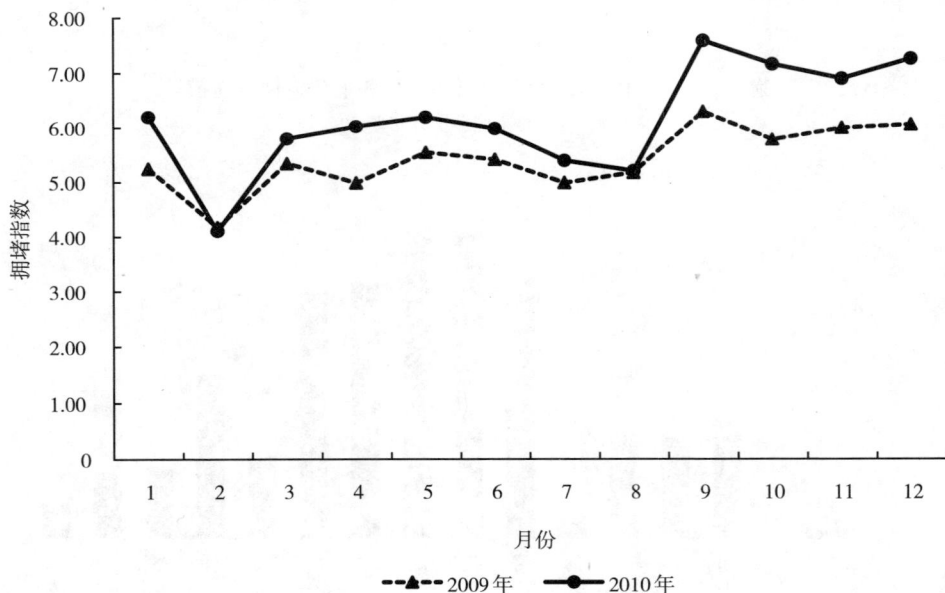

附图 4-1　2009 年和 2010 年北京月交通拥堵指数变化情况
资料来源：《北京市第四次交通综合调查》

交通功能是城市的基本功能之一，承担着疏散城市人流、车流，满足居民出行要求，保持交通线路顺畅和通达性的职能。城市交通功能涵盖了城市内和城市间的各种交通形式，包括航空交通、铁路交通、道路交通和水运交通。城市交通功能主要体现在以下几个方面。

一是提供便利通畅的交通运输，缩短城市空间距离。交通工具和出行方式的选择在很大程度上影响了人们的生活半径，便利和通畅的交通系统减少了人们出行的冗余时间，保障了城市交通的通达性，给人们城市空间距离"缩短"的感受。

二是促进城市经济发展，引导城市发展方向。一方面，城市交通布局最初以疏散繁华区域的人流和车流，缓解交通运输压力为目的；另一方面，完善的交通体系吸引了大量的人群、商业集群和住宅，加速了带状区域经济的繁荣，促进了城市商业和房地产业的开发，从而促进城市经济发展，引导城市区域向商业或住宅方向发展。

三是构成城市应急组织系统，承担防空战备职能。目前，我国大多数城市已拥有包括消防、防汛、防震与抗震、疾病防控及核事故应急技术支援等专业性应急组织。为提高城市应对突发事件和公共危机的能力，完备的应急组织系统必不可少。其中，交通系统是疏散人员和运输物资的基础。此外，城市轨道交通承担了部分防空战备的职能，如1953年诞生的北京地铁设计方案，以人防备战为其主要功能之一。

按照国民经济行业分类代码，交通功能对应的大类产业为"交通运输、仓储和邮政业"；再细分后，交通功能对应的中类产业为"航空运输业""铁路运输业""道路运输业""水上运输业""管道运输业""运输代理业"（附图4-2）。其中，每一中类产业分为客运和货运两大部分。聚焦于西城区的交通功能评价，城市内交通现状分析是最核心的部分。因此，将西城区（北京）交通功能的现状评价分为三个部分，即客运交通、货运交通、城市内交通，其中城市内交通包括交通基础设施与交通出行。

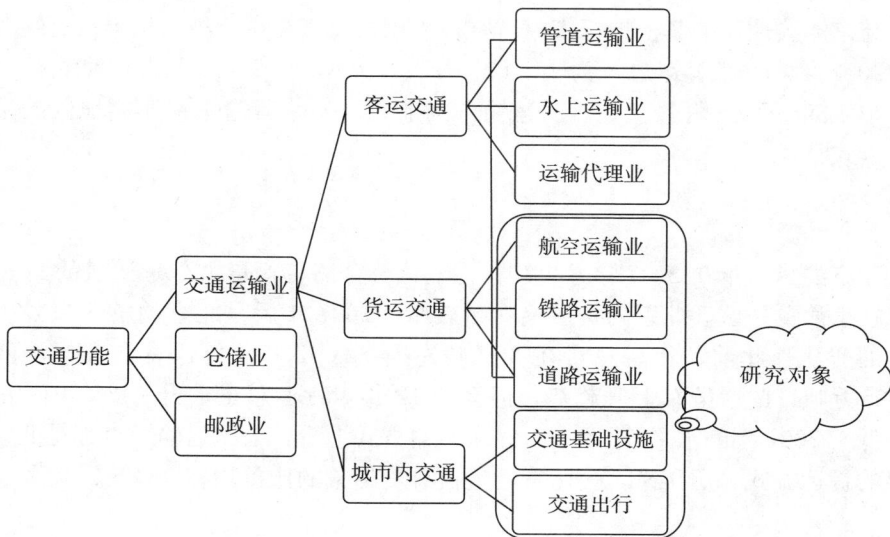

附图4-2　交通功能所对应的产业层级结构

一、客运交通

北京客运总量呈上升趋势，以公路运输为主，且其客运绝对量在京津冀地区占有绝对优势。除 2006～2008 年外，北京的客运总量逐年上升，至 2012 年，北京客运总量为 149 037 万人。从运输方式上看，公路运输一直都是北京最主要的客运方式，2010 年以来，公路客运量占总客运量的比重接近 90%（附图 4-3）。

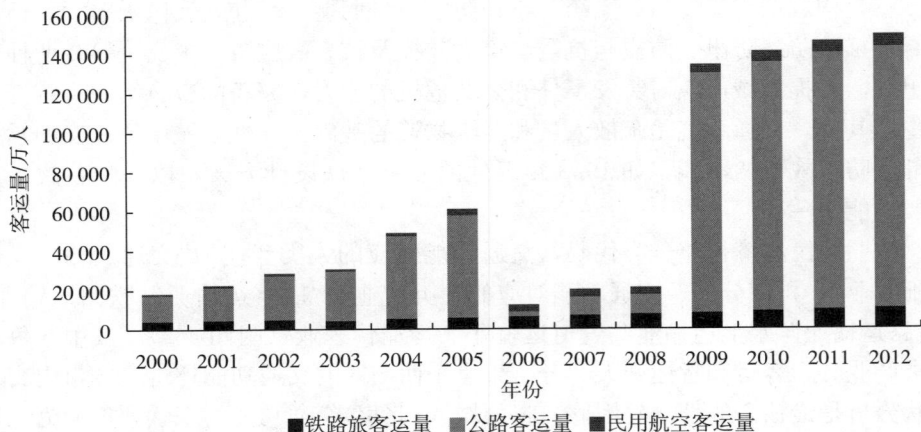

附图 4-3　2000～2012 年北京按运输方式分类的客运量

资料来源：《中国城市统计年鉴》

与京津冀地区的其他地级市（直辖市）相比，北京在客运绝对量上占有绝对优势。2012 年，北京客运总量为 149 037 万人，天津为 28 462 万人，河北客运总量为 104 398 万人（附图 4-4）。从运输方式上看，公路运输是京津冀地区的主要运输方式。

二、货运交通

北京的货运量在 2007 年发生结构性变化，公路货运量占总货运量的 90% 以上。在京津冀地区，北京的货运绝对量较少。2007 年后，北京的货运量发生了明显的变化。此前，货运总量在 3 亿吨左右，2007 年，货运总量大幅下降到 19 895 万吨；此后虽有上升趋势，但至 2012 年，货运总量上升为 26 291 万吨，仍远低于 2007 年的水平（附图 4-5）。从运输方式上看，公路运输一直都是北京最主要的货运方式，历年来，公路货运量占总货运量的比重均在 90% 以上。

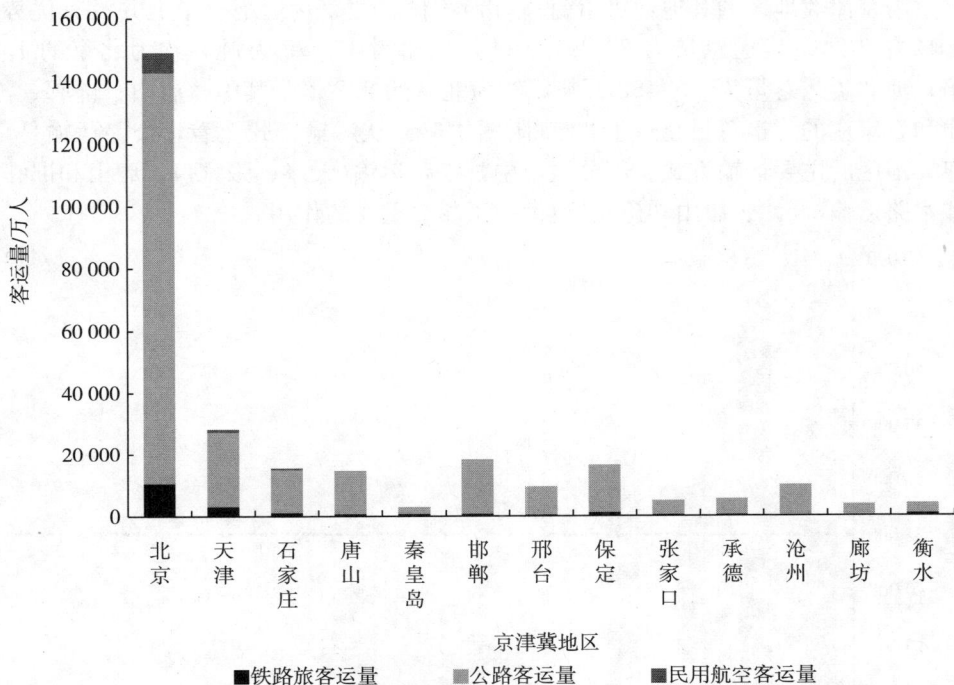

附图 4-4　2012 年京津冀地区按运输方式分类的客运量

资料来源：《中国城市统计年鉴》

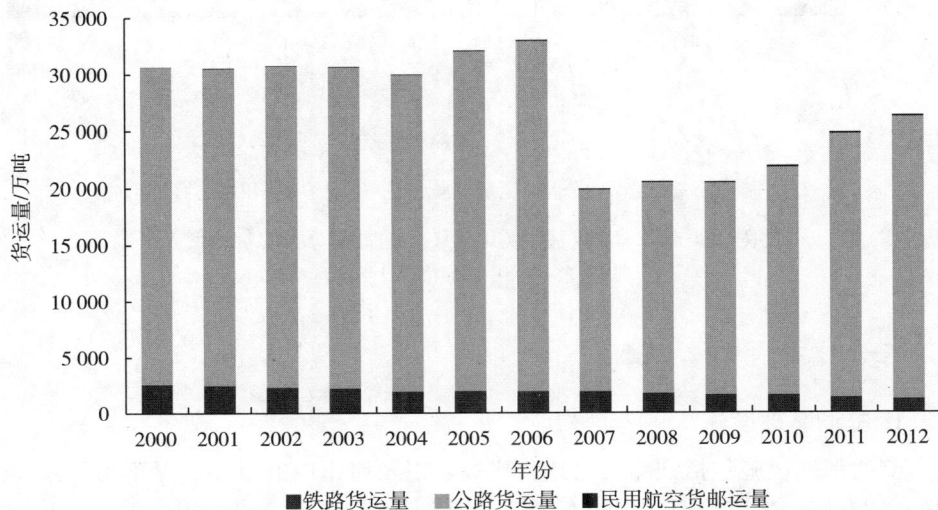

附图 4-5　2000～2012 年北京按运输方式分类的货运量

资料来源：《中国城市统计年鉴》

与京津冀地区的其他地级市（直辖市）相比，北京货运绝对量上并没有优势。2012 年，北京货运总量为 26 291 万吨，天津为 46 475 万吨，约为北京的 1.8 倍；河北货运总量为 214 452 万吨，约为北京的 8.2 倍，其中，唐山、邯郸、沧州和石家庄的货运总量超过了北京（附图 4-6）。从运输方式上看，公路运输是京津冀地区的主要运输方式。部分城市中，铁路运输（天津、张家口、唐山和邯郸）和水路运输（天津、唐山和沧州）也发挥了相对重要的作用。

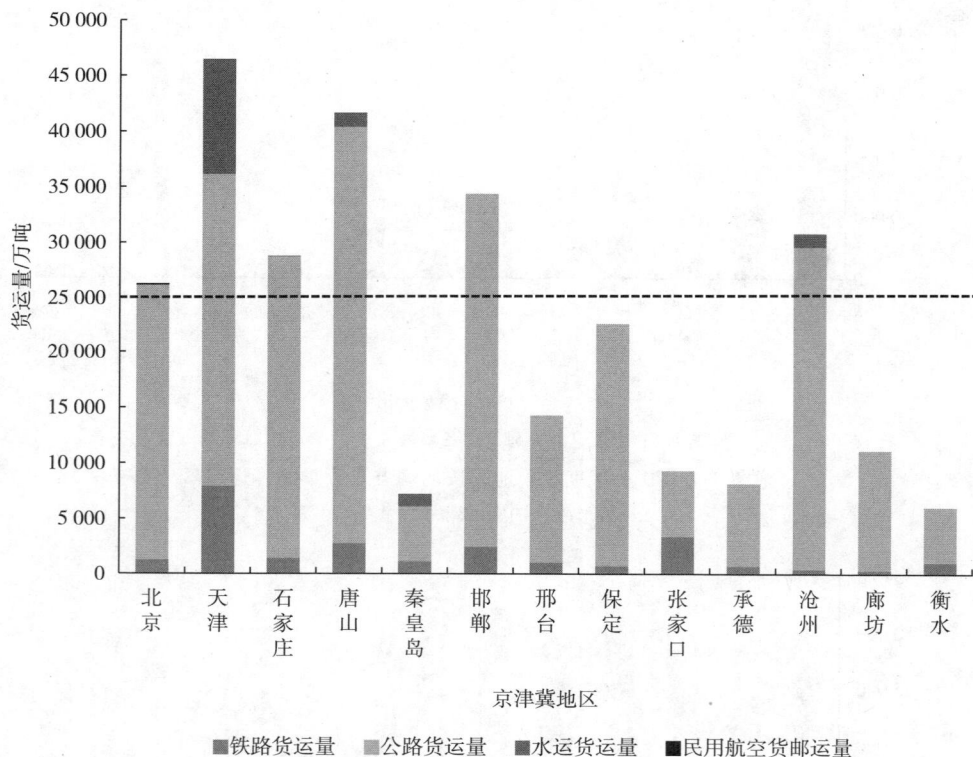

附图 4-6 2012 年京津冀地区按运输方式分类的货运量
资料来源：《中国城市统计年鉴》

三、城市内交通

1. 交通基础设施

交通基础设施包括铁路、公路、机场，以及城市内的道路、停车场和公共交通（公共汽车、轨道交通、出租车）等。北京市中心城区公路里程数低。2012 年，北京铁路营业里程 0.13 万千米，公路里程 2.15 万千米。从各区县的公路里程数来看，东城区、石景山区和西城区的公路里程在 10 千米及以下；密云县、通州区、房山区和顺义区的公路里程在 2 000 千米以上。这主要是因为首都功能核心区位处北京市中心地带，无须连接城市之间、城乡之间、乡村与乡村之间，以及工矿基地之间的公路。

从城市内交通基础设施来看，基础设施不断完善，但车辆多、车流量大。2012 年，北京人均城市道路面积仅为 7.53 平方米（附图 4-7），道路桥梁投资占固定资产投资的 27.59%，在京津冀地区中最少。然而，首都功能核心区人口和车辆众多，西城区常住人口为 128.7 万人，千人民用汽车拥有量为 341.5 辆。北京，尤其是首都功能核心区的交通拥堵情况可见一斑。除人均城市道路面积小之外，还存在车辆停置问题，2012 年，北京共有备案停车场 6 273 个，停车位 1 611 372 个。从各个区县的地均停车场和停车位数来看，西城区最多，分别为 14.07 个停车场/平方千米和 2 268.22 个停车位/平方千米，其次为东城区和朝阳区（附图 4-8）。道路与停车场等交通辅助设施的投资建设一方面反映了城市基础设施的不断完善，另一方面也反映出城市车辆迅速增加，尤其是西城区车辆多、车流量大的特点。

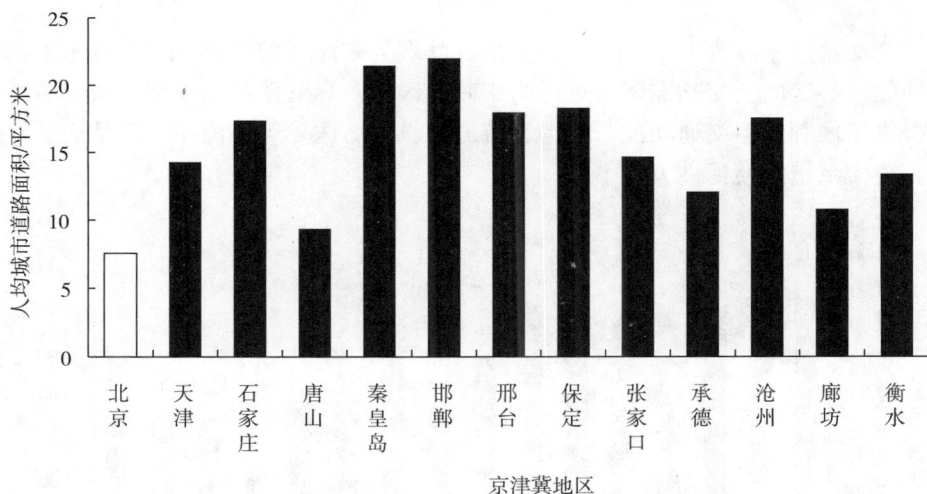

附图 4-7　2012 年京津冀地区人均城市道路面积
资料来源：《中国城市统计年鉴》

城市公交线路和站点的布局不合理、运营车辆的数量过多，是造成北京交通拥堵的原因之一。公共交通是城市交通基础设施建设的主要方面，完善的城市公共交通系统能够提高城市的通达性，方便居民出行。在京津冀地区中，北京拥有最多的公交车，2012 年每万人拥有公交车数量为 18.06 辆，河北和天津分别为 10.94 辆和 10.28 辆。在北京各区县中，2010 年西城区的每万人拥有公交车数量仅次于东城区（15.84 辆），为 14.44 辆（附图 4-9）；此外，西城区公交站点数较

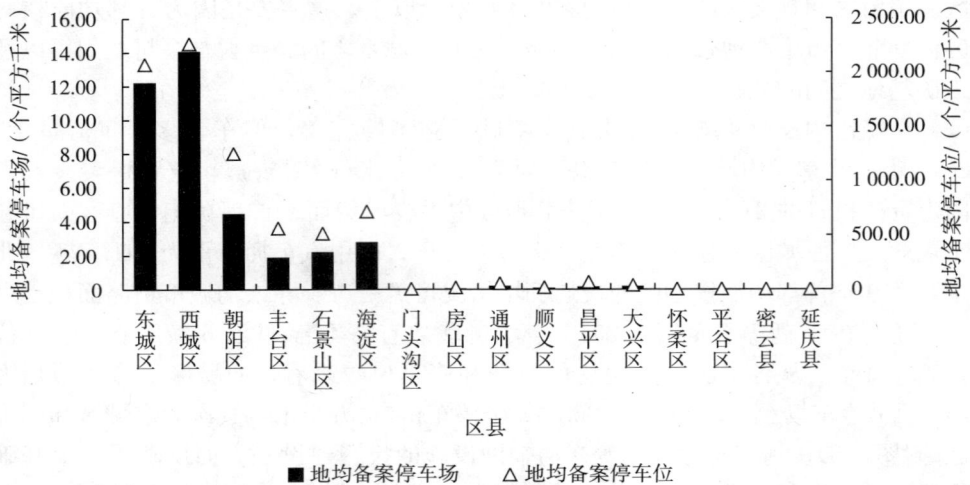

附图 4-8　2012 年北京地均备案停车场与停车位数量

资料来源：《北京区域统计年鉴 2013》

多，公交站点密度为 6.04 个/平方千米，其次为东城区的 5.02 个/平方千米，首都功能核心区的公交站点密度远远高于其他区县。尽管发达的公交系统为居民出行提供了便利，但交通功能与政治、流通、教育、医疗等功能相互交叉而变得臃肿，公交系统的便捷性大大下降。

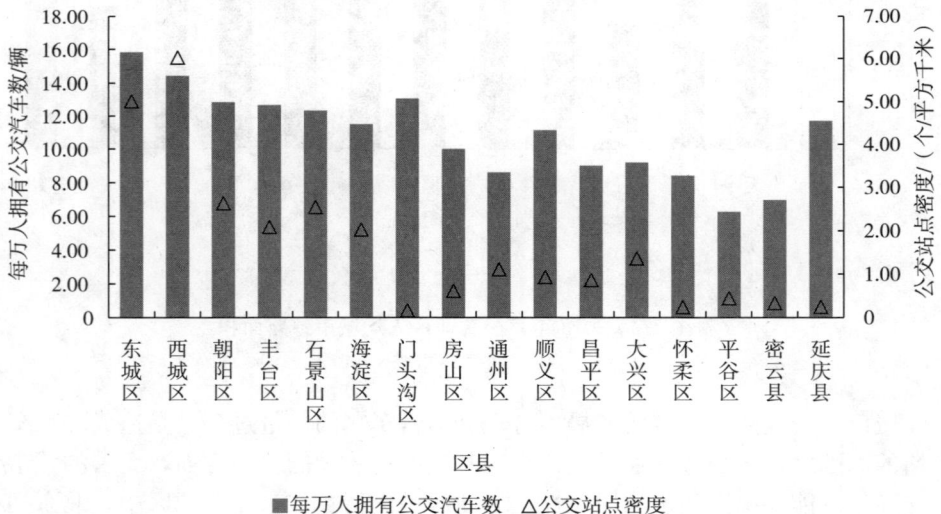

附图 4-9　2010 年北京公交车拥有量与公交站点密度

资料来源：北京市交通委

　　与京津冀其他地级市(直辖市)相比,北京城市轨道交通发达,线网规模、站点覆盖范围和客运量都大幅度提高。此外,出租车运营数量也是天津和河北的两倍左右。从公共交通枢纽来看,西直门和动物园等地汇集了多条公交线路,引致了大量人流和车流。

　　总体上看,北京交通基础设施完善,公共交通系统发达。但在首都功能核心区,尤其是西城区存在一定的公交线路重复、公交站点集中、公共交通枢纽(西直门、动物园)布局不当等问题,这使城市公共交通功能过于臃肿,不利于人流与车流的疏散。

2. 交通出行

　　北京私人小汽车保有量主要集中于城市中心区。居民交通出行特征、流量及耗时等方面的分析有助于掌握城市交通功能发挥疏散人流、车流,保持交通线路顺畅和通达性作用的情况。如前所述,北京公共交通系统发达,但交通线路、站点、枢纽等集中于首都城市功能核心区,尤其是西城区。与此类似,私人小汽车也集中于城市中心区。历年来,西城区的私人小汽车密度居高不下,尤其是2010~2012年,私人小汽车的密度由 3 038.5 辆/平方千米骤增到 6 978.3 辆/平方千米(附图 4-10)。北京私人小汽车的分布呈现出向城市中心区聚集,越外围地区私人小汽车密度越低;人口密度高的地区,汽车保有量也相对较高的特征,以西城区和东城区最为显著。

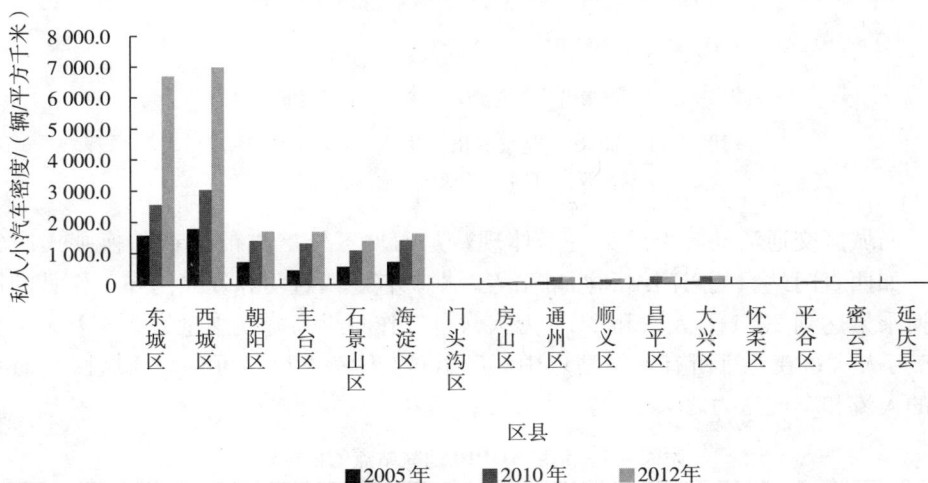

附图 4-10　北京私人小汽车密度变化情况

资料来源:《北京市第四次交通综合调查》《北京区域统计年鉴 2013》

　　居民往返西城区的交通活动频繁,给西城区交通造成极大压力。交通流量由居民的出行需求产生,分为出行产生量和出行吸引量。北京各区县的出行产生量和

出行吸引量分别指从该区县出发的人次量以及到该区县的人次量。据调查，2010
年出行产生量和出行吸引量最高的区县为朝阳区，分别为 1 046 万人次/日和 1 095
万人次/日；其次为海淀区。从绝对值上看，西城区的出行产生量和出行吸引量分
别为 454 万人次/日和 553 万人次/日，仅约为朝阳区的一半。但是，从出行密度上
看，西城区的日出行产生密度和出行吸引密度均最高，分别为 8.98 万人次/平方千
米和 10.94 万人次/平方千米；其次为东城区的 7.81 万人次/平方千米和 9.65 万人
次/平方千米。朝阳区的日出行产生密度和出行吸引密度仅分别为 2.30 万人次/平
方千米和 2.41 万人次/平方千米，海淀区的为 2.37 万人次/平方千米和 2.51 万人
次/平方千米，仅为西城区的 1/5～1/4(附图 4-11)。从这个角度看，居民往返西城
区的交通活动频繁，西城区的交通压力很大。

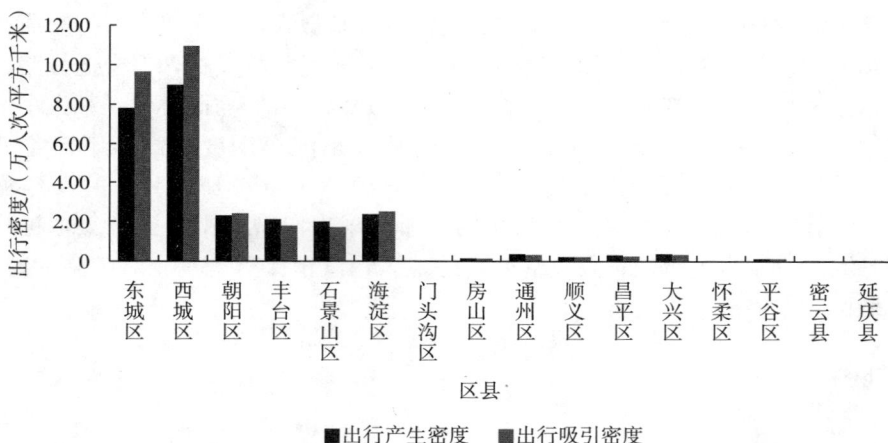

附图 4-11　2010 年北京日出行生成(产生/吸引)密度
资料来源：《北京市第四次交通综合调查》

　　西城区交通活动频繁的另一个体现，是西城区辖区内的地铁站换乘人次较
高，如西直门站、复兴门站和西单站等。据调查，西直门和复兴门在工作日的每
天换乘量达到 25.1 万人次和 21.8 万人次；工作日早高峰换乘量为 3.4 万人次和
2.5 万人次；在北京所有地铁站点中居于首位(附表 4-1)。可见，西城区交通系
统的人流和车流压力之大。

附表 4-1　北京 TOP10 地铁站点的换乘量

地铁站点	工作日换乘量/ (万人次/日)	地铁站点	工作日早高峰 换乘量/万人次
西直门	25.1	西直门	3.4
复兴门	21.8	复兴门	2.5

续表

地铁站点	工作日换乘量/ （万人次/日）	地铁站点	工作日早高峰 换乘量/万人次
建国门	21.7	国贸	2.3
国贸	19.9	建国门	2.1
东单	18.7	东单	2.1
西单	14.2	惠新西街南口	1.8
四惠东	13.2	西单	1.6
惠新西街南口	13.2	四惠东	1.6
四惠	12.3	四惠	1.5
雍和宫	11.6	雍和宫	1.4

资料来源：《北京市第四次交通综合调查》

与此同时，交通功能和其他城市功能交互影响，西城区交通压力凸显。例如，政治功能、流通功能、医疗功能、教育功能等城市功能的发展依赖于便利的交通，从而吸引了更多的人流和车流，这又对城市交通功能提出了更高的需求。最终形成城市功能集聚、带状区域繁荣发展、交通压力巨大的困境。《北京市第四次交通综合调查》报告显示，北京路政局（西城区，政府办公，政治功能）拥有停车位数 26 个，人流早高峰和晚高峰生成量分别为 247 人和 158 人，车流早高峰和晚高峰生成量分别为 40 辆和 13 辆。北京西单大悦城（西城区，商业，流通功能）拥有停车位数 400 个，人流早高峰和晚高峰生成量分别为 6 299 人和 8 889 人，车流早高峰和晚高峰生成量分别为 653 辆和 409 辆，居各区县商业引致交通流（人流/车流）的首位。北京西城区特色三甲医院众多，以北京儿童医院为例（西城区，医疗，医疗功能），拥有停车位数 400 个，人流早高峰和晚高峰生成量分别为 4 046 人和 3 503 人，车流早高峰和晚高峰生成量分别为 635 辆和 221 辆，居各区县医疗引致交通流（人流/车流）前列。北京西城区以优质的基础教育为特色，北京师范大学第二附属中学（简称北京师大二附中）、北京市第十五中学以及黄城根小学都吸引了较大的人流量和车流量。以北京师大二附中为例（西城区，教育，教育功能），人流早高峰和晚高峰生成量分别为 1 659 人和1 476人，车流早高峰和晚高峰生成量分别为 86 辆和 33 辆。由此，可以大致估算出西城区政治功能、流通功能、医疗功能和教育功能引致的交通需求量。西城区辖区内政府部委较多、商业活动发达、医疗和教育水平高端，受此类城市功能的吸引，西城区交通功能承担着更大的缓解人流和车流的职能，压力巨大。

附录五 教 育 功 能

西城区有良好的教育传统，为北京教育的首善之区，社会美誉度良好。2013年西城区教育产业生产总值绝对值为 572 112 万元，占当年西城区 GDP 比重的2%。2013 年西城区教育产业拥有各类法人单位共 937 家，年平均人数 37 282 人次，其中在岗职工 30 410 人次。收入合计 1 234 594.2 万元，资产总计16 895 494.2 万元，负债合计 275 447.8 万元，利润总额为 6 340.8 万元。在教育产业方面，2013 年区地方财政支出为 493 033 万元，区地税税收为 23 986 万元，其中营业税 4 391 万元，企业所得税 1 996 万元，其他收入 17 599 万元。

根据国民经济行业分类代码，教育功能所涵盖的产业包括学前教育、初等教育、中等教育、高等教育、特殊教育、技能培训、教育辅助及其他教育。初等教育涵盖普通小学教育和成人小学教育。中等教育涵盖普通初中教育、职业初中教育、成人初中教育、普通高中教育、成人高中教育、中等职业学校教育。高等教育涵盖普通高等教育和成人高等教育。技能培训、教育辅助及其他教育涵盖职业技能培训、体校及体育培训、文化艺术培训、教育辅助服务，以及其他未列明教育。结合西城区实际情况，将西城区（北京）的教育功能的现状评价分为学前教育、基础教育、高等院校（包括成人教育）、职业教育、社区教育及其他。

一、幼儿园教育功能基本情况

第一，从幼儿园师资力量来看，西城区的教职工人数从绝对数量来看并不多，相对密度却很大。

北京分区县幼儿园教职工数量绝对值上差别比较大。教职工数量最多的分别是朝阳区、海淀区，超过 8 000 名；最少的分别是门头沟区、延庆县等。西城区的教职工数并不多，只有朝阳区的 1/4 左右（附图 5-1）。从相对密度来看，若考虑每平方千米拥有教职工数量情况，则东城区和西城区远远高于其他区县，接近50 人次教职工/平方千米；朝阳区、海淀区因为自身土地面积较大，平均下来之后，与丰台区、石景山区接近，接近 30 人次教职工/平方千米。若按照每万人拥有教职工人数来考虑，各区县幼儿园教职工数基本均衡（附图 5-2），每万人学龄儿童拥有教师数的情形也基本一致，这里不单独列出。

第二，从幼儿园数量和班级数量来看，西城区的绝对数量较低，相对密度也没有明显高于其他区县。

幼儿园数量和班级数量表现出来的趋势基本一致。朝阳区、海淀区、丰台区幼儿园数量与班级数量相对较多，西城区居于中间水平（附图 5-3 和附图 5-4）。

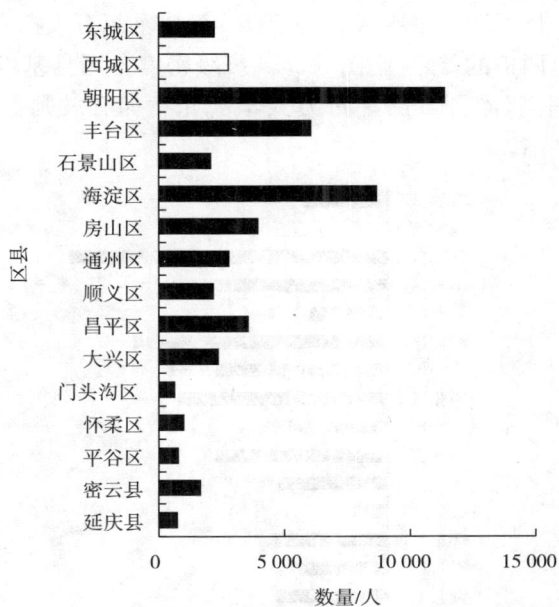

附图 5-1 2013 年北京各区县幼儿园教职工人数

资料来源:《2013—2014 学年度北京教育事业发展统计概况》(北京市教委)

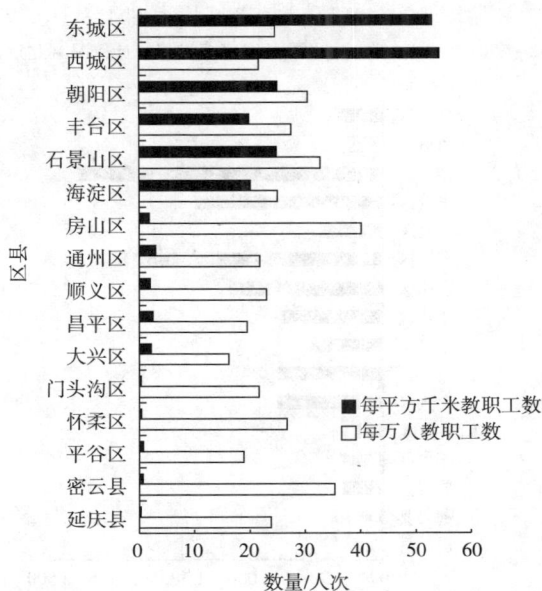

附图 5-2 2013 年北京各区县幼儿园教职工密度

资料来源:《2013—2014 学年度北京教育事业发展统计概况》(北京市教委)

从相对密度来看，怀柔区、平谷区、密云县、延庆县每万人拥有的幼儿园数高于其他区县，大概有两倍的差距（附图 5-5）。班级密度各区县基本均衡，房山区的每万人班级密度稍高（附图 5-6）。每万人学龄儿童拥有教师数的情形也基本一致，这里不单独列出。

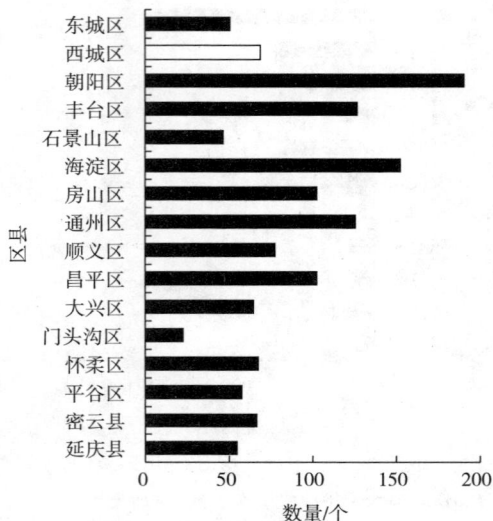

附图 5-3　2013 年北京各区县幼儿园数量

资料来源：《2013—2014 学年度北京教育事业发展统计概况》（北京市教委）

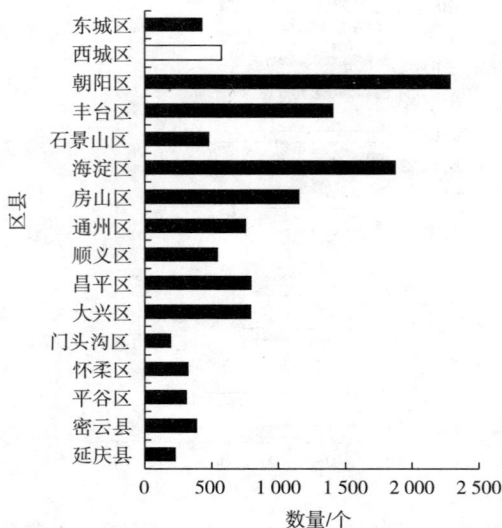

附图 5-4　2013 年北京各区县幼儿园班级数量

资料来源：《2013—2014 学年度北京教育事业发展统计概况》（北京市教委）

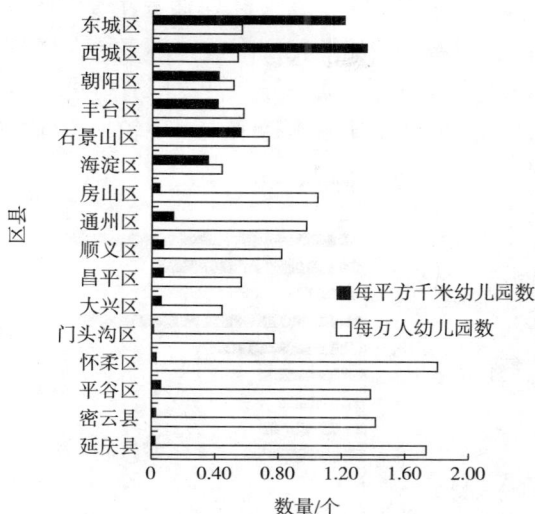

附图 5-5 2013 年北京各区县幼儿园密度

资料来源：《2013—2014 学年度北京教育事业发展统计概况》（北京市教委）

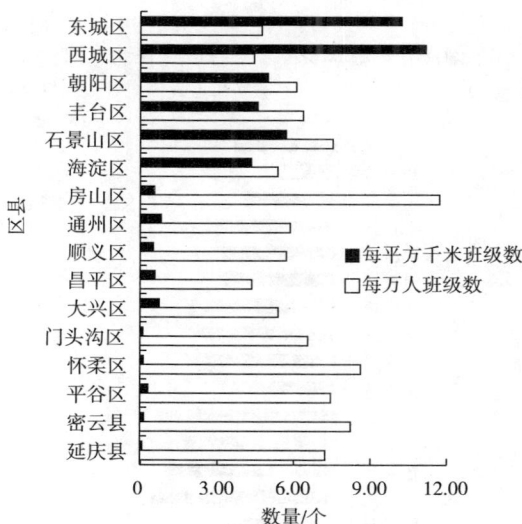

附图 5-6 2013 年北京各区县幼儿园班级密度

资料来源：《2013—2014 学年度北京教育事业发展统计概况》（北京市教委）

第三，从幼儿园在园人数来看，西城区在园人数绝对数量较其他区县偏低，师生比各区县基本均衡。

各区县幼儿园的在园人数也分为两个层次，其中海淀区、朝阳区和丰台区的幼儿数量较多，分别超过 4 万人次。其他区县基本在 3 万人次以内。从附图 5-7 中可以看出，西城区和东城区的幼儿在园人数并不多，大概分别有 1 万人次。这与小学和中学的在校生人数情况不太一样，其原因有待进一步考证。从师生比的角度来看，各区县幼儿园的师生比基本持平，表现较平衡（附图 5-8）。

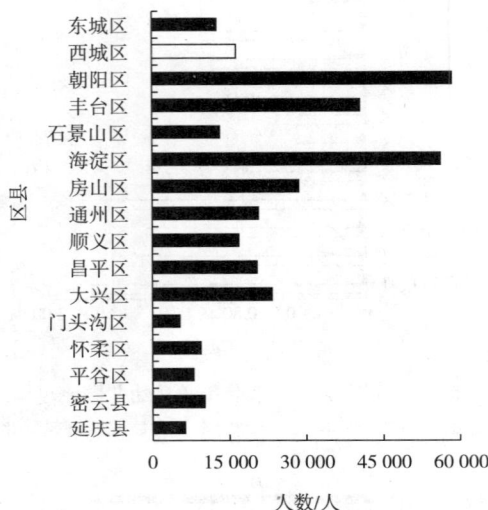

附图 5-7　2013 年北京各区县在园人数

资料来源：《2013—2014 学年度北京教育事业发展统计概况》（北京市教委）

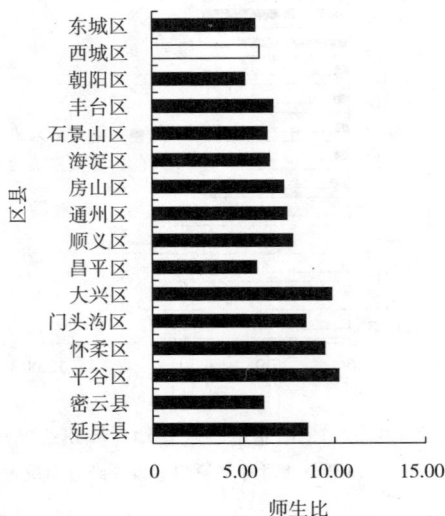

附图 5-8　2013 年北京各区县幼儿园师生比

资料来源：《2013—2014 学年度北京教育事业发展统计概况》（北京市教委）

　　2013 年，西城区共有幼儿园 69 所，其中区教育部门办园 25 所，集体办园

11 所，其他部门办园 14 所，地方企业办 2 个，部队办 3 个，民办园 14 所。对西城区幼儿园进行空间分布分析可以发现①，西城区幼儿园分布存在街道差异较大、优质园区比较集中等问题。其中幼儿人口最多的街道为广安门外街道，最少的为椿树街道。幼儿园数量最多的街道也是广安门外街道，最少的街道为天桥街道。西城区幼儿人口分布较多的街道位于北部和东部地区，而幼儿园分布较多的街道位于北部和南部地区，两者存在不匹配现象。位于西城区中部街道的幼儿园密度明显低于北部和南部街道，低密度等级区面积大于高密度等级区。2013 年西城区优质幼儿园提供的学位数仍然比较有限，15 所市级示范幼儿园集中于东北部和西南部街道。在学前教育领域，西城区计划 2015 年以新建小区配套、改建扩建以及承租社会资源改建等方式新建 15 所幼儿园，预计新增学位2 000个。

二、小学教育功能基本情况

第一，从小学师资力量来看，西城区无论在绝对数量还是相对数量上都具有一定优势。

北京分区县小学教职工数量绝对值分成三个梯队。教职工数量最多的分别是朝阳区、海淀区；最少的分别是石景山区、门头沟区、怀柔区、平谷区、密云县、延庆县等，其他区县属于第二梯队（附图 5-9）。从相对密度来看，若考虑每平方千米拥有教职工数量情况，则东城区和西城区远远高于其他区县，接近 100 人次教职工/平方千米；朝阳区、海淀区因为自身土地面积较大，平均下来之后，与丰台区、石景山区接近，处于第二梯队，不到 20 人次教职工/平方千米。若按照每万人拥有教职工人数来考虑，虽然各区县有一定差别，但是总体来说还是比较均衡的。尤其是之前教职工人数较少的区县，如平谷区、怀柔区、昌平区等，反而每万人拥有的教职工数量超过或者持平于东城区和西城区（附图 5-10）。每万人学龄儿童拥有教师数与每万人拥有教师数情形基本一致，这里不单独列出。

第二，从小学学校数量和班级数量来看，西城区无论从绝对数量还是相对密度都处于中等水平，其中各区县班级密度比较均衡。

北京分区县小学学校数量和班级数量在城市中心区和郊区之间有比较明显的差别。中心城区无论是学校数量还是班级数量，绝对值都要高出郊区 2~3 倍（附图 5-11和附图 5-12）。从相对密度来看，中心城区每平方千米拥有学校和班级数量情况，远远高于其他区县。对于每平方千米学校数量，西城区和东城区密度是朝阳区、丰台区、石景山区、海淀区的 3~5 倍，是房山区、门头沟区、怀柔区、密云县和延庆县的近 50 倍。但是如果按照每万人学校数量和班级数数量来看，差

① 李菁，黄大全. 学前教育资源空间分布现状与优化——以北京西城区为例[J]. 学前教育，2014，5：3-10，29.

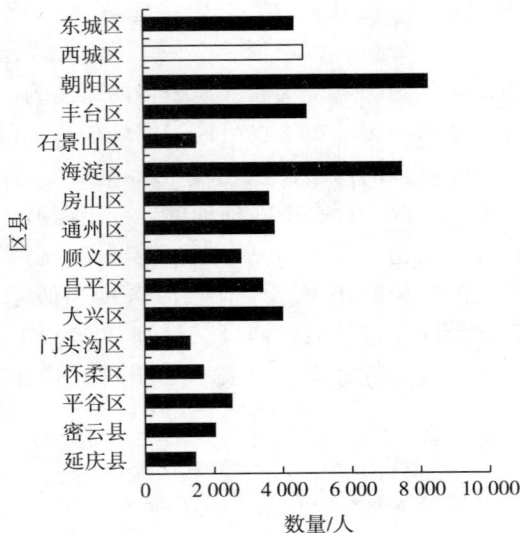

附图 5-9　2013 年北京各区县小学教职工人数

资料来源：《2013—2014 学年度北京教育事业发展统计概况》(北京市教委)

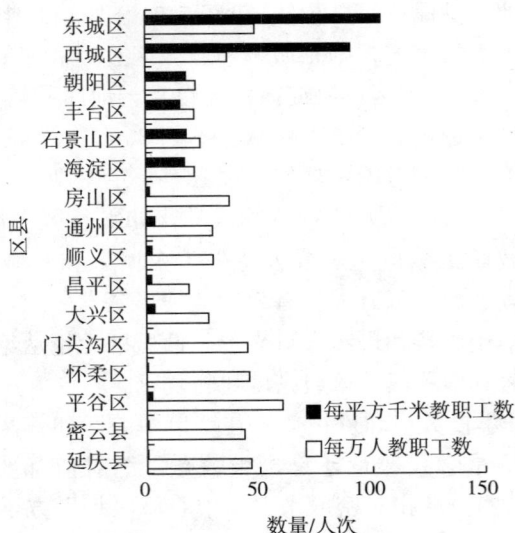

附图 5-10　2013 年北京各区县小学教职工密度

资料来源：《2013—2014 学年度北京教育事业发展统计概况》(北京市教委)

距没有这么大。其中朝阳区、丰台区、海淀区每万人学校数量反而最低，每万人班级数量基本均衡(附图 5-13 和附图 5-14)。各区县每万名学龄儿童拥有学校数量及班级数量与每万人拥有教师数量情形基本一致，这里不单独列出。

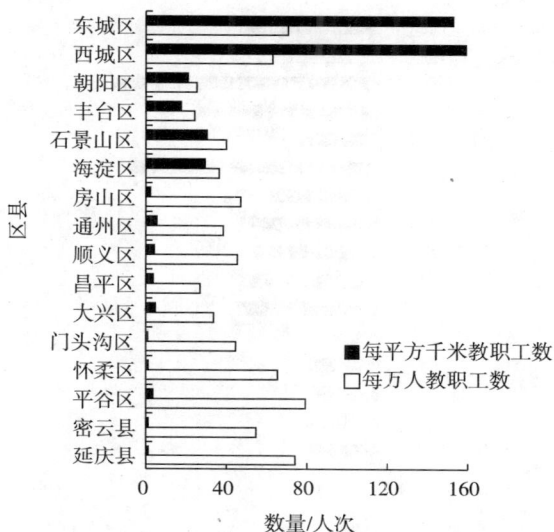

附图 5-18　2013 年北京各区县普通中学教职工密度
资料来源：《2013—2014 学年度北京教育事业发展统计概况》（北京市教委）

较均衡。

　　北京各区县普通中学学校数量和班级数量的情况也是中心城区学校和班级的绝对数量更多。海淀区和朝阳区的学校和班级资源最多，两个区县都拥有近 80 所学校。班级数量上，海淀区拥有 3 033 个班级，远远高于其他区县，朝阳区、西城区、东城区的班级数量也超过 1 000 个。石景山区、门头沟区、怀柔区、平谷区、密云县、延庆县的学校和班级资源相对要少很多，学校数量均没有超过 30 个，班级数未超过 500 个（附图 5-19 和附图 5-20）。从相对密度来看，西城区和东城区每平方千米拥有学校和班级数量情况，远远高于其他区县。对于每平方千米学校数，西城区和东城区密度是朝阳区、丰台区、石景山区、海淀区的 5 倍左右，是通州区、顺义区、昌平区、大兴区、平谷区的 25 倍左右，是房山区、门头沟区、怀柔区、密云县和延庆县的近 100 倍。但是如果按照每万人学校和班级数来看，差距没有这么大。其中朝阳区、丰台区、海淀区每万人学校数量反而最低，每万人班级数基本均衡（附图 5-21 和附图 5-22）。这种巨大的差异主要还是由各区县的面积和各区县人口密度造成的。若按照每万人学龄人口拥有学校数和班级数角度出发，学校密度相对均衡，朝阳区、昌平区、海淀区、昌平区、大兴区偏低，这可能由于部分区县开始实行教育集团制，学校数量从名义上有所缩减。各区县每万人学龄人口班级数方面，西城区和东城区远高于其他区县，达到 150 个/万人学龄人口，朝阳区、丰台区、昌平区、大兴区少于 50 个/万人学龄人口，其他区县班级密度约为 100 个/万人学龄人口。相对来说，西城区和东城区的普通中学的教育资源比其他区县要丰富得多。

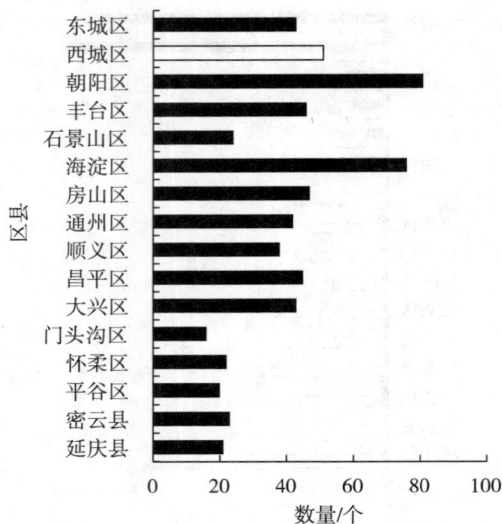

附图 5-19　2013 年北京各区县普通中学学校数

资料来源：《2013—2014 学年度北京教育事业发展统计概况》(北京市教委)

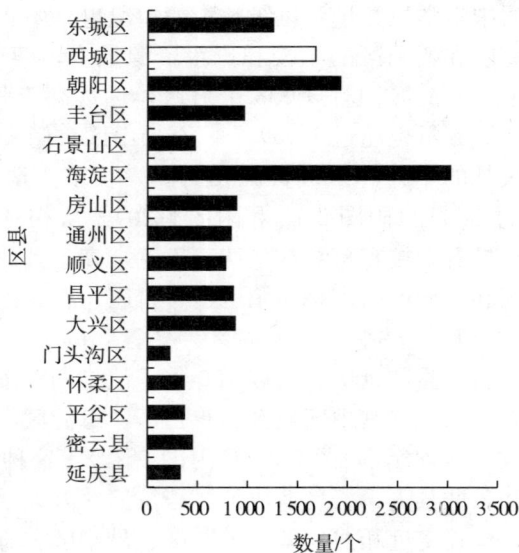

附图 5-20　2013 年北京各区县普通中学班级数

资料来源：《2013—2014 学年度北京教育事业发展统计概况》(北京市教委)

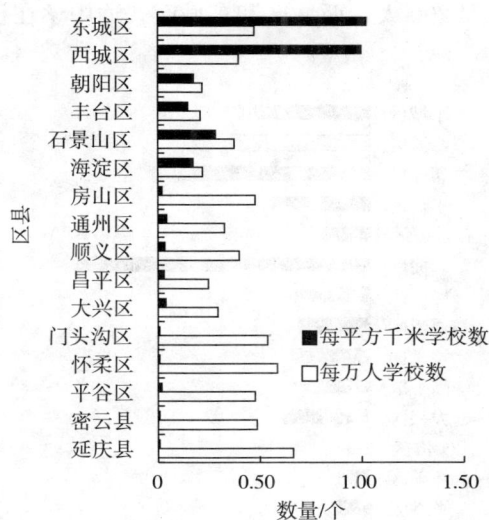

附图 5-21　2013 年北京各区县普通中学学校密度
资料来源：《2013—2014 学年度北京教育事业发展统计概况》（北京市教委）

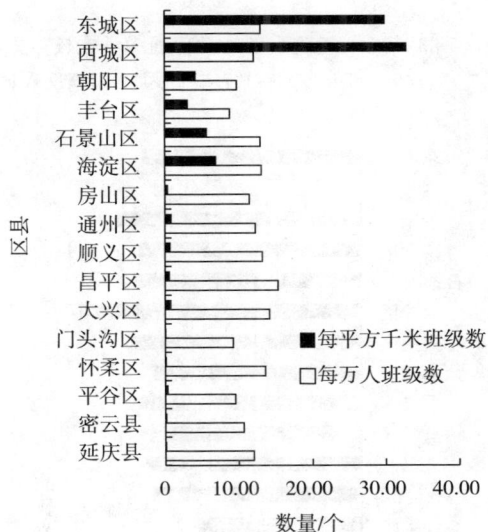

附图 5-22　2013 年北京各区县普通中学班级密度
资料来源：《2013—2014 学年度北京教育事业发展统计概况》（北京市教委）

　　第三，从普通中学在校生人数来看，西城区在各区县中处于中等水平（附图 5-23）；师生比在各区县基本持平（附图 5-24）。从各区县在校学生密度来看，每万人在校学生数量中，东城区和西城区超过 400 人，而朝阳区、丰台区、昌平区相对较低，不到 200 人，西城区和东城区普通中学在校学生密度较其他区县高。

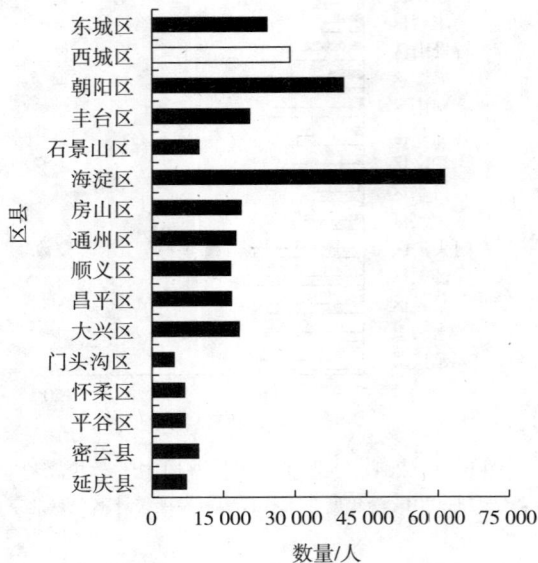

附图 5-23　2013 年北京各区县普通中学在校生人数

资料来源：《2013—2014 学年度北京教育事业发展统计概况》(北京市教委)

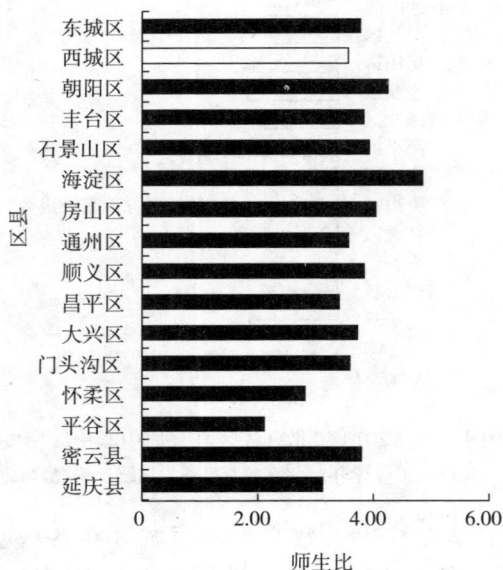

附图 5-24　2013 年北京各区县普通中学师生比

资料来源：《2013—2014 学年度北京教育事业发展统计概况》(北京市教委)

2010 年 11 月，西城区正式确立了《西城区推进义务教育学校均衡发展的实验方案》，意图对西城区的教育资源布局结构进行更加科学合理的调整，使西城区教育资源的布局分布更加合理和均衡。2014 年，西城区试行学区制，以街道行政区划为基础，兴建 11 个学区，分别是德胜学区、什刹海学区、西长安街学区、大栅栏椿树天桥学区、新街口学区、金融街学区、陶然亭白纸坊学区、展览路学区、月坛学区、广安门内牛街学区和广外学区。通过在学区设置上进行整合，使每个学区至少拥有 4 所以上学校，最多在 10 所左右。每个学区都配置三类学校，即优质校、教育集团成员校和特色校，基本保证优质教育资源在各学区内均衡配置。同时，西城区进行了义务教育重点领域综合改革，为扩大优质教育资源，对部分中小学进行重组，截至 2014 年已完成公办小学的重组工作，中学重组将在 2015 年年底落实。截至 2014 年，西城区共有公办小学 59 所，公办中学 44 所。

2015 年北京西城区将增加 1 000 个初中优质学位。根据西城区最新教改方案，2015 年通过名校办分校、学校资源重组、引进高校资源合作办学以及初中校不再单独办学 4 种形式，西城区将重点建设初中优质资源。2015 年西城区将完善学区划分，将现有 7 个学区调整为 11 个学区，确保义务教育阶段每个学区都配置优质中小学以及特色学校、教育集团校。同时，西城区将启动小学初中对口直升制度，从 2015 年起，裕中小学、西单小学、福州馆小学等 12 所小学中 30%符合条件的小学应届毕业生，将按照自愿原则，对口直升对接的优质初中，6 年后小学对口直升比例将提升到 80%。

西城区两所将复建的中学分别是北京市第六中学和北京畿辅中学。北京市第六中学将建在位于前门西大街的北京一六一中学的初中部，除了北京一六一中学初中部原址外，还规划在其附近征 5 000～6 000 平方米土地。北京畿辅中学将在其原址——西城区下斜街 40 号、北京市第十四中学旧址复建。据了解，两所复建的学校都是完全中学，每个学校初步设计的招生规模是 24 个班级。北京畿辅中学（北京市第十四中学初中部）改扩建工程启动，建成后将成为西城区的市重点中学。

四、特殊学校教育功能基本情况

特殊教育学校是指具备适应残疾儿童少年学习、康复、生活特点的场所和设施，招收盲聋哑、智力残疾及其他有特殊需要的儿童少年，实施普通初等、普通中等或中等职业教育的独立设置学校。特殊教育学校包括盲人学校、聋人学校、弱智学校及其他特殊教育学校。目前，西城区、海淀区有 3 所特殊教育学校，东城区、顺义区、昌平区各有 2 所特殊教育学校，其他区县各有 1 所特殊教育学校。房山区没有学校和教师统计的原因如下：根据 2013 年统计资料，房山区各类轻度残疾儿童、少年有 271 人以随班就读的形式在校接受九年义务教育；中重度残疾学生有 39 人在小学附设特教班学习；重度和多重残疾儿童、少年有 39 人享受"送教上门"教育服务；另外，还有 15 名残疾幼儿随园就读，7 名学生接受高中阶段教育。因此，未做出单独统计。

西城区在特殊教育方面具有一定优势。各区县特殊教育班级数见附图 5-25，海淀区和西城区的班级数量最多，超过 60 个；东城区、朝阳区和顺义区也有一定的规模，其他区县的特殊教育规模还很小。从教职工和在校生的情况来看，师生比存在比较大的差距（附图 5-26）。西城区平均每位教师要负责照料 3.8 个，大部分区县也为 4~6 个，但是朝阳区、丰台区、大兴区和密云县的师资资源相对匮乏。朝阳区、丰台区和密云县每位老师需要照顾约 10 个学生，朝阳区师生比差距最大，每位老师要照顾近 28 个学生。

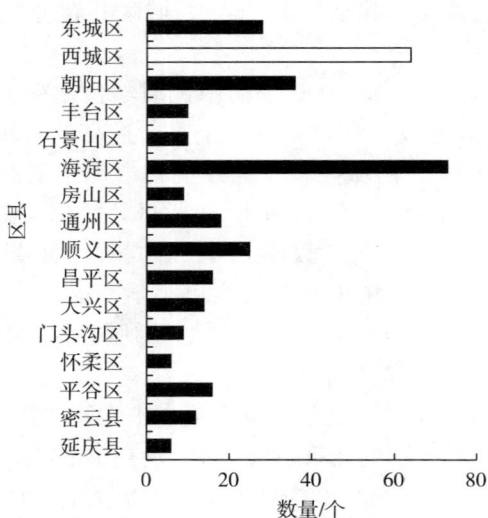

附图 5-25　2013 年北京各区县特殊教育班级数
资料来源：《2013—2014 学年度北京教育事业发展统计概况》（北京市教委）

五、职业高中教育功能基本情况

每个区县职业高中的数量并不太多，城区的职业高中数量基本相当，郊区的职业高中学校数量较少（附图 5-27）。从学生数量来看，城区的职业高中学校，2013 年招生数小于毕业生数，只占到毕业生数量一半左右，像朝阳区、海淀区、大兴区、门头沟区的招生数和毕业生数差距更大，这说明了近年来职业高中的就读情况并不理想，城区是否还需要保留很多职业高中学校值得思考（附图 5-28）。从师生比来看，职业高中的学生人数/教职工数比例最低（附图 5-29），甚至小于幼儿园的师生比。这从另一个侧面反映出职业高中招生不足的事实。

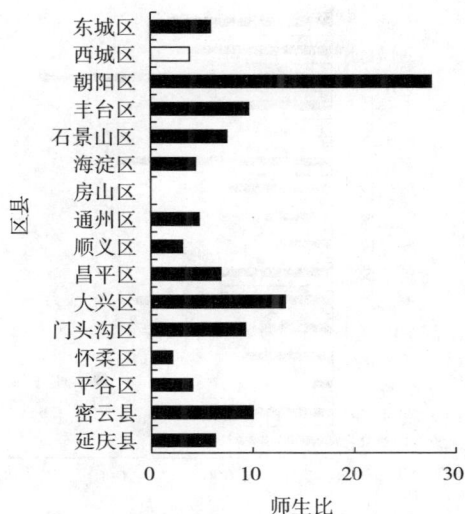

附图 5-26　2013 年北京各区县特殊教育师生比

资料来源：《2013—2014 学年度北京教育事业发展统计概况》（北京市教委）

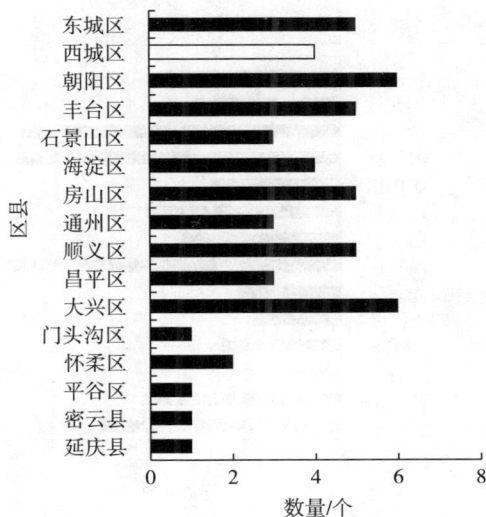

附图 5-27　2013 年北京各区县职业高中学校数

资料来源：《2013—2014 学年度北京教育事业发展统计概况》（北京市教委）

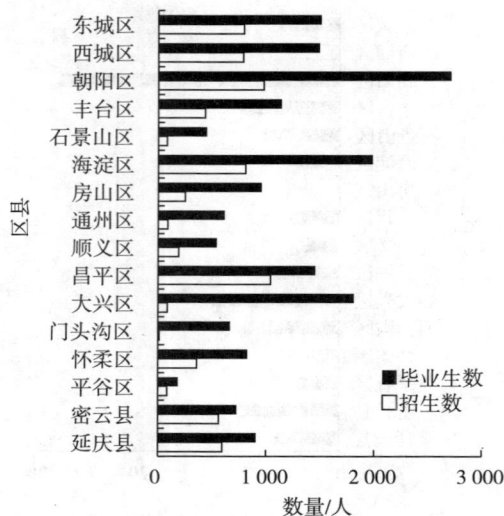

附图 5-28　2013 年北京各区县职业高中毕业生数、招生数

资料来源：《2013—2014 学年度北京教育事业发展统计概况》(北京市教委)

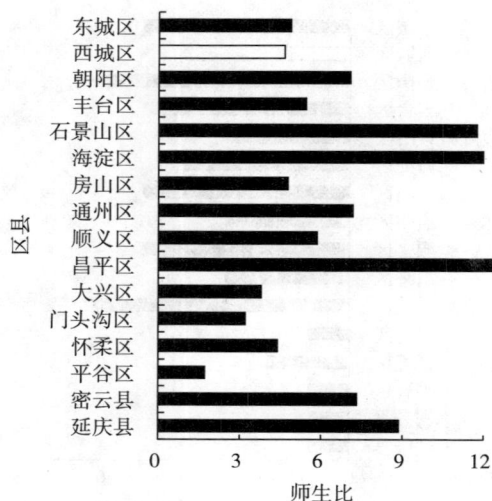

附图 5-29　2013 年北京各区县职业高中师生比

资料来源：《2013—2014 学年度北京教育事业发展统计概况》(北京市教委)

六、其他学校

1. 辖区内高等院校

西城区辖区内高等院校共有 14 所，包括北京市行政学院、中央音乐学院、中央广播电视大学、中国人民公安大学、中国道教学院、外交学院、北京建筑工程学院、北京军地专修学院、公安部高级警官学院、北京教育学院、北京市西城经济科技大学、北京联合大学继续教育学院、北京广播电视大学宣武分校和北京宣武红旗业余大学。其中成人教育学校 3 所，分别为北京市西城经济科技大学、北京宣武红旗业余大学与北京广播电视大学宣武分校。这 3 所成人教育学校共开设专业 74 个，在校生 9 435 人，招生 2 600 人，毕业生 2 511 人。成人学校占地面积共 83 837 平方米，总建筑面积 86 990 平方米。

2. 社区教育

西城区为了响应党的十六大、十七大"构筑现代国民教育体系、终身教育体系，创建学习型社会"和北京市委市政府关于大力推进首都学习型城市建设的决定，印发了《关于成立社区教育学校促进学习型城区创建工作的通知》（西政字〔2005〕12 号）。随后于 2005 年 12 月至 2006 年 12 月先后成立了 7 所社区教育学校，实际投入超过 3 500 万元，形成了较完整的社区教育体系。2013 年，西城区继续推进社区教育建设，广外、牛街、天桥、大栅栏、椿树、白纸坊社区教育学校成立，至此全区 15 个街道全部成立了社区教育学校。

以第一批 7 所社区教育学校为例，西城区在 7 个街道分别设立 1 所高标准、规范化的社区教育学校，并与街道现有教育机构（少年宫或小学劳技教育实践中心）整合，一套机构，两块牌子。产权仍属于教育资产，并纳入教育系统管理和年度统计。7 所社区教育学校为西长安街社区教育学校暨西长安街少年宫、什刹海社区教育学校（原刘海小学分校）暨什刹海少年宫、新街口社区教育学校暨展览路少年宫、金融街社区教育学校暨金融街少年宫、月坛社区教育学校暨小学劳技教育实践中心、展览路社区教育学校暨展览路少年宫、德胜社区教育学校暨德胜少年宫。什刹海社区教育学校是与街道社区服务中心共用一址，为依托式类型。其他 6 所社区教育学校均为自建式类型。2013 年 7 所社区教育学校总占地面积 26 751 平方米，建筑面积 15 804 平方米，教室数量 104 间，电脑 183 台，图书 10 500 册，初步满足了社区教育教学活动的展开。

社区教育学校是纳入区教育行政管理的公办学校，日常人员经费和运行经费由区教委纳入教育部门统一预算进行拨付，街道根据辖区居民教育需求特点，结合街道实际，有针对性地进行专项投入。

西城区社区教育成立的初衷是响应党的十六大、十七大"构筑现代国民教育体系、终身教育体系，创建学习型社会"和北京市委市政府关于大力推进首都学习型城市建设的决定。当时为了加快建设全国社区建设试验区和学习型城区，争创全国社区教育示范区、可持续发展示区和全国文明城区，构筑终身教育体系，开展具有较高水平、规范化的社区教育，西城区政府印发了《关于成立社区教育学校促进学习型城区创建工作的通知》(西政字〔2005〕12号)。可见社区教育的设立主要是为了响应当时首都学习型城市建设的需求，一方面成立得很仓促，仅仅2005年12月到2006年12月一年的时间就设立了7所学校；另一方面，社区各教育机构隶属于不同的管理部门，一套机构两块牌子。街道社区教育学校、街道社区服务中心、区属委办局属于政府系统，其中社区教育学校隶属于区教委(包括人员、房产)，社区服务中心隶属于街道办事处。尽管都是为辖区居民开展教育服务，但隶属关系不同，导致工作中资源利用扯皮，统筹协调困难，造成很多矛盾。同时，由于社区教育属于公办学校，依靠政府财政拨款，不允许创造额外的营业收入，随着社区教育需求的进一步扩大，由于财政经费不能跟上，经费缺口较大，限制了社区教育活动的开展，不能形成良性的循环。

通过上述分析，我们可以发现，西城区的教育资源比北京其他区县相对丰富，尤其是从相对密度上来看，远远超过其他区县，尽管班级数和师生比相对均衡，但是过多的人口集中在西城区，带来了大量的瞬时流动人口，给交通功能增加了很大负担。同时，我们还观察到，各区县在幼儿园、小学、普通中学的资源分布并不均匀，远郊区的幼儿园密度相对更高，除东西城区以外的市内区县在小学教育资源上更加丰富，西城区和东城区在普通中学教育资源上更加丰富，这一现象是人口结构引起的，还是家长对西城区的优质教学资源趋之若鹜导致的，对此需要进一步分析。同时，职业教育2015年招生人数缩减，不到毕业人数的一半，建议尽早考虑外迁或者与津冀地区开展合作。特殊教育学校资源相当丰富，若学校采取封闭式管理，可以考虑向稍远一些的区县转移。

附录六　医疗功能

北京各医疗机构的接诊病人数目一直居高不下，尤其是医院的诊疗压力很大。2012年，全国各医疗机构接诊68.88亿人次，居民平均就诊次数是每年5.10次；而北京的各医疗机构接诊1.85亿人次，按常住人口计算的居民平均就诊次数是每年8.95次，居全国各省市之首。

一方面，北京的医院和医疗人员在总量和质量上都高度集中，导致全国各地到北京来看病的人口众多。根据2013年《中国卫生统计年鉴》，截止到2012年年底，全国共有23 170家医院，其中北京有573家。依据2012年年底的人口数计算(北京常住人口 2 069 万人，全国总人口 135 404 万人)，北京的每百万人医院数要高于全国平均水平(附图 6-1)。从医院的质量指标来看，全国 1 624 家三级医院中，有 51 家在北京，占 3.14%，其中，在全国 989 家三级甲等医院中，37家在北京，占 3.74%。另外，从卫生技术人员来看，截止到 2012 年年底，全国共有卫生技术人员约 667.55 万人，其中执业医师和助理医师 261.21 万人，注册护士 249.66 万人，北京共有卫生技术人员 19.62 万人，其中执业医师和助理医师 7.44 万人，注册护士 7.95 万人。北京每千人卫生技术人员数、执业医师数、注册护士数都远高于全国平均水平，位居各省市之首(附图 6-2)。

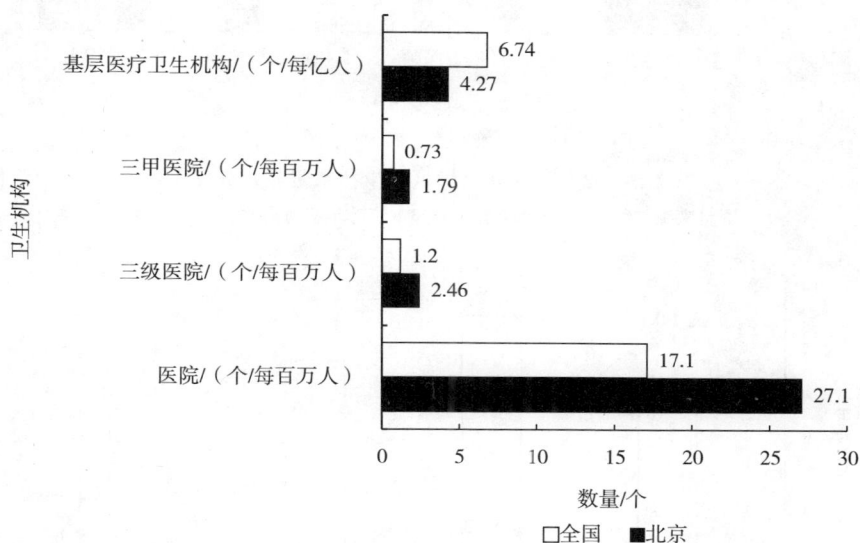

附图 6-1　2012 年北京卫生机构数

资料来源：《北京市统计年鉴》

　　另一方面，北京基层医疗卫生机构缺乏，不能分流本地就诊人群，加重了各个医院的诊疗负担。截止到 2012 年年底，全国共有基层医疗卫生机构 912 620家，其中北京 8 837 家，北京每万人基层医疗卫生机构数要远低于全国平均水平。因此，全国各医院接诊 25.4 亿人次，大约占总诊疗人次的 37%，而北京各医院接诊 1.2 亿人次，大约占北京总诊疗人次的 65%。

　　虽然北京医疗资源集中，但因为诊疗压力较大，医护人员的诊疗工作负担较重。北京医院床位的使用效率却不高(附图 6-3)。

　　在公共卫生服务方面，截止到 2012 年年底，全国共有专业公共卫生机构12 083家，其中北京有 118 家，每百万人公共卫生机构数目基本和国家平均水平相当。北京建立了以突发公共卫生应急机制，以及疾病预防控制体系、医疗救治

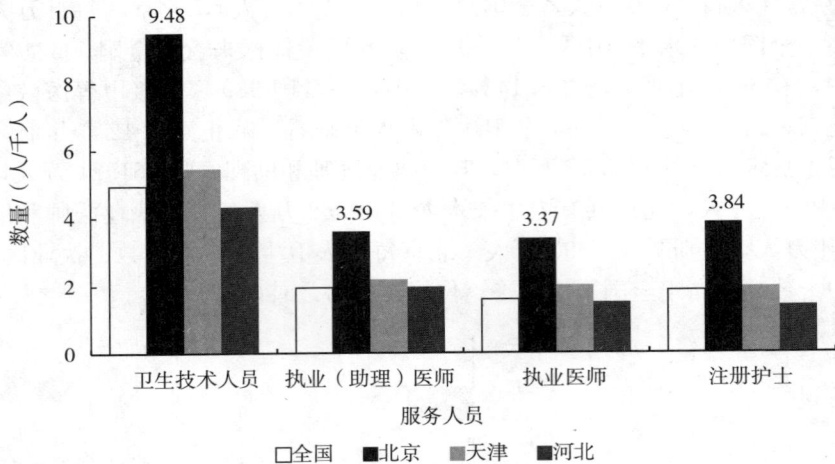

附图 6-2　2012 年各地区卫生技术服务人员数

资料来源：《北京市统计年鉴》《天津市统计年鉴》《河北省统计年鉴》

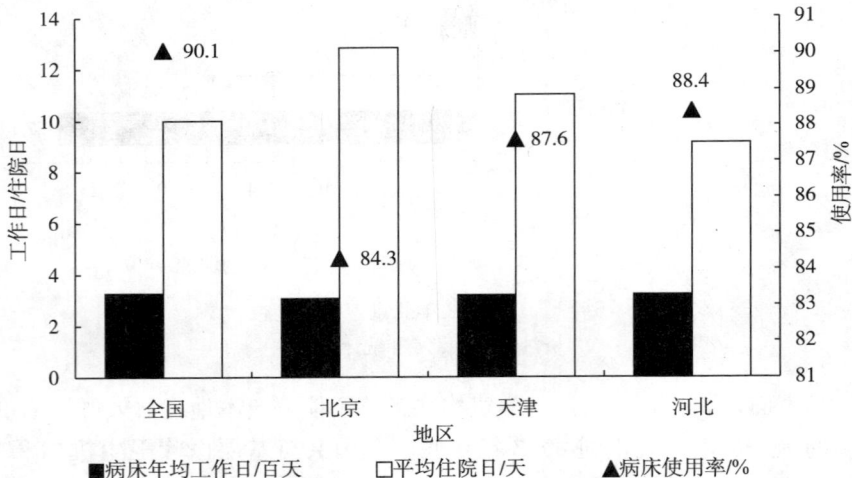

附图 6-3　2012 年各地区医院床位利用情况

资料来源：《北京市统计年鉴》《天津市统计年鉴》《河北省统计年鉴》

体系、卫生执法监督体系和公共卫生信息系统"一个机制、四个体系"为核心的较为完善的首都公共卫生体系，公共卫生突发事件处置、应急救治和大型活动保障能力显著提高。积极推进基本公共卫生服务逐步均等化，重点实施为 0～6 岁户籍儿童免费进行健康检查、为 60 岁以上老年人和在校中小学生免费注射流感疫苗、为适龄妇女免费开展宫颈癌和乳腺癌筛查等 10 类 42 项基本公共卫生服务项目和 11 项重大公共卫生项目。积极开展卫生监督执法，有效保障了全市公共卫生和医疗安全。在农村公共卫生方面，积极推进农村居民卫生环境的改善，截止到 2012 年年底，农村饮用自来水人口占农村人口的比例达 99.6%，无害化卫生厕所普及率达 96.6%。

在北京辖区内，由于历史原因，多数面向全国服务、床位规模较大、承担国家级医疗中心职能的大医院均集中在中心城区发展，这使中心城区医疗资源相对密集，郊区县和新城医疗资源相对稀少。考虑中心城区大医院外地患者就诊比例高的现状，面对本市常住人口服务的医疗资源分布仍相对不均衡（附表 6-1），既影响了医疗资源利用的公平性和可及性，也不利于中心城区人口和产业的疏解，更造成中心城区交通、环境和能源压力日益增大。

附表 6-1　2012 年北京城区医疗资源分布情况　　　　　单位：个

医疗资源	东城区	西城区	海淀区	朝阳区	石景山区	丰台区
医疗机构数	548	611	1 051	1 275	205	541
其中：医院	64	47	76	146	21	69
综合医院	23	26	40	69	9	42
三级医院	8	12	8	12	3	5
三级甲等医院	8	10	6	8	2	3
基层医疗卫生机构	454	527	962	1 101	175	460
床位数	10 948	14 562	10 557	18 252	4 007	8 926
其中：医院床位数	10 792	14 507	9 572	17 668	3 523	8 667
卫生人员数	31 603	39 455	35 175	53 079	8 291	20 691
其中：卫生技术人员数	24 091	31 849	27 553	40 770	6 684	15 999
执业（助理）医师数	9 175	11 129	10 140	15 840	2 559	6 029
注册护士数	9 380	13 392	11 930	17 647	3 002	6 807
每千人床位数	12.1	11.3	3.0	4.9	6.3	4.0
每千人医院床位数	11.9	11.3	2.7	4.7	5.5	3.9
每千人卫生技术人员数	26.5	24.7	7.9	10.9	10.4	7.2
每千人（助理）医师数	10.1	8.6	2.9	4.2	4.0	2.7
每千人注册护士数	10.3	10.4	3.4	4.7	4.7	3.1

医疗服务是一个城市的基本功能之一，以城市人口为主要服务对象，其服务方式和服务质量要顺应城市的发展和人口的变迁。我国的医疗服务带有明显的社会福利性质，除了基本的医疗服务功能，医疗系统还需要承担公共卫生服务功能。北京作为首都，在医疗服务功能的定位上除了服务于本地居民的医疗需求和公共卫生需求之外，同时还带有服务全国人民的任务，因此其医疗服务资源的总

量和质量都比较集中。

在城市发展方面，北京以中国特色世界城市为发展目标，这要求北京卫生事业发展的远景目标设计要在健康指标、服务能力、管理水平等方面达到国际领先水平。同时，近年来，北京城市功能区域规划和产业布局的调整加快，重点功能区、城市发展新区建设步伐不断加快，要求医疗卫生资源配置适应城市发展新规划。在人口变迁方面，北京人口总量及流动人口数急剧增加、老龄人口数量持续增加及大量京外患者专门来京就医，服务人口基数的庞大以及人口快速变化的趋势对卫生需求提出新的要求，在服务供给总量、服务供给结构等方面给卫生医疗工作带来巨大挑战。在公共卫生方面，随着国际旅游和来往游客的增多，境内外人口流动的规模和范围将进一步扩大，给公共卫生应急等也带来了新挑战。因此，在北京向世界城市的发展过程中，首先要建立好针对本地居民和国内患者的立体医疗服务体系，依托京津冀一体化过程的功能疏解和人口疏解，开展京津冀医疗合作，一方面全方面地缓解北京市医疗系统的诊疗压力，另一方面依据人口结构和疾病谱的变化提高针对性的服务质量。

附录七　流通功能

流通功能是指流通在商品或产品的生产与消费过程（社会再生产过程）中所发挥的作用或职能，在一定意义上，现代流通过程实质上是商流过程、物流过程、信息流过程和资金流过程的分立与统一。

一、商流功能

商品所有权的转移功能一般被认为是流通的基本功能之一。社会分工造成了生产者与消费者的社会性分离，现代社会的商品流通是通过生产者支配的商品与消费者支配的货币进行交换即买卖进行的。为促进商品流通的形成，一批专业流通机构应运而生。专业流通机构的职能就是通过商品的买卖活动来实现商品在流通渠道内向消费者的渐次转移，其介入不仅有助于商品所有权的转移，还有助于商品流通过程中流通成本的节约。

二、物流功能

商品实体从生产者向消费者转移的过程，被称为商品的物流过程，物流功能也是流通的基本功能之一。虽然通过商品的买卖活动实现了商品所有权从生产者向消费者的转移，但商品所有权的转移仅仅为消费者现实地消费商品提供前提条件。只有在完成商品所有权转移的同时，商品实体才发生相应的转移，才能使消费者现实地消费，从而达到商品流通的目的。在现代社会，生产者或商业机构的大部分物流活动都可以委托给专门的物流机构，从而大大提高物流活动和整个商品流通活动的效率。

三、信息流功能

在生产与消费相互分离的市场经济条件下，为了使商品供需更好匹配，信息的相互传递至关重要，即信息流功能。一方面，消费者对商品的需求复杂多样，为充分地满足消费者的需求，必须将消费者的需求信息正确地传递给生产者，使其能够按照这种需求信息更加有效地组织生产。另一方面，生产者的供给信息也需要及时而准确地向消费者传递，一是使消费者知道何种商品在多大程度上能够满足已经意识到的需求，二是诱发消费者产生尚未意识到的需求。可见，供求信息的传递实际上包括两个过程，即需求信息向供给者的传递和供给信息向消费者的传递。而且，这种供求信息的传递过程不是一次性的，而是有反馈的、循环进行的。

四、资金流功能

货币资金的支付与流动是伴随着商品所有权转移必不可少的流通要素，这就是流通的资金流功能。在商品流通过程中，资金融通主要有两种类型：一是对流通机构商品销售活动的资金融通；二是对消费者购买商品的资金融通。在现代社会，伴随着网络经济的到来和商务电子化进程，资金流功能已成为流通过程至关重要的一环。

与流通功能相对应，广义的流通业是商品所有者一切贸易关系的总和，包括商流、物流、信息流、资金流。对应国民经济行业分类代码，流通功能所涵盖的产业有批发和零售业、仓储和邮政业，其中仓储和邮政业为物流提供服务。基于现有材料对西城区的流通功能进行评价，批发和零售业是核心。我们将西城区（北京）流通功能的现状评价分为以下三个部分：①社会消费品零售总额，对消费需求进行总体评价；②批发和零售业，包括批发和零售业的产业评价、西城区连锁企业和商品交易市场的基本情况；③仓储和邮政业，数据可得性限制，仓储业无法从"交通运输、仓储和邮政业"中剥离，仅就邮政业进行分析。

1. 社会消费品零售总额

从社会消费品零售总额来看，西城区内的消费需求十分旺盛。社会消费品零售总额是各行业通过流通渠道向居民和社会集团提供的消费品总量，全面反映了地区内消费需求的情况，也反映了城市支撑商品流通的功能强弱。2005 年以来，北京社会消费品零售总额从 2 902.76 亿元增加至 2013 年的 8 375.1 亿元，年均增长率达到 23.6%。西城区 2005～2013 年的社会消费品零售总额以 23.92% 的年均速度增长，2013 年达到 840.4 亿元；但是，从其占北京社会消费品零售总额的比重来看，该比重曾持续下降到 2010 年的 8.88％；此后，该比重反弹到 2013 年的 10.03％（附图 7-1）。

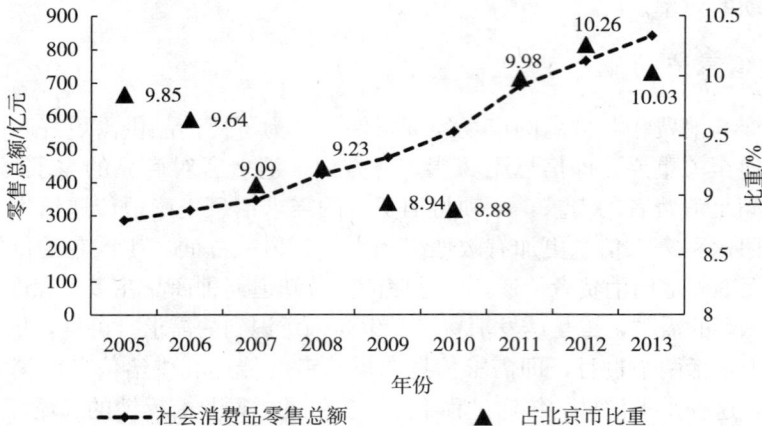

附图 7-1　西城区社会消费品零售总额及其占比
资料来源：《西城区统计年鉴》

将西城区与北京的其他区县相比，其社会消费品零售总额低于朝阳区（1 962.4亿元）、海淀区（1 614.1 亿元）、丰台区（889.30 亿元）和东城区（939.2 亿元），远远高于其他区县。以 2013 年各区县常住人口作为权重，西城区的人均社会消费品零售额为 6.45 万元（附图 7-2），仅低于东城区的 9.23 万元，高于北京的平均水平 3.96 万元。

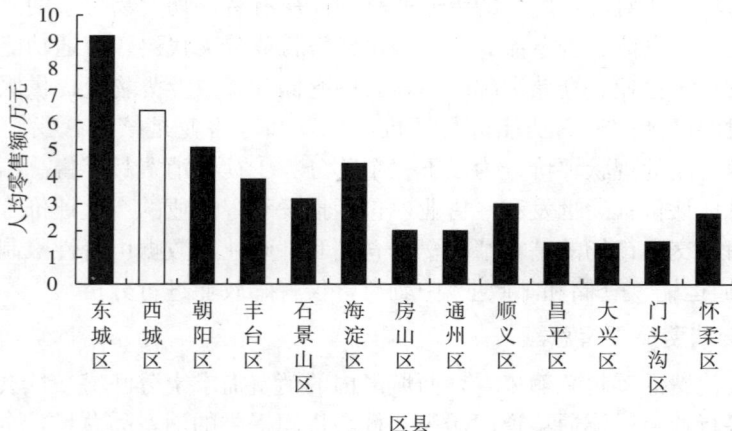

附图 7-2　2013 年北京各区县人均社会消费品零售额
资料来源：《中国区域经济统计年鉴》

在京津冀区域内看，2012 年河北的社会消费品零售总额为 9 254.04 亿元，占京津冀地区社会消费品零售总额的 44.35％。但从人均社会消费品零售额来看，北京最高，为 3.60 万元，其次为天津(2.95 万元)，最低为河北(1.27 万元)。并且，京津冀地区人均社会消费品零售额最高的 10 个地级市中，北京和天津平分秋色，北京各区县中东城区、西城区和朝阳区位居前列(附表 7-1)。可见，西城区的社会消费需求旺盛，商品流通功能毫不逊色。

附表 7-1　2012 年京津冀地区人均社会消费品零售额 TOP10　　　单位：万元

地区		人均社会消费品零售额
天津	和平区	10.35
北京	东城区	8.75
北京	西城区	5.94
北京	朝阳区	4.89
天津	南开区	4.82
北京	海淀区	4.32
天津	滨海新区	4.20
天津	河西区	4.14
北京	丰台区	3.73
天津	河东区	3.23

资料来源：《中国区域经济统计年鉴》

2. 批发和零售业

批发和零售业是城市流通功能的核心。以 2009 年批发和零售业的社会消费品零售总额占全部社会消费品零售总额的比重来看，该比重在京津冀三地均超过 80%，北京最高为 87.8%；在各地级市中，该比重最低为北京延庆县的 66.24%，最高为天津港保税区的 99.65%，均值为 84.99%。下面就批发和零售业、连锁企业和商品交易市场的情况进行分析。

1)批发和零售业

2009 年，西城区批发和零售业的社会消费品零售总额占全部社会消费品零售总额的比重为 82.39%，低于北京和京津冀地区的平均水平。从西城区批发和零售业拉动的就业和创造的商品销售总额来看，西城区批发和零售业的年末从业人员数和商品销售总额各自占全市比重均逐年下降，分别从 2005 年的 16.06% 和 18.80% 下降到 2012 年的 11.35% 和 12.52%(附图 7-3)。因此，尽管人均商品销售额(商品销售总额/年末从业人员数)不断上升，但吸引就业和创造收入的能力趋于下降。

西城区的批发业以市外批发和出口贸易为主。2012 年西城区批发额占批发和零售业商品销售总额的 89.41%，占北京批发额的 12.20%。尤其值得关注的是，西城区的市外批发额占其批发额的比重接近 80%，占全北京市外批发额的 13.12%；批发出口额占全市的比重达到 31.53%。可以说，西城区的批发业多

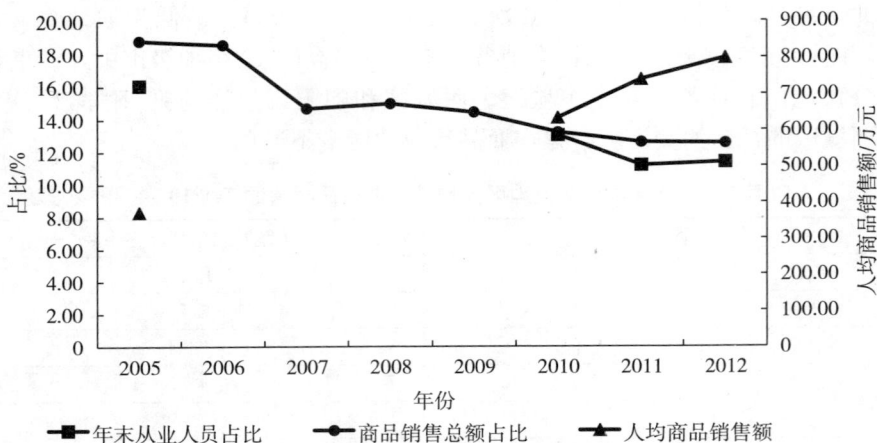

附图 7-3　西城区批发和零售业的就业与销售情况

资料来源：《中国区域经济统计年鉴》

以出口贸易为主，为本地提供服务的流通功能在一定程度上被弱化。

　　与北京各区县相比，西城区批发和零售业吸引的就业并不多。2012 年，西城区批发和零售业年末从业人员数为 79 615 人，低于朝阳区（234 131 人）、海淀区（123 057 人）和东城区（89 010 人）。从经济绩效看，2012 年，西城区批发和零售业的人均商品销售额为 798 万元，仅低于海淀区的 1 070 万元，与东城区、房山区和昌平区相差无几（附图 7-4）。再加上西城区批发和零售业的人均商品销售额呈持续上升的态势，可认为其经济效益良好。

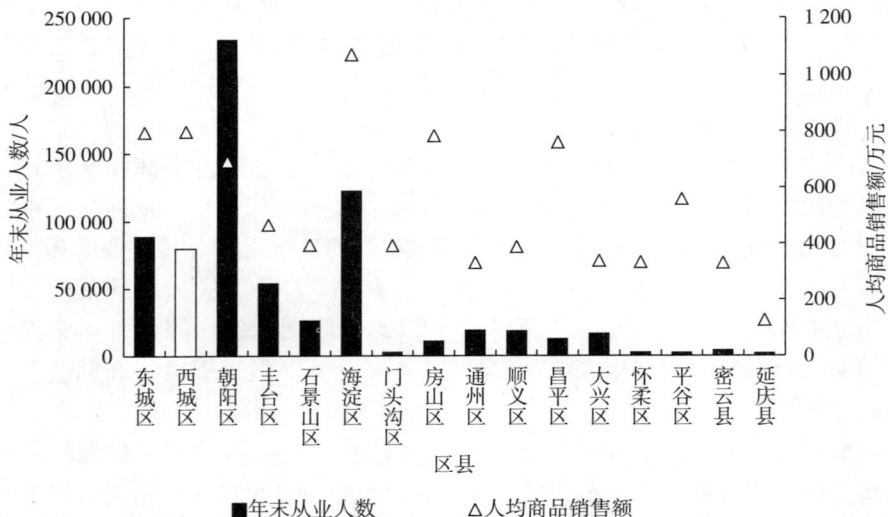

附图 7-4　2012 年北京各区县批发和零售业的就业与销售情况

资料来源：《中国区域经济统计年鉴》

在京津冀区域内看，北京和河北的批发和零售业并不占优势，天津在批发和零售业发展中独占鳌头(附表 7-2)。按人均商品销售额降序排序，西城区在京津冀区域内排第 13 位，与其旺盛的商品需求相适应，但其经济效益并不突出。

附表 7-2　　2012 年京津冀地区批发和零售业的就业与销售 TOP10

地区	年末从业人数/人	商品销售额/亿元	人均商品销售额/万元
天津南开区	23 691	5 066	2 138.49
天津滨海新区	71 915	13 340	1 855.03
天津静海县	5 185	680	1 312.42
天津津南区	5 982	751	1 255.77
天津河西区	16 478	1 871	1 135.53
天津宁河县	1 189	131	1 102.61
天津东丽区	16 095	1 760	1 093.34
北京海淀区	123 057	13 170	1 070.24
天津北辰区	12 714	1 357	1 067.25
天津河东区	10 968	971	885.42

资料来源：《中国区域经济统计年鉴》

2)连锁企业和商品交易市场

连锁企业以其独特的经营模式而备受推崇，其经营范围覆盖了整个流通业和服务业。因此，将西城区连锁企业的经营状况进行单独分析。2012 年，西城区连锁批发零售业共有从业人员 12 936 人，商品销售总额 201 亿元，人均商品销售额为 155.39 万元。从创造就业和经济效益来看，连锁企业的从业人员占西城区批发和零售业从业人员的 16.25%，但仅仅创造了 3.16% 的商品销售额；其中，百货店和专业店的经济效益稍好。从北京来看，除专业店的商品销售总额占全市的比重达到 36.30% 以外，其他零售业态并没有突出的优势。

商品交易市场是另一类较为特殊的批发和零售业态，西城区的商品交易市场数量并不多，仅占全市的 8.14%，成交额仅占全市的 2.32%。其中，专业市场较综合性市场更为活跃，以其食品、饮料及烟酒市场，纺织、服装、鞋帽市场和日用品及文化用品市场的经营活动最为频繁。2012 年，西城区上述三类商品交易市场的成交额分别占全市成交额的 62.67%、21.60% 和 33.22%。

可见，在西城区的批发和零售业发展中，以批发业为主，而零售业态中以专业店和部分专业市场占优。从北京来看，西城区的批发和零售业具有经济效益上的优势，但在京津冀区域内，该优势被天津占据。

3. 仓储和邮政业

北京在货物运输上没有优势，但其邮政业的经济效益非常可观。交通运输、仓储和邮政业是物流功能的核心产业，交通运输在城市交通功能中已经阐述，由于数据限制，此处仅对邮政业进行分析对比。在京津冀地区，北京的邮政业务收入最高，为 584 535 万元，其次为河北，天津最低为 268 683 万元。以各地级市邮政局的数量为权重，考虑邮政业的经济效益。单位邮政业务收入［邮政业务收入/年末邮政局（所）数］以北京最高，为 764 万元/处，其次为石家庄，远远高于其他地级市（附图 7-5）。

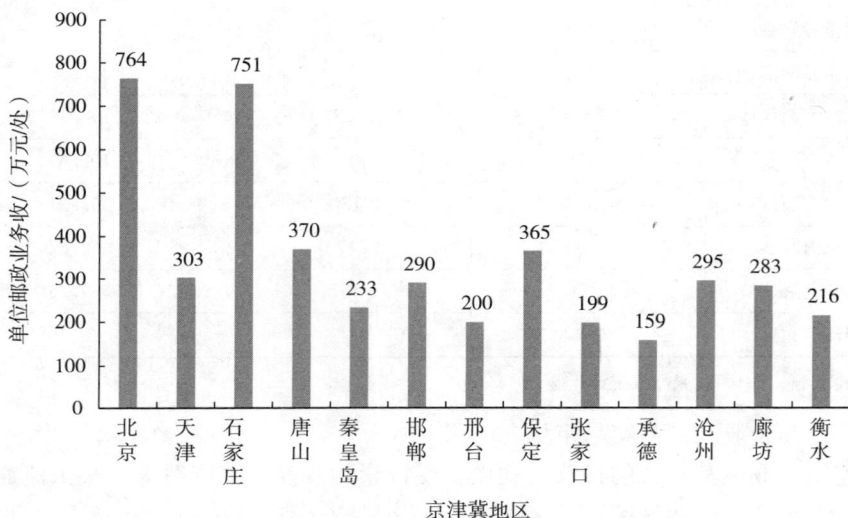

附图 7-5 2012 年京津冀地区单位邮政业务收入情况
资料来源：《中国区域经济统计年鉴》

整体上看，西城区消费需求旺盛，城市流通功能并不逊色于京津冀其他地区。尽管西城区在商流功能和物流功能上均占有一定优势，如批发和零售业经济效益良好。但是，以市外批发业和出口为主的批发和零售业，货物运输业不能有力支撑物流功能的发展。此外，西城区批发和零售业吸引就业和创造收入的能力趋于下降，在京津冀区域内，天津更具有发展批发和零售业的优势。

附录八　生产功能

一、工业部门现状

就企业单位数而言，与天津和河北相比，北京拥有的工业企业并不多。按照 2012 年的统计数据，北京共拥有 3 692 家规模以上工业企业，其中仅 67 家位于西城区；天津共拥有 5 618 家规模以上工业企业，其中有 1 540 家集中在滨海新区；河北共拥有 12 360 家规模以上工业企业，其中仅石家庄就存在 2 388 家，相当于整个北京的 65%。具体情况见附图 8-1～图 8-3。

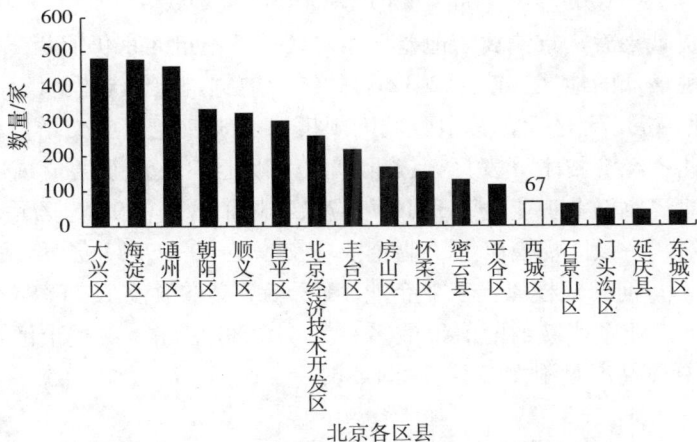

附图 8-1　2012 年北京各区县规模以上工业企业单位数

资料来源：《中国区域经济统计年鉴 2013》

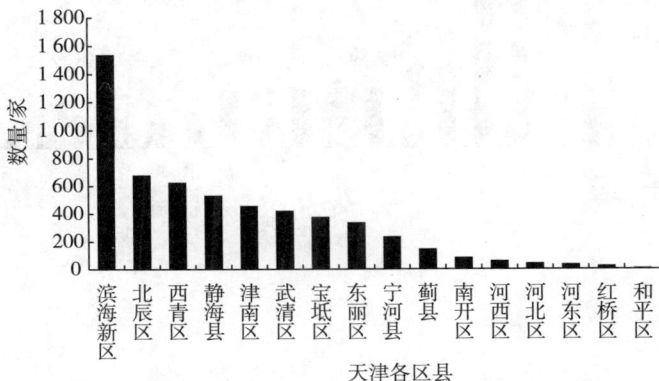

附图 8-2　2012 年天津各区县规模以上工业企业单位数

资料来源：《中国区域经济统计年鉴 2013》

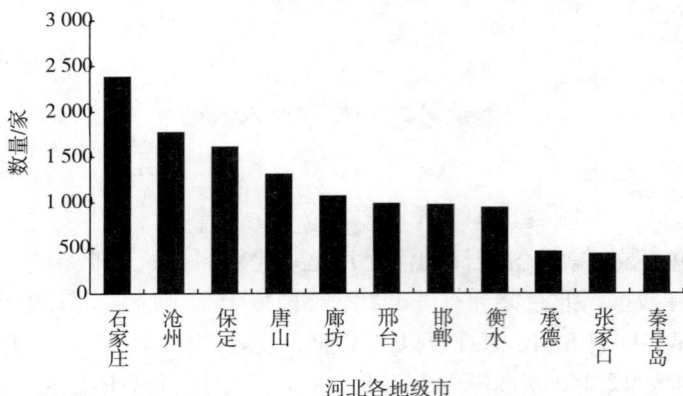

附图 8-3　2012 年河北各地级市规模以上工业企业单位数

资料来源：《中国区域经济统计年鉴 2013》

　　就税收贡献来看，京津冀三地差异相对较小，不过北京仍旧是三个地区中工业缴纳增值税最低的地区。按照 2012 年的统计数据，北京规模以上工业企业当年应交增值税 455.75 亿元，其中西城区规模以上工业企业应交增值税 67.43 亿元，仅次于北京经济技术开发区，占北京规模以上工业企业增值税应纳总额的14.8%；天津规模以上工业企业 2012 年应缴纳增值税 1 030.16 亿元，其中大部分来自滨海新区，该区规模以上工业企业应交增值税 599.31 亿元，占天津应纳总额的 58.2%；河北规模以上工业企业 2012 年应交增值税 1 165.88 亿元，其中唐山规模以上工业企业缴纳增值税最多，为 316.38 亿元，占整个河北应纳总额的 27.1%。具体情况见附图 8-4～附图 8-6。

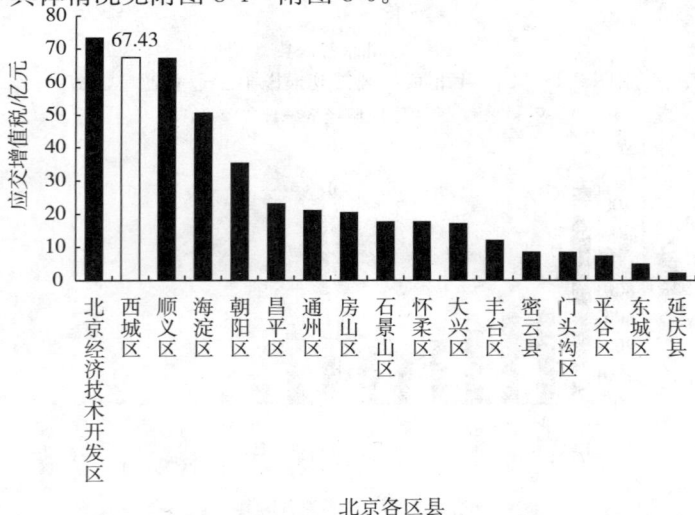

附图 8-4　2012 年北京各区县规模以上工业企业本年应交增值税

资料来源：《中国区域经济统计年鉴 2013》

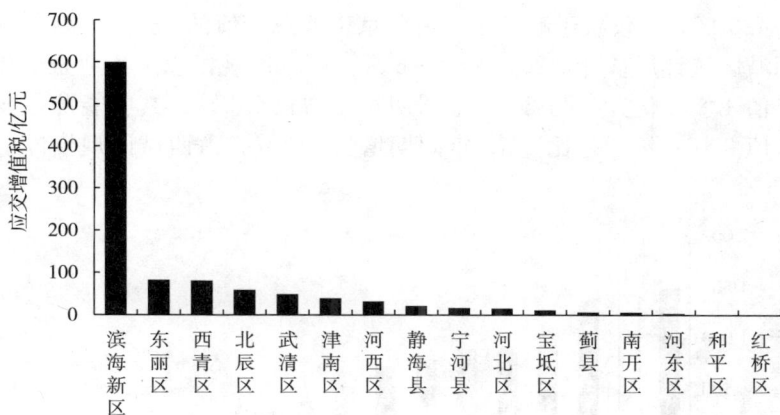

附图 8-5　2012 年天津各区县规模以上工业企业本年应交增值税

资料来源：《中国区域经济统计年鉴 2013》

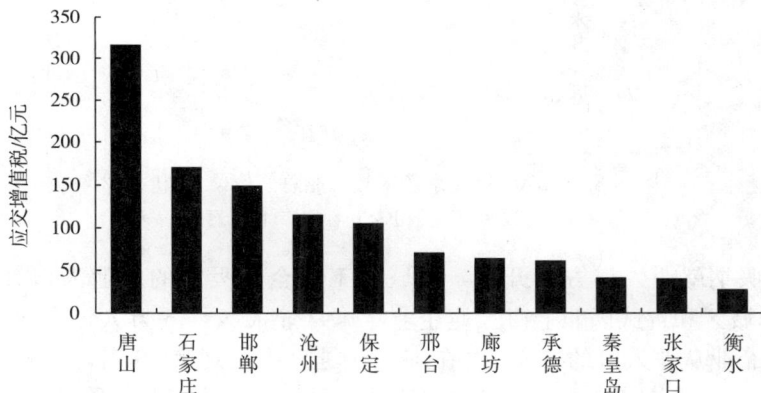

附图 8-6　2012 年河北各地级市规模以上工业企业本年应交增值税

资料来源：《中国区域经济统计年鉴 2013》

　　从企业单位数和税收贡献两方面综合来看，虽然北京西城区拥有的规模以上工业企业不多，但是相较于其他地区的企业，单个企业缴纳了较多的增值税。2012 年，西城区以仅占北京全市 1.8% 的规模以上工业企业数量缴纳了全市 14.8% 的规模以上工业企业应交增值税。

　　就工业总产值来看，2009 年西城区和宣武区①非上市工业企业总共实现工业

---

　　① 考虑到 2010 年北京市行政区划调整，即将原西城区、宣武区的行政区域新设立为西城区，将原东城区、崇文区的行政区域新设为东城区，为便于比较，本部分将行政区划调整前的西城区、宣武区数据合并，东城区、崇文区数据合并。

总产值 1 420 亿元，仅次于顺义区，占北京工业总产值的 13.6％（附图 8-7）。另据北京西城区统计局统计，2013 年 1～6 月，西城区规模以上工业企业累计完成工业总产值 428.3 亿元，与 2012 年同期相比增长 7.5％；其中能源工业企业累计完成产值 370.6 亿元，比 2012 年同期增长 8.8％，占西城区规模以上工业企业的 86.5％。

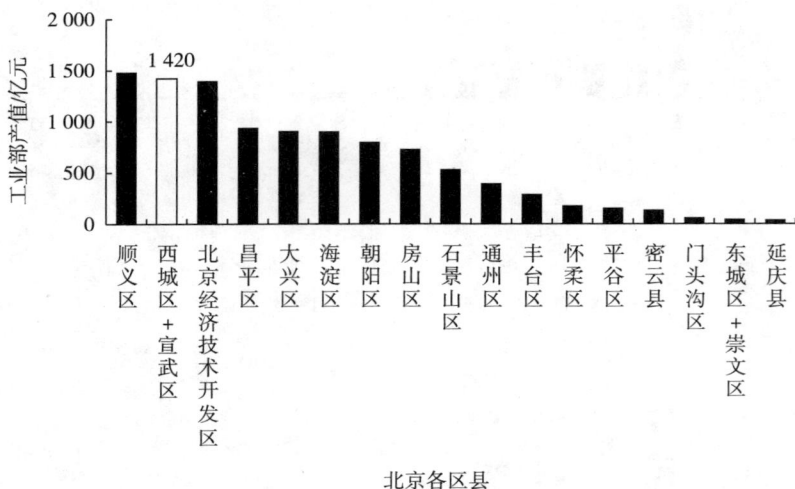

附图 8-7　2009 年北京各区县工业总产值（当年价格）
资料来源：中国非上市公司数据库（国泰君安）

　　若从吸纳就业人口方面开看，西城区工业企业吸纳的就业人口并不算多。2009 年西城区和宣武区非上市工业企业年末从业人数约 5 万人，占北京整体非上市工业企业从业人口的 4.5％，在 17 个区县①中位列第 10 名，位列第 1 名的大兴区 2009 年非上市工业企业年末从业人数达到 13 万人以上（附图 8-8）。

　　综合上述各方面来看，在京津冀区域中，北京相对于天津、河北而言，拥有的工业企业较少，而其中位于西城区内的工业企业少之又少。同时，西城区工业企业吸纳的从业人口也较少。然而，西城区以较少数量的工业企业实现了较高的工业总产值，缴纳了较高数额的增值税，并且在近年来仍然具有一定的增长趋势。

二、工业部门分行业现状

　　下面将工业生产功能按照行业细分，具体来看北京和西城区的工业行业结构。

　　① 将西城区、宣武区数据合并，视为一个区；将东城区、崇文区数据合并，视为一个区。

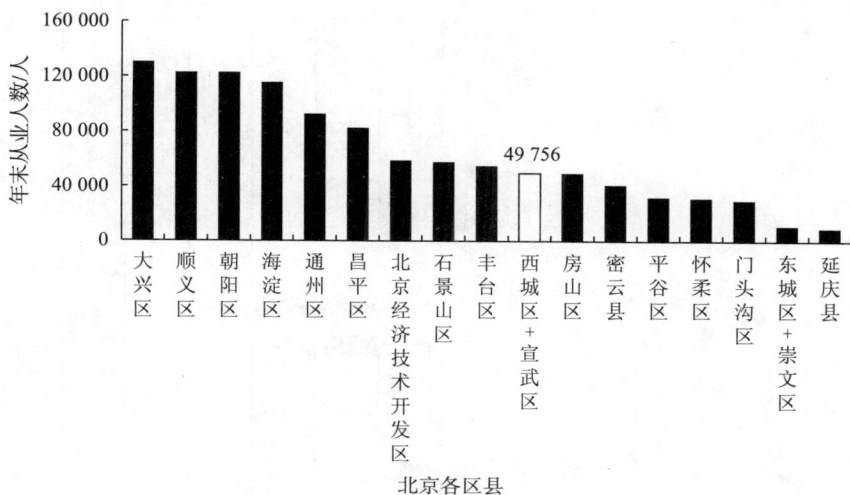

附图 8-8　2009 年北京各区县工业企业年末从业人数
资料来源：中国非上市公司数据库（国泰君安）

　　北京工业部门以专用设备制造业，通信设备、计算机及其他电子设备制造业，通用设备制造业，交通运输设备制造业，非金属矿物制品业为主，且大部分行业的企业数量都要小于天津和河北。附图 8-9 展示了 2011 年北京、天津和河北工业部门各行业企业数量，按照北京工业部门各行业企业数量排序，越接近横轴，行业企业数量越多。可以发现，北京大部分行业的企业数量都要小于天津和河北，仅仪器仪表及文化办公用机械制造业北京地区的企业数量较大幅度高于天津和河北地区。北京工业部门以专用设备制造业，通信设备、计算机及其他电子设备制造业，通用设备制造业，交通运输设备制造业，非金属矿物制品业为主，五个行业企业数量之和达到北京整个工业部门企业数量的一半以上。

　　北京的工业产值主要集中于交通运输设备制造业，电力、热力的生产和供应业，通信设备、计算机及其他电子设备制造业三个行业，且在主要行业总产值与天津、河北相差不多。附图 8-10 展示了 2011 年北京、天津和河北工业部门各行业总产值，按照北京工业部门各行业总产值排序，越靠近横轴，行业总产值越高。可以发现，虽然北京工业部门各行业企业数量普遍低于天津和河北，但是在主要行业中，行业总产值却与天津、河北相差不多，且在交通运输设备制造业，电力、热力的生产和供应业，通信设备、计算机及其他电子设备制造业三个行业，北京的行业总产值都处于较高位置。并且，这三个行业的总产值之和达到北京工业部门各行业总产值之和的一半。

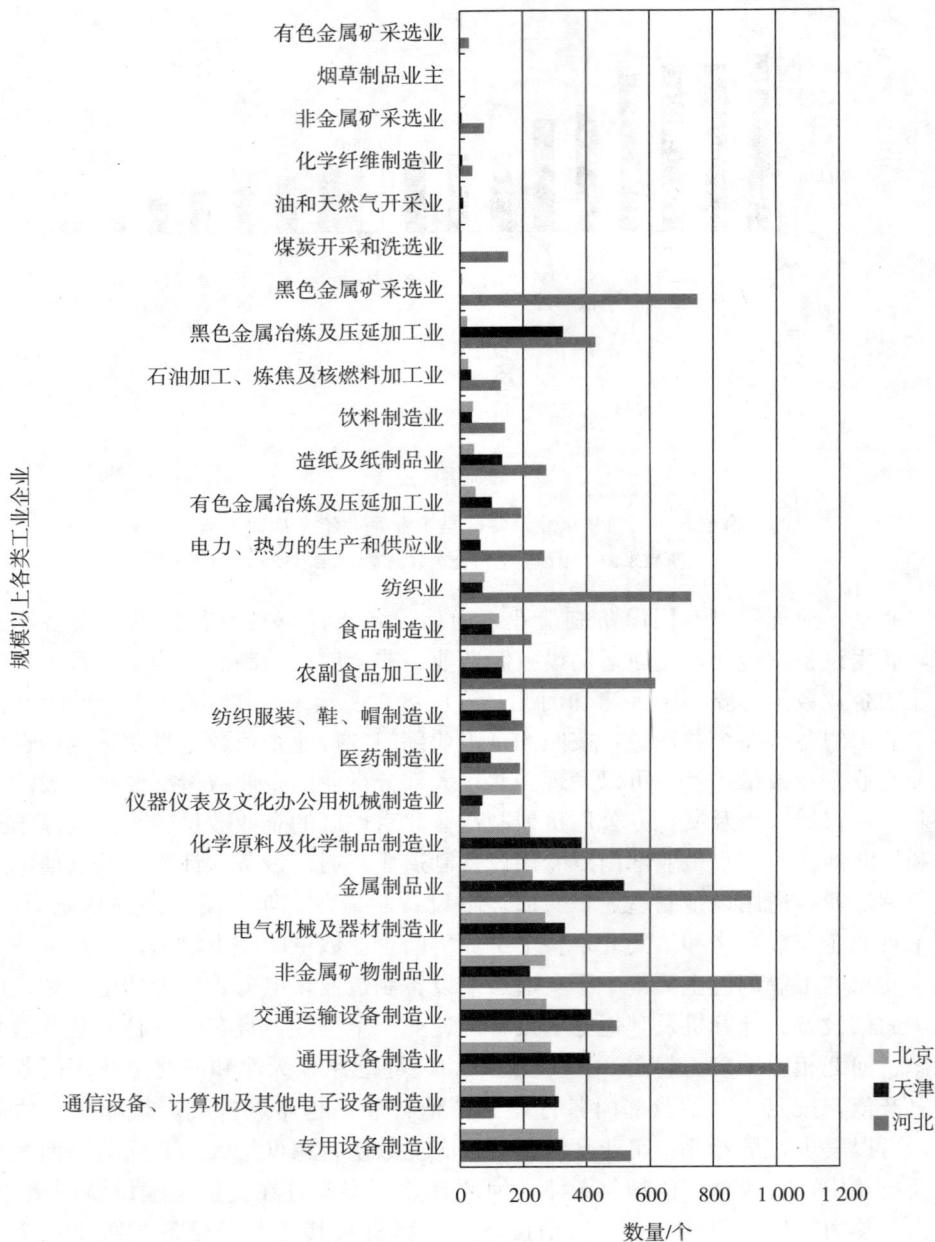

附图 8-9　2011 年京津冀规模以上各类工业企业单位数

资料来源：《中国工业经济统计年鉴 2012》

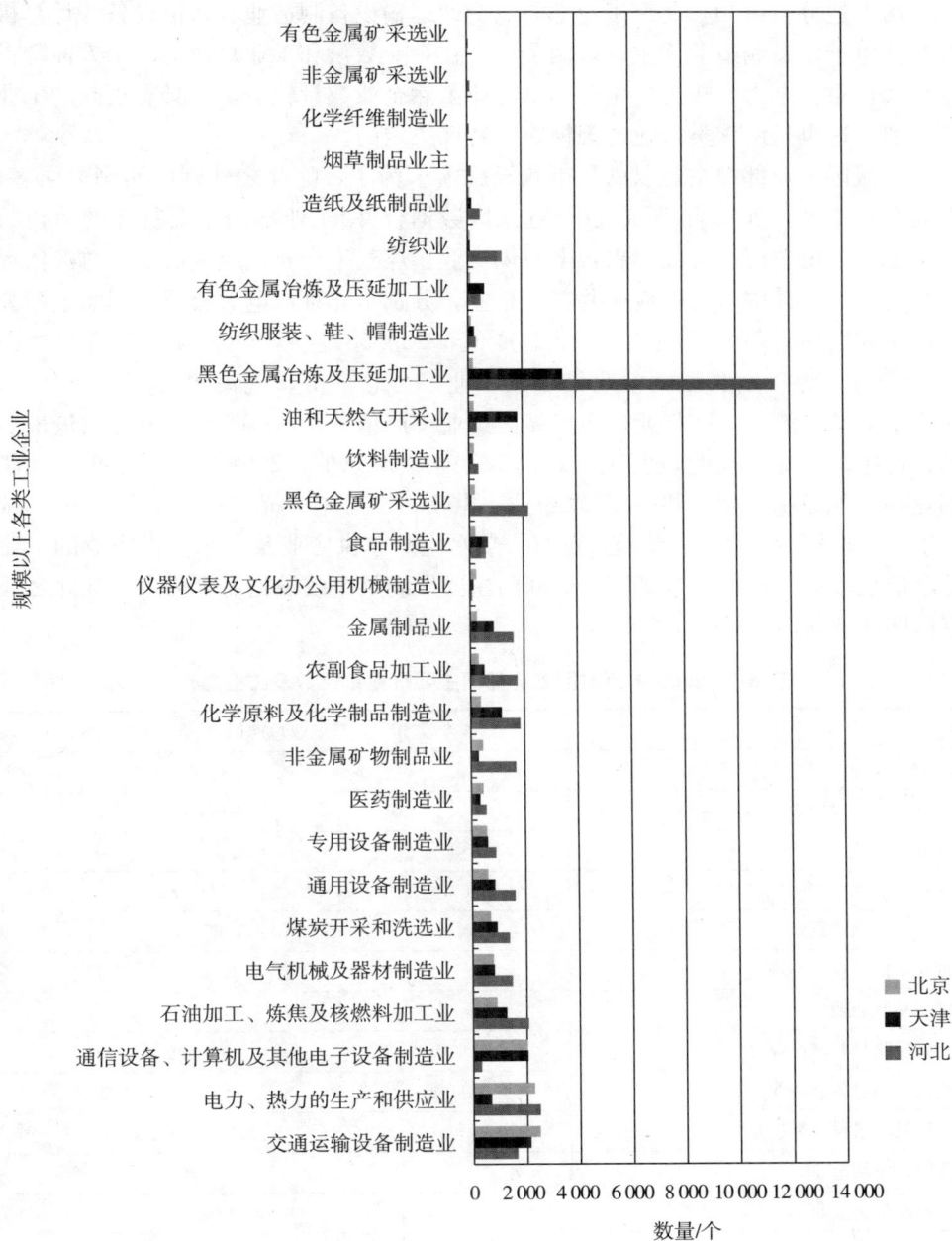

附图 8-10 2011 年京津冀规模以上各类工业企业工业总产值（当年价格）
资料来源：《中国工业经济统计年鉴 2012》

由上述分析可知，北京工业部门以交通运输设备制造业和通信设备、计算机及其他电子设备制造业为主，这两个行业在企业数量和工业总产值两个方面都占据较大比重。电力、热力的生产和供应业虽然企业数量较少，但具有很高的工业总产值，这也是由该类行业的规模效应特征决定的。

西城区工业部门主要以满足市政设施需求为主，除此之外则以印刷业居多。附表 8-1 展示了 2009 年西城区（与宣武区数据合并）工业部门主要行业的单位数及工业总产值情况。可以看出，电力供应业、煤气生产和供应业的工业总产值远超其他行业。其中电力供应业共三家企业，分别是北京市电力公司、国家电网公司和华北电网有限公司，实现工业总产值 1 239.58 亿元，占西城区工业总产值的 87.3%；煤气生产和供应业仅一家企业，为北京市燃气集团有限责任公司，实现工业总产值 99.99 亿元，占西城区工业总产值的 7%。西城区单位数量最多的行业是印刷业，同时也实现了较高的工业生产总值。2009 年，书、报、刊印刷业和其他印刷业相加共有 18 家企业，共实现工业总产值 32.43 亿元，占西城区工业总产值的 2.3%。此外，蒸汽、热水生产和供应业及自来水供应业的工业总产值也较高。可见，西城区工业部门主要以满足市政设施需求为主，除此之外则以印刷业居多。

附表 8-1 2009 年西城区工业部门主要行业单位数及工业总产值

行业	单位数/个	工业总产值/千元（当年价格）
电力供应业	3	123 957 573
煤气生产和供应业	1	9 998 711
其他印刷业	7	2 620 535
蒸汽、热水生产和供应业	4	1 250 252
书、报、刊印刷业	11	622 047
自来水供应业	1	341 077
豆制品制造业	3	314 774
有机硅氟材料制造业	1	309 438
其他专用设备制造业	2	275 684
计算机网络设备制造业	1	255 698
通用设备制造业	1	236 891
传输设备制造业	5	133 967
金属切削机床制造业	1	129 864
化学工业专用设备制造业	1	129 443
发电机及发电机组制造业	2	118 557
特种车辆及改装汽车制造业	3	114 700

续表

行业	单位数/个	工业总产值/千元（当年价格）
配电开关控制设备制造业	3	89 718
液压和气压动力机械及元件制造业	2	70 590
棉及化纤制品制造业	3	59 697
服装制造业	5	59 375
其他非金属矿物制品制造业	2	55 508
体育器材制造业	1	54 605
绝缘制品业	3	49 034

资料来源：中国非上市公司数据库（国泰君安）

三、工业部门疏解

根据《北京市新增产业的禁止和限制目录（2014 年版）》，在首都功能核心区内，采矿业，制造业，电力、燃气和水的生产和供应业的新增被全面禁止。西城区作为首都功能核心区的一部分，采矿业，制造业，电力、热力、燃气及水生产和供应业也被禁止新建和扩建，在《西城区新增产业的禁止和限制目录（2014 年版）》"目录（一）""目录（二）"中均对此做出了明确规定。其中，在适用于西城区行政范围内的"目录（一）"中，禁止新建和扩建的行业不包括天然气生产和供应业；在适用于西城区重点街区①的"目录（二）"中，天然气生产和供应业也被禁止新建和扩建。因此，考虑到北京的政策要求，以及北京首都功能定位和发展需求，除了保留必要的满足市政设施需求的电力、热力、燃气及水的生产和供应行业，西城区的工业部门，即其生产功能，是要被全面禁止扩张，并着手压缩、疏解的。

在对生产功能的疏解过程中，考虑到工业部门对财政收入的贡献，可以在疏解生产环节的同时，在区内设立研发、销售和结算等总部类型企业，在优化区域产业结构的同时缩小对财政、税务部门的影响。

在生产功能疏解中，疏解后的功能填补问题也很重要。西城区作为首都功能核心区的重要部分，空间资源相对不足，为了充分利用现有空间资源，在生产功能疏解中就要做好置换疏解的工作。目前，在生产环节移出后，原有工业土地通常有如下几种利用方式：房地产开发，建设住宅；建设办公、零售批发场所；发展文化创意产业；形成服务于周边居民生活的菜市场、批发市场、小旅馆、小餐馆等。依据《西城区工矿仓储用地情况表》，2014 年土地现状用途有记录的共 52

---

①　西城区重点街区包括西长安街（府右街路口以东）、北长街、西华门大街、大宴乐胡同、南长街、人民大会堂西路、石碑胡同、府右街、文津街、西安门大街、西黄城根南街、灵境胡同（西黄城根南街路口东段）、织女桥东河沿、东安福胡同、光明胡同。

块，总占地面积约 244 710 平方米，其中大部分土地被用于商业服务，其他用途还包括机关团体、仓储、住宅、公共设施等（附表 8-2）。

附表 8-2　西城区工矿仓储用地情况

土地现状用途	地块数量/块	占地面积合计/平方米
商服	32	134 801.49
商服、机关团体	3	10 971.93
商服、科教	2	8 754.79
机关团体	2	3 568.53
仓储	4	51 748.37
仓储、机关团体	1	8 394.4
住宅	3	3 681.03
公共设施	2	1 517.90
科教	1	2 577.9
储备用地		12 732.21
工业、办公	1	5 961.2

资料来源：《西城区工矿仓储用地情况表》

在本轮生产功能疏解的过程中应当注重功能的置换，吸引符合区域发展需求的业态进入，也可以直接将现有高污染、高耗能、低附加值的传统制造业直接升级为高科技含量、高附加值、节能环保的新业态。

附录九　生态功能

北京以发展第三产业为主，其自身的工业污染物排放并不多，再加上位居前列的城市园林绿化水平，有利于其城市生态功能的发挥。在城市环境保护方面，除水污染和大气污染较为严重外，西城区在废弃物处理等方面卓有成效。但是北京，尤其是西城区，因其土地资源有限，人口不断聚集，城市园林绿化空间已十分有限。由于大气环境的全局性较强，单独考虑北京的大气环境质量是不够的，需要京津冀地区的协同合作。此外，北京环境治理投资较少，这在很大程度上并不取决于其保护城市环境的努力程度，而是由于其已有的园林绿化覆盖率较高、本身防治城市污染的能力较强，对环境治理投资的需求趋于下降。

随着城市化和工业化进程的不断加深，人口不断向城市集中，我国大多数城市表现出"城市病"问题，如人口膨胀、交通拥堵、环境恶化、住房紧张、就业困难等。城市的生态功能是指城市承担着为居民提供良好和便利的生活、工作环境的职能。这要求城市发展必须遵循生态系统稳定性和经济发展的规律，在发展的进程中改善和保护城市生态环境，解决人口、资源与环境的问题。从城市演化的阶段来看，生态功能应包含两方面的内涵：①生态文明建设，在建成区倡导"生态立市"；②绿色城镇化，在城镇化推进过程中注重生态环境保护。

一、生态文明建设

沈满洪提出，生态文明主要包含生态文化、生态产业、生态消费、生态环境、生态资源、生态科技与生态制度七个基本要素[①]。在生产方式上，生态文明要求树立绿色低碳的可持续生产方式，改变以往高能耗、高污染的粗放型生产方式，实现以生态技术为基础的高效、节能、循环生产模式。在生活方式上，生态文明要求转变"物质消费主义"理念，实现绿色消费、适度消费，形成节俭、低碳消费观，从环境损害性消费模式转向环境保护型消费模式。在价值观念上，既要有尊重自然、保护环境、节约资源的生态意识，也要形成公平、和谐的价值观。在社会结构上，不仅要实现生态制度、法律政策的健全与完善，还要将生态概念渗透到社会发展的各个领域。

生态文明建设既强调人类改造世界，创造丰富的物质基础；更强调人与自然的和谐共存，要求人的自觉与自律，以实现人、自然和社会整个大系统的良好运行。建设生态文明，不同于传统意义上的污染控制和生态恢复，而是探索资源节约型、环境友好型发展道路的过程。

二、绿色城镇化

在高速城镇化进程中，不可避免地出现了城市环境污染严重、污染企业向农村地区转移、污染物向农村排放和扩散、生态环境破坏加剧等问题，环境压力不断加大。为实现可持续的城镇化，在生态文明建设的基础上，推进城镇化的同时建立绿色生产体系、绿色消费模式、绿色交通系统、绿色节能建筑和绿色城市环境，以实现绿色发展、循环发展和低碳发展。

城市生态功能的发挥需要相关的产业作为支撑，环境监测、环境保护和环境治理三个阶段分别对应环境与生态监测业、生态保护业和环境治理业。与其他生产服务类产业不同，城市生态功能的强弱无法用其相应产业的产值和就业来衡量，因而我们采用环境质量指标，如绿地面积、污染物排放和处理量，及环境治理投资来衡量。

对城市生态功能的现状评价从城市园林绿化、城市环境保护和城市环境治理投资三个维度出发。其中，城市园林绿化包括城市公园和城市绿化；城市环境保

---

① 沈满洪. 推进生态文明建设的战略构想[J]. 浙江经济，2010，12：24-27.

护包括水环境质量、大气环境质量和垃圾处理；城市环境治理投资主要是指城市市政公用设施建设中的园林绿化和市容环境卫生投资。

1. 城市园林绿化

西城区城市园林绿化已取得良好成果，城市绿化覆盖率较高，公园面积有所增加。城市园林绿化是以城市辖区为载体，结合城市发展，通过对传统园林的保护、现代园林的开发和城市绿地的建设，达到美化城市环境、体现城市文明、适宜居民生活的目的。一般的，城市园林绿化的衡量指标包括园林绿地面积、城市绿化覆盖率、公园面积及个数等。2000年以来，西城区园林绿地面积由2000年的782公顷扩展到2013年的1 050.14公顷，人均园林绿地面积增加1平方米左右，2008～2009年增幅最大；城市绿化覆盖率上升了约4%，2006～2007年增幅最大（附图9-1）。

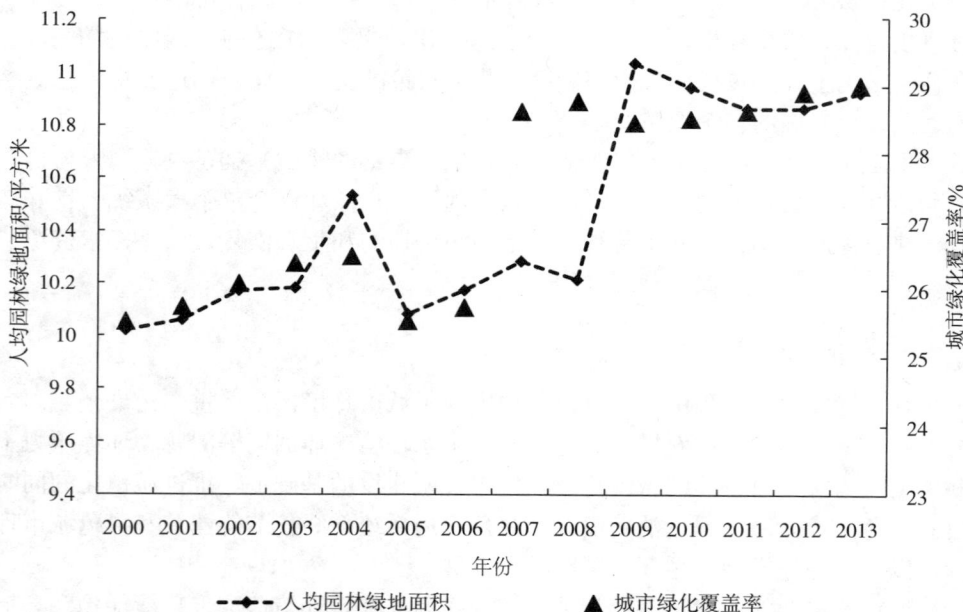

附图9-1 西城区城市园林绿地情况

资料来源：《西城区统计年鉴》

西城区公园个数有所增加，从2000年的10个增加到2001年的13个，2005年增至16个，2006年为18个，2009～2013年公园个数维持在28个。可以说，历年来西城区的城市园林绿化都有相当的成就，但因其人口不断聚集，人均城市园林绿化面积无法继续扩大；同样，因其辖区面积较小，城市园林绿化空间十分有限。

根据行政区划面积的差异，我们比较北京各区县的林木绿化率。北京全市林木绿化率达到 55.5%，林木绿化呈现明显的由中心向外围逐渐增多的趋势。首都功能核心区的林木绿化率最低，不到 20%，西城区最低仅为 14.6%；城市功能拓展区的稍高，在 20%～40%；城市发展新区的林木绿化水平参差不齐；而生态涵养发展区因其功能属性限制，林木绿化率均在 60% 左右，最高的为怀柔区的 76.4%（附图 9-2）。

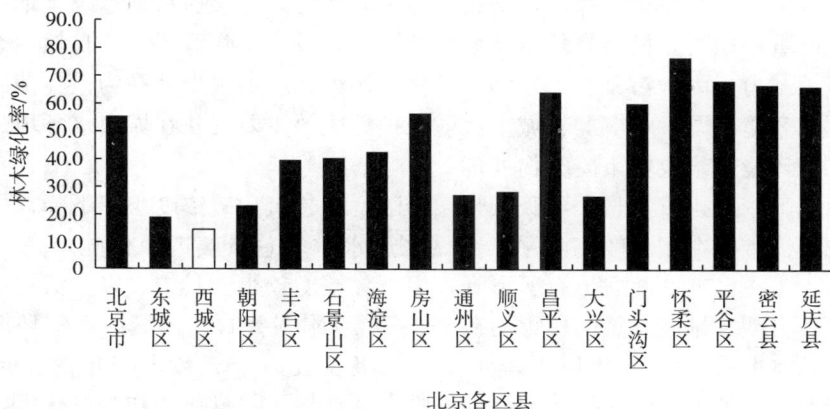

附图 9-2　2013 年北京各区县林木绿化率

资料来源：《北京区域统计年鉴 2014》

在京津冀区域内，从城市建成区绿化覆盖率来看，2012 年北京的绿化覆盖率超过其他地级市（直辖市），为 51.92%，其次为邯郸的 49.30%、秦皇岛的 48.98%。同样，从人均绿化面积来看，北京和秦皇岛的人均绿化面积相当，仅次于承德的 76.39 平方米，高于京津冀地区的其他地级市（直辖市）（附图 9-3）。可见，在京津冀地区内，北京的城市绿化水平仍居前列，对于城市生态功能的发挥非常有利。

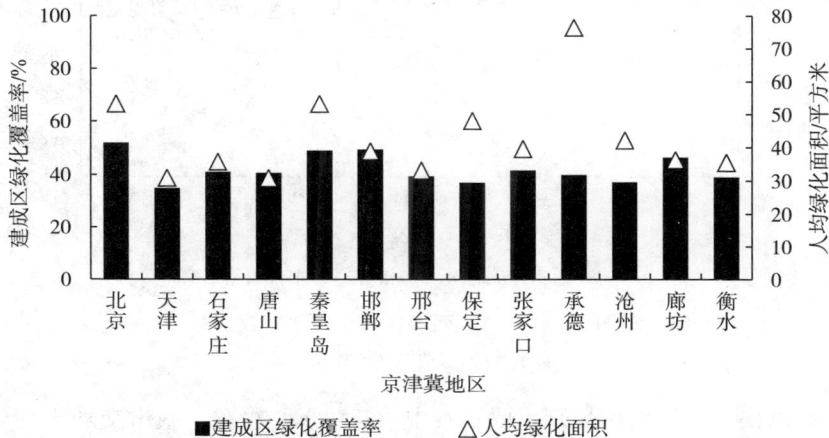

■建成区绿化覆盖率　　　△人均绿化面积

附图 9-3　2012 年京津冀城市绿化情况

资料来源：《中国城市统计年鉴》

2. 城市环境保护

城市环境保护是保障和提高城市宜居性的重要举措。随着城市经济的快速发展，城市资源、能源的消耗也不断加快；再加上城市人口的增加，人民生活水平的提高和消费升级，无一不给原本趋紧的城市资源、环境供给带来更大的压力。城市空气污染、水污染、噪声污染、固体废弃物污染、辐射污染以及土地资源短缺日益严重；同时，城市自然生态系统的退化，进一步降低了城市自然生态系统的环境承载力。因水污染、大气污染、噪声污染和废物污染被视为世界范围内四个主要的环境问题，相应的，城市环境保护的成效主要反映在城市水环境、大气环境、声环境质量及城市废弃物处理上。

西城区废水排放总量、可吸入颗粒物浓度和二氧化硫浓度小幅下降，但二氧化氮浓度仍维持在相对较高水平。西城区废水排放总量接近 1 亿吨，2010 年最高达到 1.184 亿吨；此后虽有所下降，但下降幅度较小。其中，以生活污水排放为主，其占废水排放总量的比重均在 98% 以上(附图 9-4)。西城区大气环境有所改善。总体上看，2008 年以来，西城区二级及其以上天数占全年的比重均在 75% 以上。三类主要的空气污染物为可吸入颗粒物、二氧化硫和二氧化氮，在筹备 2008 年北京奥运会阶段，三类污染物浓度均实现了大幅下降。2009 年以后，可吸入颗粒物浓度和二氧化硫浓度持续小幅下降，二氧化氮浓度仍维持在相对较高的水平(附图 9-5)。

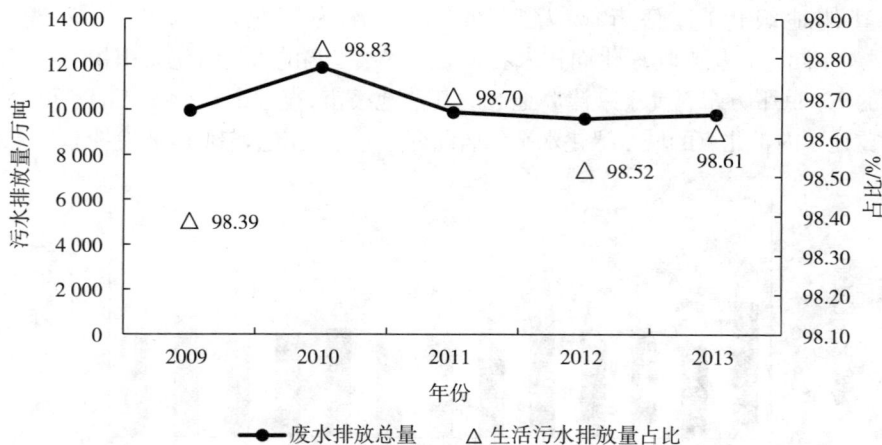

附图 9-4　2010 年西城区历年污水排放情况

资料来源：《西城区统计年鉴》

长期以来，西城区区域环境噪声控制在 54 分贝左右，城市交通干线噪声控制在 67～68 分贝，环境噪声达标区覆盖率从 2000 年年初的 92.51% 下降到 2013

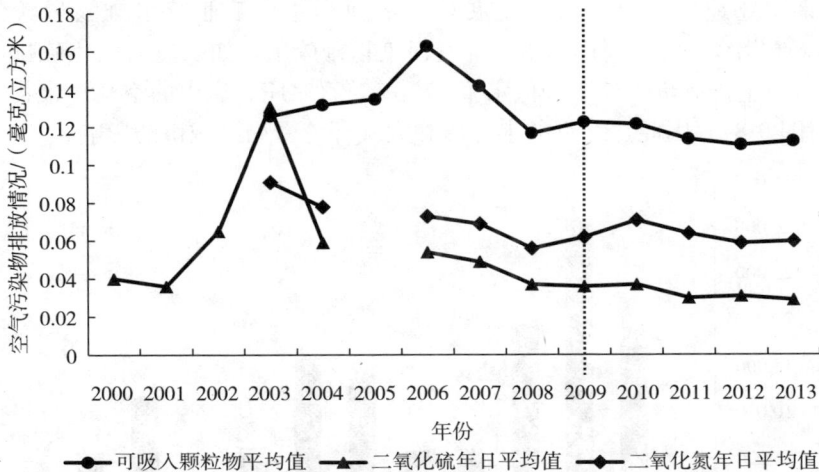

附图 9-5　西城区历年空气污染物排放情况

资料来源:《西城区统计年鉴》

年的 85.1%。宣武区与西城区合并后,垃圾生产量维持在 53 万～55 万吨,垃圾无害化处理和分类收集率均达到 100%。可以说,除水污染和大气污染持续严重外,西城区在声环境保护和废弃物处理方面卓有成效。

在北京各区县,除可吸入颗粒物浓度在北京郊县地区显著降低外,其他空气污染物并没有明显的分布特征。西城区的二氧化硫浓度和二氧化氮浓度均较高,但可吸入颗粒物浓度低于北京主城区的其他地区(附图 9-6)。但是,大气环境的全局性较强,单独考虑北京,甚至北京各区县的大气环境质量是不够的。

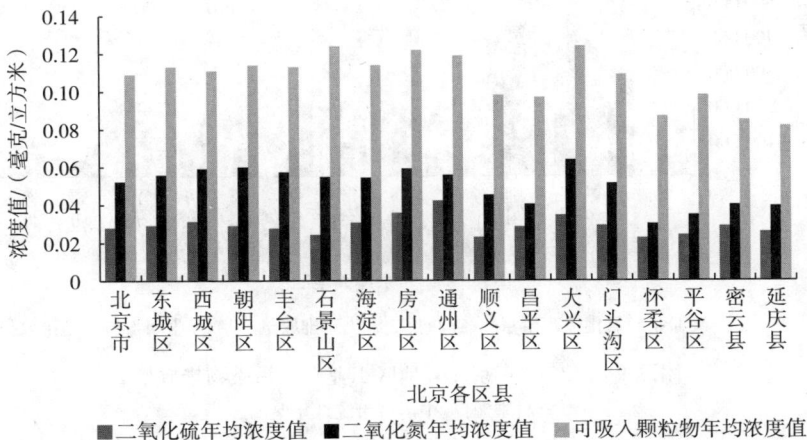

附图 9-6　2013 年北京区县空气污染物排放情况

资料来源:《北京区域统计年鉴 2014》

在京津冀地区，因北京以发展第三产业为主，工业废水排放量较低，为9 190万吨（附图9-7）。同样，工业空气污染物排放量，如工业二氧化硫排放量和工业烟（粉）尘排放量均处于较低水平，天津、石家庄和唐山的空气污染物排放量较高（附图9-8）。因此，北京的水环境和大气环境受周围城市的影响较大。

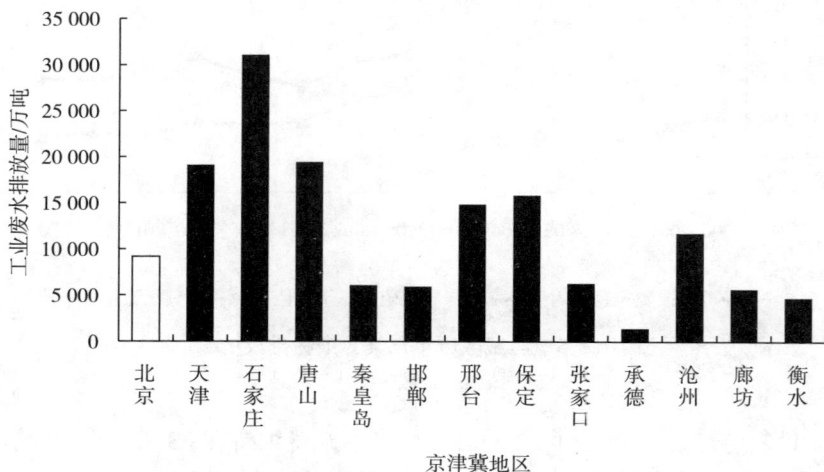

附图 9-7　2012 年京津冀地区工业废水排放量
资料来源：《中国城市统计年鉴》

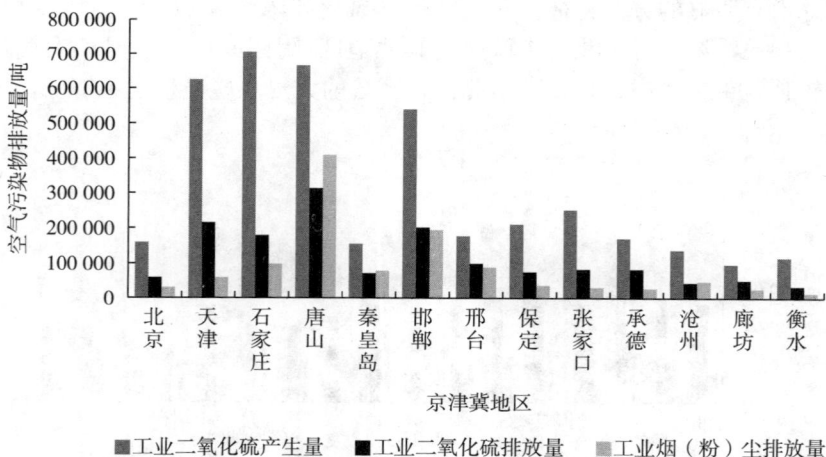

附图 9-8　2012 年京津冀地区工业空气污染物排放量
资料来源：《中国城市统计年鉴》

从废弃物的处理能力上看，北京的一般工业固体废物综合利用率在京津冀区域中处于较高水平，为 78.96%，高于以发展工业为主的河北各地级市。但是，相比之下，北京的生活垃圾无害化处理率水平较低，为 99.12%，低于天津及河北的部分地级市。北京的废弃物中以生活废弃物为主，因此应加强生活垃圾的无害化处理。

3. 城市环境治理投资

从环境治理投资来看，北京的环境治理投资并不多。城市环境治理投资既可以反映保障和提高城市生态环境质量和宜居性的努力程度，又可以反衬出城市生态环境遭受破坏的程度。我们采用城市市政公用设施建设固定资产投资中的园林绿化投资和市容环境卫生投资来反映城市环境治理投资。在各城市中，环境治理投资以城市园林绿化投资为主。从环境治理投资占城市市政公用设施建设固定资产投资的比重来看，北京的环境治理投资并不多，为 14.66%（附图 9-9）。一方面，由于北京已有的园林绿化覆盖率处于较高水平，对环境治理投资的需求相对较少；另一方面，北京被京津冀其他地区的污染包围，自身防治城市污染的能力较强，对市容环境卫生投资的需求也相对较少。

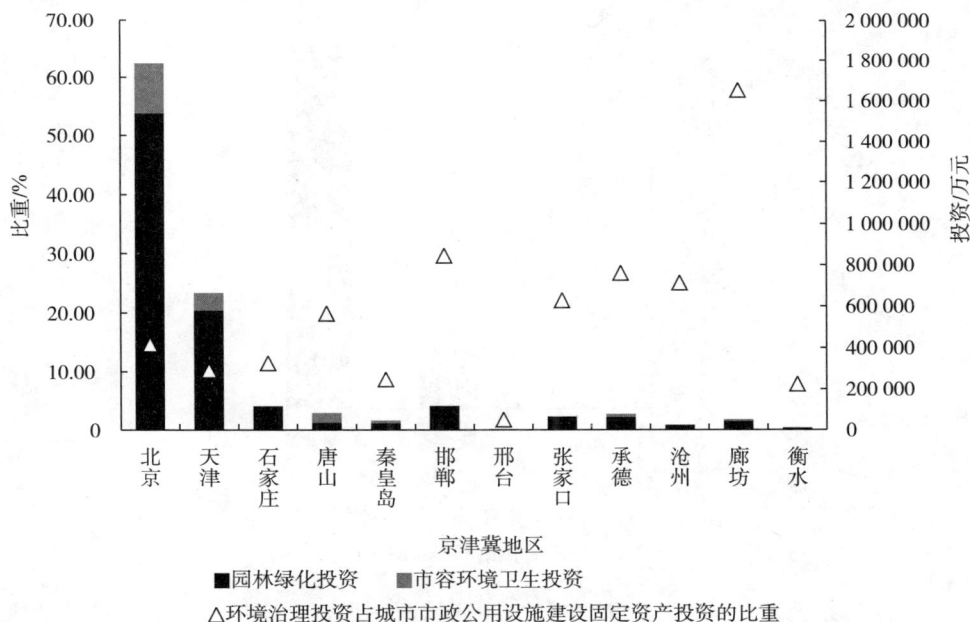

■ 园林绿化投资　　■ 市容环境卫生投资
△ 环境治理投资占城市市政公用设施建设固定资产投资的比重

附图 9-9　2012 年京津冀地区环境治理投资情况
资料来源：《中国城市建设统计年鉴》

附录十 安保功能

北京的公共安全支出相对较高，安保水平远超津冀。地方财政支出中国防支出和公共安全支出两项可以反映地区政府对于地方安保的投入水平。2012 年，北京国防支出为 8.13 亿元（附图 10-1），公共安全支出为 241.04 亿元（附图 10-2），均远高于天津的支出水平，国防支出低于河北，公共安全支出略高于河北。北京作为我国首都，中央财政支出中的国防支出与公共安全支出也会有相当比例用于维护北京的国防安全和公共安全。虽然北京国防支出和公共安全支出的绝对值要低于或等于河北的水平，但是考虑到两个地区的区域面积大小，北京的安保水平是远高于河北的。

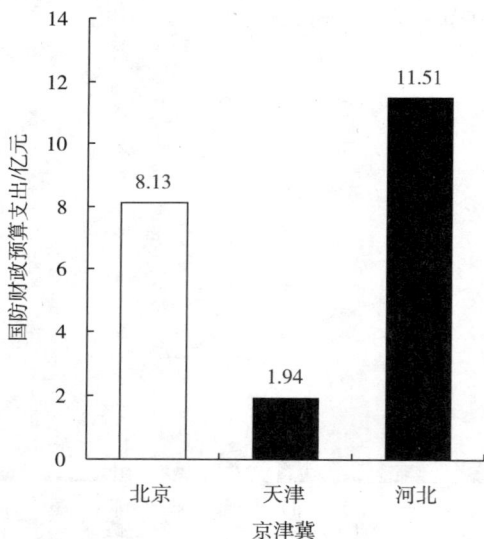

附图 10-1　2012 年京津冀国防财政预算支出

资料来源：《中国财政年鉴 2013》

安保可以大致分为对"天灾"和对"人祸"的预防和安全保护。对"天灾"的防御和安保在西城区主要指防洪排涝。北京防洪排涝设施建设可见附图 10-3，2012年北京累计建设达标堤防长度 1 293 千米，其中 513 千米为 1 级、2 级堤防，占达标堤防长度的 40%。相对于天津和河北，北京的堤防建设并不算长，但这也取决于北京的地理位置和区域面积对堤防的需求。2012 年，北京排水管道长 12 665 千米，污水管 5 735 千米，其中雨水管 4 808 千米，雨污合流管 2 122 千米（附图 10-4）。防洪排涝工作主要包括道路修缮、市政排水管线建设和积水点改

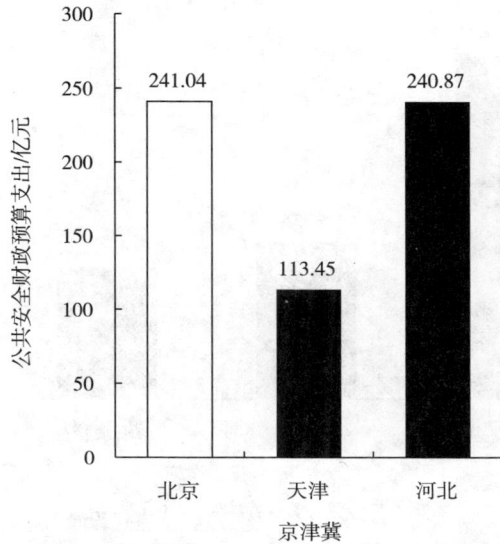

附图 10-2　2012 年京津冀公共安全财政预算支出

资料来源:《中国财政年鉴 2013》

造，除此之外还应当完善防汛指挥体系，明确辖区内危旧房屋、低洼院落、道路积水点和人防工程等重点防洪排涝区域的位置，做到密切监测、安全隐患及时排查、协调指挥、防洪排涝工作全覆盖。同时，要组建应急抢险队，随时准备抢救可能出现的险情。

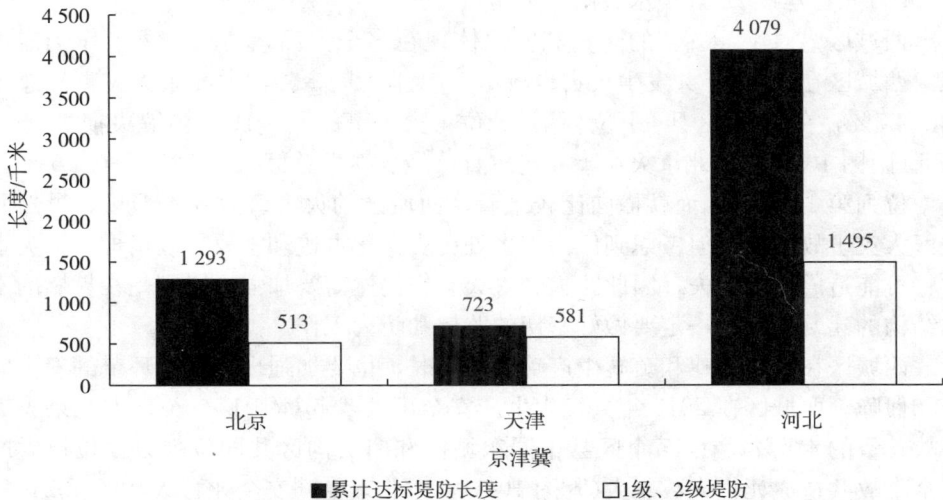

附图 10-3　2012 年京津冀堤防建设情况

资料来源:《中国水利年鉴 2013》

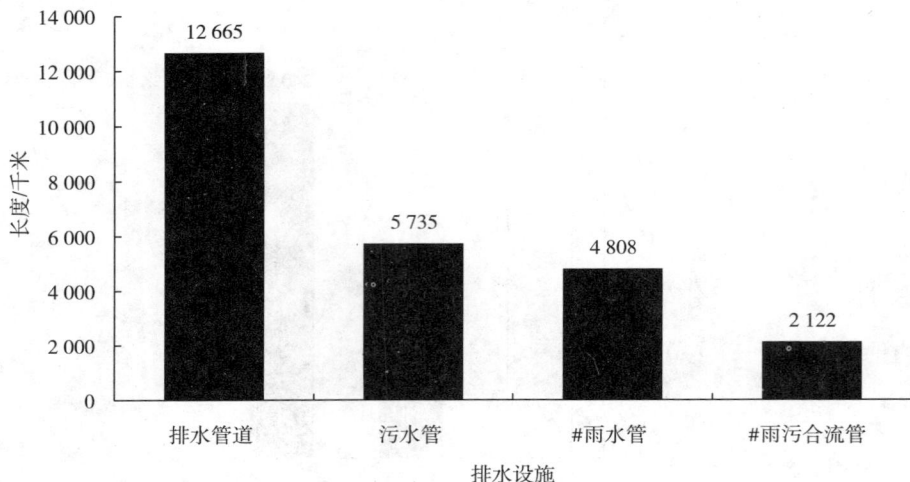

附图 10-4　2012 年北京排水设施建设情况

资料来源：《北京统计年鉴 2013》

　　针对降水，除去防洪排涝工作，雨水的蓄存和利用也逐渐成为一项重要工作，在节水中扮演了重要角色。西城区从 2001 年开始开展雨水利用工程，至 2014 年，共完成雨水利用项目 110 项。其中铺设透水砖 89 项，雨水综合利用 21 项。在铺设透水砖的工程中，平房院落和老旧小区改造占据了其中一半，在减轻雨天排水压力的同时改善了居民生活环境。西城区 2014 年对雨水利用工程投资 4 824 万元，建设 28 处中水、雨水利用工程。

　　西城区内对于"人祸"的防御和安保体现在多个方面，防火灭火工作仍需加强。西城区在 2013 年共发生火灾事故 138 起（附图 10-5），占北京火灾事故总量的 3.27%，在 16 个区县①中位列第 11 位；火灾事故共造成直接解决损失 95.9 万元（附图 10-6），占北京火灾事故造成直接经济损失总额的 1.82%，在 16 个区县中位列第 12 位。因而就横向比较来看，西城区的火灾事故并不严重。虽然西城区火灾事故不多，但考虑到区内有多处历史文化古迹和重要行政机构，火灾事故将可能造成严重损失，因此防火和灭火工作仍然需要加强，特别是在易燃的木质结构的建筑周围，一定要做好密切的监控和防火工作。

　　西城区在禁止新建和疏解生产功能的同时，也要加强现存生产环节的安全监督和保障。西城区在 2013 年共发生生产安全事故 4 起（附图 10-7），占北京火灾事故总量的 4.4%，在 17 个区县中同东城区和门头沟区共同位列第 5 位；生产安全事故共造成死亡人数 4 人（附图 10-8），占北京生产安全死亡人数的 4.21%，

———————————

　　①　不包括北京经济技术开发区。

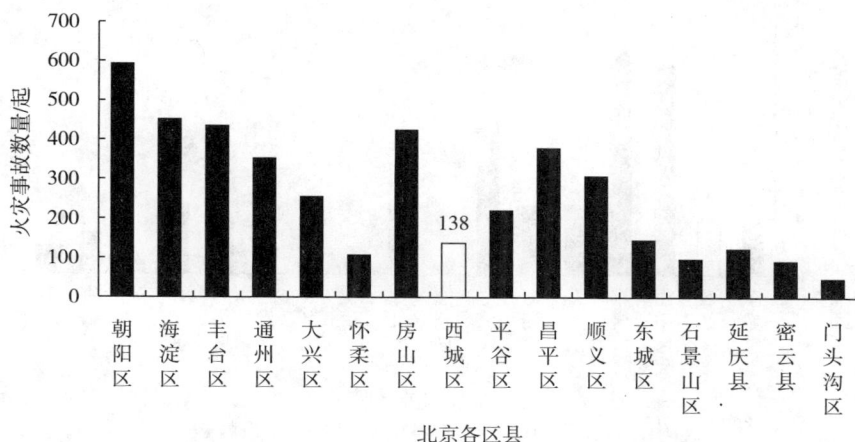

附图 10-5 2013 年北京各区县火灾事故数量

资料来源：《北京区域统计年鉴 2014》

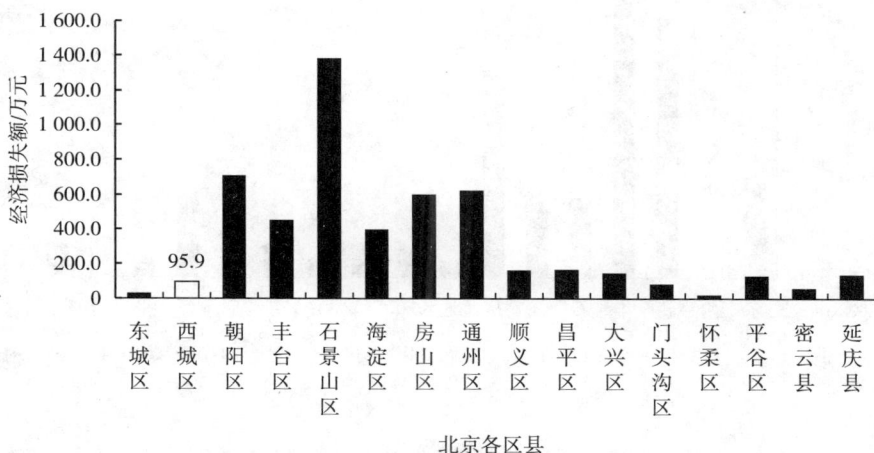

附图 10-6 2013 年北京各区县火灾事故直接经济损失额

资料来源：《北京区域统计年鉴 2014》

在 17 个区县中同门头沟区共同位列第 6 位。由横向比较来看，西城区的生产安全事故是较为严重的。生产安全事故直接关系着作业人员的生命安全，因此西城区在禁止新建和疏解生产功能的同时，也要加强现存生产环节的安全监督和保障，不能应疏解而松懈。对于要保留在区内的必要电力、热力、燃气及水的生产和供应企业，更应该促进其安全防护设备利用和升级，避免发生生产安全事故。

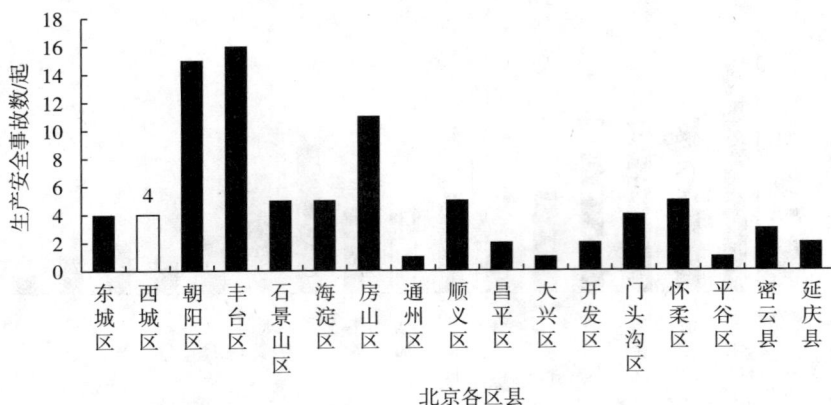

附图 10-7　2013 年北京各区县生产安全事故数

资料来源：《北京区域统计年鉴 2014》

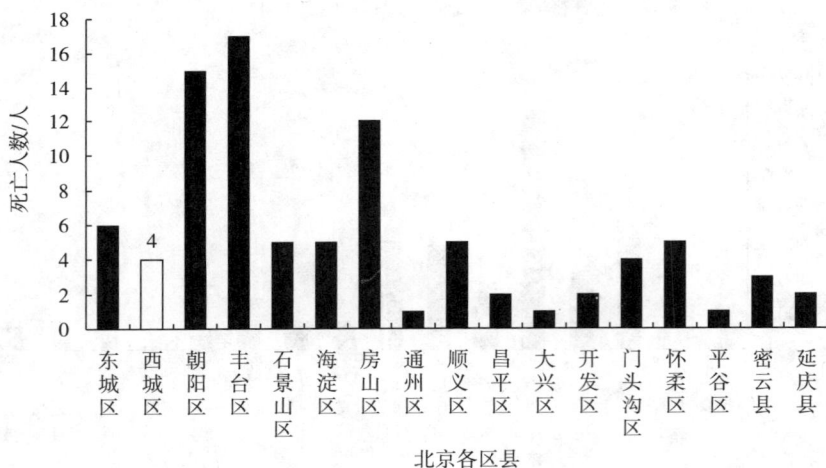

附图 10-8　2013 年北京各区县生产安全死亡人数

资料来源：《北京区域统计年鉴 2014》

　　西城区刑事案件立案数量较多，公安机关执法力度需进一步加强。附图 10-9 展示了 2013 年北京各区县的刑事案件立案数量①和刑事案件破案数量②。

　　① 刑事案件立案数是指报告期内经公安机关侦查部门依法侦查或查证确认，并根据刑事诉讼法及公安部刑事案件立案标准和审批程序的规定，经批准立案侦查的案件数。仅包括报告期(本年度)内发现受理的、满足立案侦查条件的案件。

　　② 刑事案件破案数是指报告期内公安机关侦查部门经侦查工作证实的，其主要犯罪事实已有证据证明，有证据证明犯罪事实是犯罪嫌疑人所实施，犯罪嫌疑人或主要犯罪嫌疑人已经归案的事实(含当年、年前及外省区案件)。

其中西城区的刑事案件立案 9 467 起，刑事案件破案 9 860 起，分别占北京总量的 6.7% 和 8.8%。由此可见，西城区的刑事案件立案数量较多，在 16 个区县中位列第 4 位，但同时破案能力也较强，破案数量和立案数量的比值在 16 个区县中处于较高水平。西城区作为首都功能核心区，人员密集、流动性强，易发生刑事案件，因此公安机关应当加强执法力度，提高案件侦破能力，同时做好宣传教育工作，提高市民的自我保护能力，努力减少刑事案件发生的可能性。

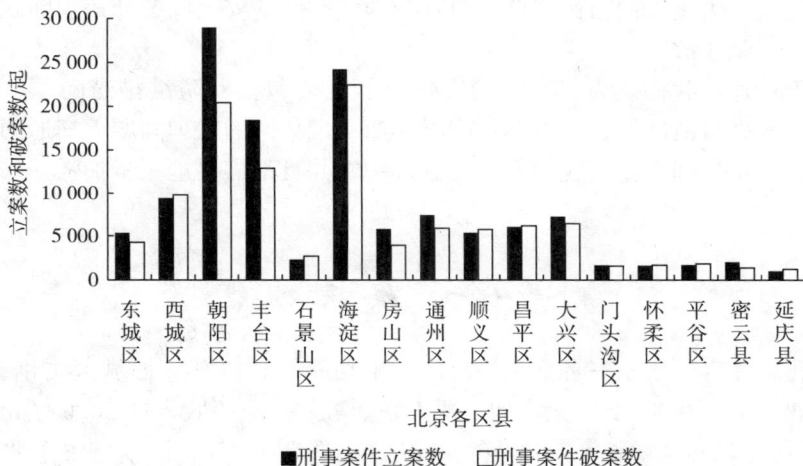

附图 10-9　2013 年北京各区县刑事案件立案及破案情况
资料来源：《北京区域统计年鉴 2014》

　　除了针对上述火灾、生产安全事故、刑事案件等的防护、处理工作外，西城区在日常处理纠纷、维护社会秩序方面也有重要责任。例如，在动物园批发市场、马连道附近，商户聚集、人流密集、产业升级困难，要注意有效处理市场管理方与商户、商户与客户之间的利用纠纷事件，防止个体纠纷处理不当而转化为群体性矛盾；增强商场、市场的管理效率，与政府相关部门保持监管衔接，加设探头，保证纠纷事件被及时发现并有效制止。西城区作为首都功能核心区域，在日常整治社会秩序的过程中还要特别注意避免引发维稳问题，把握整治力度，注意处理事件的环境，防止引发群体性事件。另外，在处理日常交通事故时，也要考虑到西城区特殊的交通环境，防止处理交通问题引发的人群围观和交通堵塞，保证市民和政府机构的通勤顺畅。

　　此外，近年来地面塌陷事故频频见诸报端，逐渐引起政府和市民的关注。例如，2015 年 1 月发生在西城区德胜门内大街 93 号门前的塌陷事故，虽未造成人员伤亡，但导致地下给排水管线断裂，并且长 15 米宽 5 米的大坑也为市民出行造成了极大不便，而事故原因系居民私自开挖。北京市政府已经针对地下空间问题出台了《北京市人民防空工程和普通地下室安全使用管理办法》，其中第14条规定在使用地下空间时，应当符合规划确定的使用用途，使用人不得擅自改变使用用途。在地下空间备案时，主要是对地下空间安全使用监管方面进行管理，对新建和扩建的地下空间申请从事住宿、餐饮的，在新的规划中已不再审批，在地下空间备案审核时，对不符合规划用途的，严格按照相关要求，不再批准。因此，针对地下空间开发利用可能导致的地面塌陷问题，西城区应当加强对地下空间开发的监管力度，向市民强调私自开挖地下空间的安全问题和违规问题，防止再次发生塌陷事故。

综上所述，我们认为西城区的安保功能主要包括对防洪排涝问题、火灾问题、生产安全事故问题、刑事案件问题、商户聚集区的管理问题、交通问题、维稳问题、地下空间安全问题的安全监管维护，并且都需要进一步加强。

附录十一　娱乐功能

文化、体育、娱乐三者都是城市的基本功能。2013年，西城区文化、体育、娱乐产业总资产达44.2亿元，拥有法人企业数424个，收入达20.6亿元，产值为78.3亿元，同比增长8.5%，占GDP的比重为2.8%；同期，整个北京实现相应产业产值445.3亿元，占GDP比重2.3%，同比增长6.1%。

一、文化功能

对城市居民来讲，文化功能在生活中扮演着日益重要的角色，根据马斯洛的层次需求理论，随着收入的提高，人逐渐由满足最初的生理上的需求，转变为对人生价值自我实现的追求。文化功能就可以提供相应的产品及服务，以实现人们日益增长的文化与精神上的需求。从全国的数据来看，我国城乡居民的人均可支配收入在2012年达到24 565元，从2005年算起，年均收入增速达到12.9%。而同期居民用于文化娱乐方面的消费支出由年均526元上涨到1 214元，增速高达12.7%，同时文化娱乐支出占总消费支出的比重由6.6%上升到7.3%。这反映了我国人民生活水平提高后，对精神生活日益重视。

北京人均可支配收入位居全国前列，西城区在北京内部处于上游位置。从全市来看，北京各区县人均可支配收入均在3万元以上，各区县间存在一些差距，其中东城区、西城区、海淀区、朝阳区、石景山区收入在3.5万元以上，这些区域都位于北京市中心地区，相比于外围的区县，收入具有明显优势，而其余各区县收入差距不大。就北京西城区来看，2013年，西城区人均可支配收入达到43 479元，远高出全国平均水平，在北京居第二位（附图11-1），同时2012年用于教育、文化娱乐方面支出达到 4 977.6 元，占消费支出比重的 18.3%，在全国处于较高水平；从京津冀来看，在 2012 年城镇居民家庭人均文化娱乐消费支出上，北京为 2 481.7 元，天津为 1 329.0 元，而河北仅为 722.4 元，其中北京支出水平是全国平均水平两倍多，天津则略高于全国平均水平，河北在三者中最低，仅为全国平均水平的 59.5%。

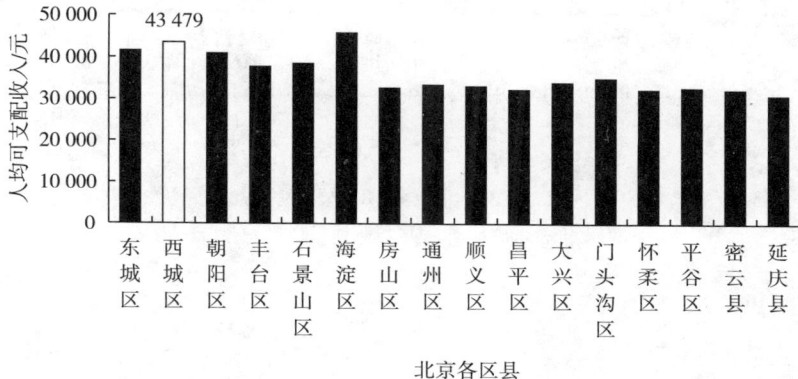

附图 11-1　2013 年北京各区县人均可支配收入
资料来源：《北京区域统计年鉴 2014》

　　从文化方面的基础设施来看，截至 2013 年，西城区拥有公共图书馆 31 个，图书馆总建筑面积达到 2 万平方米，拥有藏书 209 万册（万件），总流通人次达 178 万人次，同时图书馆举办公共讲座次数 395 次。从附图 11-2 来看，海淀区、朝阳区在图书馆藏书量上遥遥领先于其他区县，这与这两个地区聚集着大量高等院校息息相关，除该因素外，其他各区差别不是很大，西城区在剩下的区县中排第 1 位。西城区拥有一座档案馆，建筑面积为 7 970 平方米，档案馆存有全宗档案 208 个，新中国成立后的档案达 493.32 千卷件，同时 2013 年利用档案的人次高达 12 894 人次，利用档案 18.89 千卷件次。西城区现有博物馆 27 个，其中综合类博物馆 1 个，历史类博物馆 12 个，艺术类博物馆 4 个，自然科技类博物馆 4 个，其他类别 6 个；截至 2013 年，西城区共有文化馆（站）17 个，占地面积达 4.8 万多平方米，2013 年共举办展览 214 次，组织文艺活动 2 422 次。2013 年北京各区县文物局系统内博物馆数量见附图 11-3。从数据可以看出，西城区用于满足人们精神追求的文化服务在全国处于较高水平。

　　一个城市的文化古迹、非物质文化遗产等是一个城市记忆的传承。对于北京来说，这些也是北京文化中心功能的重要载体。西城区拥有丰富的文化历史遗址，截至 2012 年，区内有市级文物保护单位 65 处，全国文物保护单位 35 处，在全市范围内占比较高。北京旧城，尤其是西城区旧城内的历史文物古迹密度

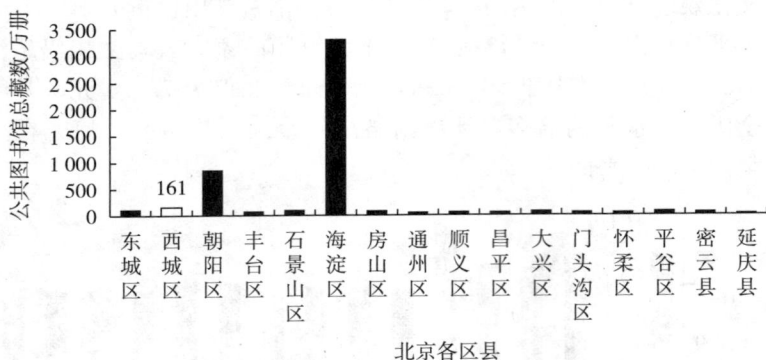

附图 11-2　2013 年北京各区县公共图书馆总藏数

资料来源：《北京区域统计年鉴 2014》

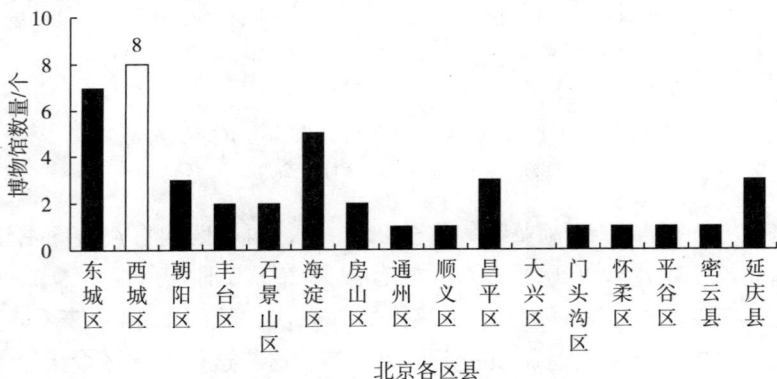

附图 11-3　2013 年北京各区县文物局系统内博物馆数量

资料来源：《北京区域统计年鉴 2014》

大，其中，著名景点有历代帝王庙、陶然亭公园、北京大观园、醇亲王府、恭王府花园。同时，西城区传统技艺、风俗众多，现有市级非物质文化遗产 56 项，国家级非物质文化遗产 32 项，涵盖范围广阔，包括民间文学、传统戏剧、传统舞蹈、曲艺、传统体育游艺与杂技、传统美术、传统技艺、传统医药和民俗等众多方面。其中，比较知名的有同仁堂中医药、厂甸庙会、京剧、全聚德烤鸭等。建有北京西城区非物质文化遗产展示中心这一专业的展览馆，展馆位于广济寺、白塔寺、历代帝王庙、地质博物馆附近，占地面积达 2 280 平方米，展馆开放至今，吸引了大批市民以及国外游客前来参观，对宣传和展示优秀非物质文化遗产资源起到推动作用。因而西城区在保护和开发历史文化资源、传承历史文化和承担文化中心功能上责任重大。

西城区文化创意产业规模相对较小，但增长速度遥遥领先。西城区文化创意产业的规模在北京居第四位，与海淀区、朝阳区、东城区存在较大差距，无论在增长速度，还是西城区自身所拥有的文化资源上，西城区文化创意产业的发展前景都不容小觑。截至 2010 年年末，西城区共有文化创意产业法人单位 7 921 家；资产总计达到 1 029.5 亿元。西城区文化创意产业增加值由 2006 年的 104.7 亿元增长到 2012 年的 177.1 亿元，年均增长速度为 14.2%；2013 年，西城区规模以上文化创意产业收入合计为 802 亿元（附图 11-4）；获得利润总额为 78.95 亿元。2010 年，文化创意产业增加值占全区 GDP 比重为 8.9%，占北京文化创意产业增加值总量的 10.5%，文化创意产业已成为西城区区域经济增长的新亮点。

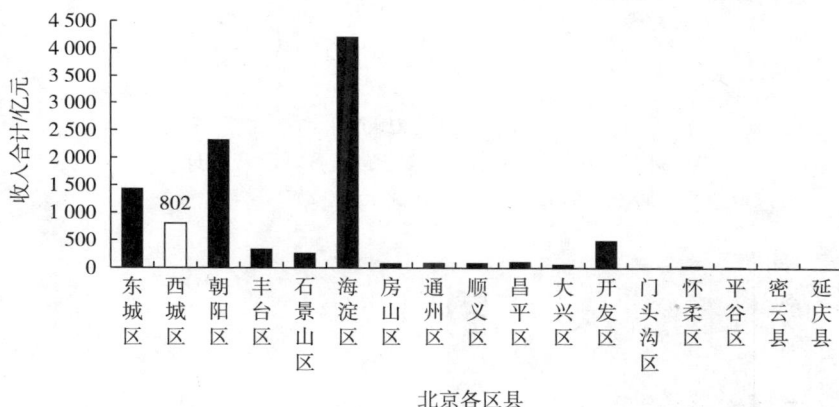

附图 11-4 2013 年北京各区县规模以上文化创意产业收入合计
资料来源：《北京区域统计年鉴 2014》

就整个北京来看，截至 2013 年年底，全市规模以上文化创意产业实现收入 10 022 亿元，同比增长 7.6%，其中文化艺术实现收入 164.9 亿元，同比增长 7.1%，新闻出版实现收入 799.7 亿元，同比增长 8.1%，广播、电视、电影实现收入 666.4 亿元，同比增长 9.2%，软件、网络及计算机服务实现收入 3 849 亿元，同比增长 9.2%（附图 11-5）。同时，全市从事相关产业工作的人员全年平均达到 104.7 万人，同比增长 2.5%，其中文化艺术从业人员平均为 3.7 万人，同比增加 1%，新闻出版从业人员平均人数达 10.6 万人，同比增长 1%，广播、电视、电影从业人员平均人数达 4.8 万人，同比增长 1.2%。软件、网络及计算机服务从业人员平均人数为 52.4 万人，同比增长 4.8%（附图 11-6）。从以上数据可以看出，就整个北京来看，文化创意产业中软件、网络及计算机服务优势比较明显，收入约占整个产业的 40%，从业人员约占整个产业的 50%，其次为新闻出版业和广播、电视、电影服务。

对于文化创意产业，政府也给予了大量支持，在国家层面，2009 年国家发

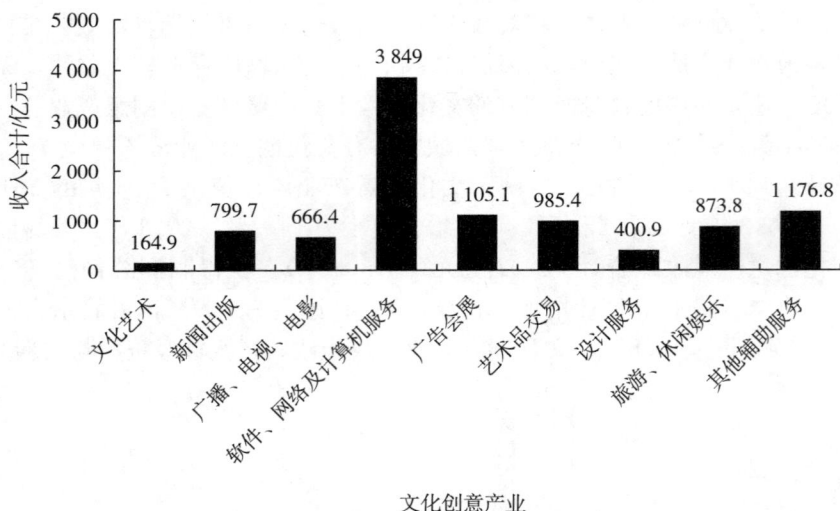

附图 11-5　2013 年北京文化创意产业收入合计

资料来源：《北京市统计年鉴 2014》

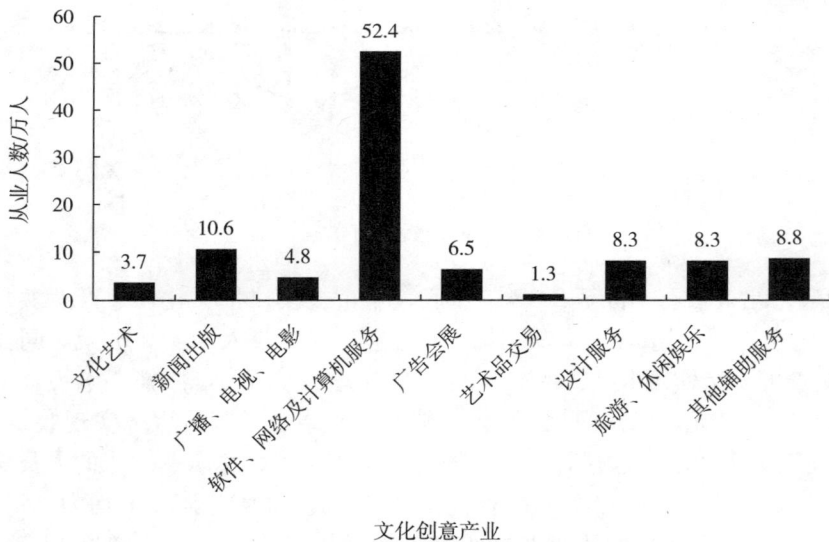

附图 11-6　2013 年北京文化创意产业从业人数

资料来源：《北京市统计年鉴 2014》

布《文化产业振兴规划》，2010 年 10 月胡锦涛又发表了关于文化产业发展的重要讲话，号召全社会进一步推进文化产业发展，实现文化大发展、大繁荣。北京市政府也出台了以《北京市促进文化创意产业发展的若干政策》为代表的扶持政策，为文化创意产业的发展营造了优越的政策环境。西城区政府在《西城区"十二五"

时期文化创意产业发展规划》中指出：西城区要依托本地丰富的文化资源、先进的文化设施，不断增强服务能力，着力推进文化创新、优化文化创意产业发展环境，进一步提升文化创意产业竞争力。通过将历史文化名城保护、城市文化内涵提升与文化创意产业发展等统筹兼顾，构建具有西城特色的文化创意产业发展体系，具体的目标也细化为重点发展文化演艺业、新闻出版业、艺术品交易业、文化旅游业及设计服务业，建设天桥、琉璃厂、DRC(design resource cooperation，即设计资源协作)、什刹海等特色产业集聚区，构建文化金融服务、文化产权交易、文化产品电子商务、文化产品交易展示四大服务平台，使西城逐步成为国家级新闻出版产业核心区、首都文化演艺集聚核心区、首都艺术品展示交易核心区、京味文化旅游体验核心区、世界设计之都核心区。并提出了"一带、一线、多板块"的文化创意产业空间发展格局。为实现这些目标，西城区政府也出台了一系列保障措施。例如，建立健全西城区文化创意产业领导小组，对全局工作进行统筹；建立相关数据库以实现对企业和项目的动态管理，促进产业效率的提高；设立专项发展基金，以奖励、补贴的方式鼓励产业的发展。

对天桥演艺中心的评价如下。

天桥演艺区东起前门大街、天桥南大街、永内大街、西至虎坊路、北纬路、太平街，南以安定门护城河为界，北至珠市口大街(附图 11-7)。天桥演艺区是落实"人文北京"的重要地区，是宣南传统文化发祥地之一，是西城区传统文化重要展示地区。"十二五"天桥演艺区的功能定位是中华民族传统文化和现代艺术相结合的国家级文化演艺集聚区。

附图 11-7　天桥演艺区的地理位置

天桥地区成为政府规划中的演艺中心有其历史渊源。从清末开始，天桥地区汇集了大量的民间艺人，众多艺术表演形式在这里相互碰撞，不断发展。天桥逐步成为北京民俗文化的摇篮，京剧、评剧、曲艺、武术、杂技等名家荟萃，先后出现了侯宝林、连阔如等众多表演艺术家。天桥逐步成为北京市井文化的代表，在发展中形成了鲜明的特色。

早在宣武区并入西城区之前，就在《宣武区"十一五"文化创意产业规划中》首次提出要建设天桥演艺园园的战略设想，并初步对该园区进行了规划。宣武区与西城区合并后，西城区对天桥演艺区也持支持态度，是北京及西城区"十二五"规划的重点项目。在 2012 年，提出出资 150 亿元打造天桥核心演艺区。随后天桥艺术中心和天桥艺术大厦也开始动工建设，到 2014 年年初，天桥艺术大厦已竣工交用，天桥艺术中心已实现混凝土结构封顶，4 个剧场已经能看出大体雏形。在此期间，天桥演艺区多次举办国内外的文艺演出，例如，2014 年 9 月，艺术惠民系列演出拉开帷幕，举办了丰富多彩的文艺表演。2013 年，"天桥演艺指数"一词始见于报端，它的设立是为了更好地掌握文化演艺市场的发展水平与动态变化，从而为政府的相关决策提供依据。为改变过去文化演艺市场由政府主导、演出的供给与消费者的需求不相匹配的现状，引入了多元化的投资来源，设立了演出市场动态指数与演出市场宏观检测指数来引导相关企业的行为，实现天桥文化演艺区的持续健康发展。

在建设天桥演艺中心的过程中出现了许多问题。首先，在政府的规划中，希望市场在演艺中心的发展中起决定作用，但从实际来看，政府希望达到的目标并未实现。这一点从相关的新闻报道中可见一斑，在 2012 年政府宣布 150 亿元的投资计划前后，相关报道达到了巅峰，共有 50 多篇相关研究与论述见诸报端。而到 2013 年，相关报道下跌到十几篇，2014 年持续下滑。其次，天桥区原来作为北京市井文化的代表，地域特色鲜明，而近来由于政府对其国内外演艺业要素资源的公共服务平台的定位，国内外多种艺术形式先后在此上演，高雅与市井相碰撞，在这种角色的转换中，天桥演艺区难免会失掉其部分地域特色。最后，一方面"天桥演艺指数"的发布使其影响程度大大提升，但另一方面，其他一些地方可借助该指数来迎合观众需要，并凭借其成本优势来吸引客流，这可能会导致天桥演艺区收益的下降。

二、体育功能

随着经济的发展，人民群众对于体育的需求越来越呈现出多元化、多层测的特点。为满足人民群众的需求，提高我国国民的素质，国务院在 2010 年出台了《国务院办公厅关于加快发展体育产业的指导意见》，鼓励体育服务和产品供给的增加，促进体育产业结构和布局的优化，鼓励社会资本投资体育产业，培育一批具有国际竞争力的企业。在"十二五"期间，北京也制定了促进相关产业发展的实施意见，明确提出要在"十二五"时期，使本市体育产业的增加值年均达到 12%，2015 年体育产业增加值占全市的比重升至 1.5%，从业人员达到 15 万人以上，使体育产业成为服务业的新亮点。2015 年在北京市体育工作会议上，提出制订《北京市全民健身实施计划（2016—2020 年）》，新创建 665 个体育生活化社区，完成《社区建设与评定规范（体育生活化社区）》地方标准，并在部分社区先行先试，创建 52 个体育特色村，研究制定《体育特色乡镇建设于评定规范》。还将重点推进笼式足球、老年门球等专项场地建设，探索可拆装游泳池、冰上项目设施建设，鼓励社会力量参与全民健身设施建设，探索市场化经营模式。

　　北京体育服务产业蓬勃发展，体育基础设施完善。截至 2012 年，北京体育产业增加值达到 144.2 亿元，比 2011 年增加 11.6%，产业收入合计达 777 亿元，同比增加 14.2%，从业人员达到了 12.3 万人。其中相关体育产品销售、体育组织管理活动、相关体育产品制造占比较高（附图 11-8），约占总收入的 80%。2012 年，体育彩票发行额达到 38.3 亿元，但较 2011 年减少 1%。

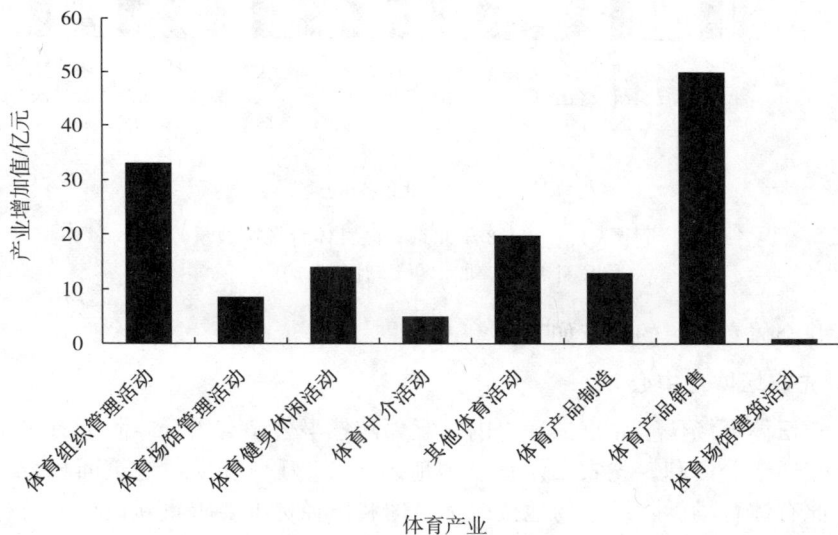

附图 11-8　2012 年北京体育产业增加值
资料来源：北京市体育局

　　从体育场馆数量分布看，由于海淀区、朝阳区、顺义区、昌平区高等院校较多，因而数量相对占优势。而西城区位于北京市中心地区，高昂的地价使得西城区不可能拥有太多占地面积较大的体育场馆。从全市看，在体育基础设施方面，2012 年北京共有 6 156 个体育场地，其中包括 94 个体育场和 37 个体育馆。从竞技性体育的发展情况看，2012 年北京共有分等级运动员 1 880 人，其中有 106 人为国家级运动员，总体来看，女性运动员比例达 39.6%；共有分等级裁判员 1 135 人，其中国家级裁判员 32 人，女性比例达到 25.5%；运动员在国内外共获 奖牌 169 枚；以上指标与 2011 年相比均有较大进步。2012 年，群众体育活动开 展得如火如荼，全市共有晨晚练辅导站 6 622 个，较上年增加 20%，社区健身俱 乐部 117 个，同比增长 14.7%。仅就西城区而言，2012 年西城区有体育场地 1 139 个，其中体育馆、体育场各两个，拥有分等级裁判员 143 人。2013 年北京 各区县体育场馆数量见附图 11-9。

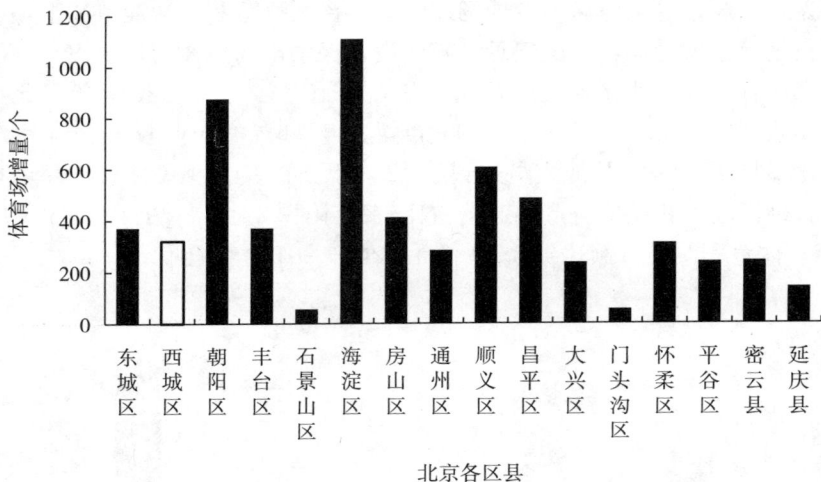

附图 11-9　2013 年北京各区县体育场馆数量
资料来源：《北京区域统计年鉴 2014》

对几个体育场馆的介绍如下。

1. 先农坛体育中心

先农坛体育场位于北京二环以内，紧邻陶然亭公园与天坛，附近有多条交通 干道，交通十分便利。先农坛体育场占地超过 15 万平方米，建筑面积 24 200 平 方米。原有体育场拆除后，场地按国际足球和田径标准要求重新设计，设有天然 草皮标准足球场、400 米环形橡胶跑道和田赛场地等。观众席共分 20 个区，可 容纳 3 万人。先农坛体育场建场时间较长，是北京最早修建的体育场。在民国时 期，先农坛体育场是北京唯一的大型公共体育场。新中国成立后，先农坛体育场 先后举办了多次大型体育盛会。作为一所综合性体育场馆，先农坛体育场内还设 有先农坛田径场、先农坛网球场、ET 网球场和一个室内田径场，是北京市民健 身活动首选之地。

2. 月坛体育中心

月坛体育中心占地面积 10 027 平方米，是一座多功能、综合性的现代体育馆，曾承办过亚运会柔道比赛、泛太平洋柔道锦标赛和亚洲手球锦标赛。月坛体育馆位于"金融街"附近，交通便利。内有健身操俱乐部、老年健身中心、游泳馆、体操馆、乒乓馆等众多设施，可提供专业的体育训练。月坛体育中心始建于 20 世纪 70 年代末，前身为房修公司办公楼、招待所、职工宿舍。20 世纪 80 年代修建了篮球馆、排球馆和游泳馆，为承担 1990 年亚运会柔道比赛，建立了可以容纳 3 000 人的月坛体育馆。1996 年建成了当时国内最大的滚轴溜冰场。此后建立了天行健身会和银轩老年健身中心。为迎接北京奥运会，月坛体育中心被选定为手球和羽毛球训练馆，借此机会，月坛体育馆进行了全面修缮。2008 年奥运会后，月坛体育中心将其定位为"国家高水平体育后备人才基地"和公众健身场所。对内，为西城区运动学校提供训练场地，加强业余体校后备人才的培养；对外，向公众开放羽毛球、乒乓球、篮球、田径、游泳馆等设施，回归"综合性体育设施群"。

3. 什刹海体校

北京什刹海体育运动学校肩负着为北京和国家培育高水平体育专业和后备人才的任务。学校前身为"北京市什刹海青少年业余体校"，1986 年正式命名为"北京市什刹海体育运动学校"。建校以来，"为国家培养了 3 000 多名优秀体育人才，迄今已有 38 人获得世界冠军，其中有 7 位为奥运会冠军"。学校建有 13 个现代化训练场馆、3 个健身房、1 个塑胶田径场。学校占地面积 4.7 万平方米。

三、娱乐功能

2012 年年底，北京规模以上第三产业中，娱乐业单位达到 99 家，资产总额 44.6 亿元，全行业从业人员达到 5 437 人。2013 年，西城区歌舞厅数量达到 58 个，从业人员 1 921 人，营业面积 41.7 万平方米；电子游艺厅数量为 21 个，实现了 181 人的就业，同时营业面积达到 1.5 万平方米；共有网吧 72 个，有 331 人从事相关工作，营业场所占地 2.9 万平方米。

文化娱乐作为满足城市市民生活需要的功能，在城市中必不可少。从文化功能上来说，西城区拥有丰富的文化资源，理应在首都的文化中心职能上发挥重要作用；同时，也应依托现有资源进行合理开发，促进西城区文化创意产业有序发展，并形成自己的特色。从体育功能上说，西城区不具备再建设大型体育场馆的可能，因而要合理利用现有体育设施，在建设新的体育场地时，应注意空间的集约应用。从娱乐功能上看，既要注重满足常住居民的日常生活需要，又要提升产业档次。例如，在金融街区，应建设高质量的娱乐设施，满足高端产业人群的需求。